爱的滋养

主　编 / 刘　凌
副主编 / 杨　梅
郑春娟

东北师范大学出版社
长　春

图书在版编目（CIP）数据

爱的滋养：幼儿园室外学习环境的开发与应用 / 刘凌主编. — 长春：东北师范大学出版社，2018.2
ISBN 978-7-5681-4209-0

Ⅰ. ①爱… Ⅱ. ①刘… Ⅲ. ①幼儿园—环境设计—研究 Ⅳ. ①G617

中国版本图书馆CIP数据核字（2018）第038061号

□策划创意：刘　鹏
□责任编辑：王　静　石纯生　□封面设计：姜　龙
□责任校对：刘彦妮　张小娅　□责任印制：张允豪

东北师范大学出版社出版发行
长春净月经济开发区金宝街 118 号（邮政编码：130117）
电话：0431-84568033
网址：http：//www.nenup.com
北京言之凿文化发展有限公司设计部制版
廊坊市金朗印刷有限公司
廊坊市广阳区廊万路 18 号（邮编：065000）
2018年2月第1版　2018年3月第1次印刷
幅面尺寸：170mm×240mm　印张：13.75　字数：248千

定价：36.00元

编 委 会

主　编：刘　凌

副主编：杨　梅　郑春娟

编　委：曾桂芬　秦贝宁　陈兰芳　赖方方　吕维翠

盛　侃　钟华珍　李　娜　范朝霞　江锦华

前言

FOREWORD

为了提升幼儿园教师的专业素养，形成一批研究型教师队伍，2011年10月9日，福田区教育局92号文件发出“关于成立福田区2011年幼儿教育特色教师工作室的通知”，“刘凌、杨梅室外学习环境工作室”为通知中的六个工作室之一。

出于对幼儿天性的思考，我与杨梅园长选择了“幼儿园室外学习环境的开发与利用”作为工作室开展研究与实践活动的主题。幼儿喜欢亲近自然，室外环境对幼儿的发展有着重要意义，《幼儿园教育指导纲要》曾提出：“环境是重要的教育资源，应通过环境的创设和利用，有效地促进幼儿的发展。”著名教育家蒙台梭利认为教育的基本任务是让幼儿在适宜的环境中得到自然的发展，教师的职责在于为幼儿提供适宜的环境，为幼儿提供活动和表现能力的机会和条件。环境不仅影响幼儿的发展，更重要的是使幼儿能够主动参与幼儿园的环境创设，让幼儿与环境产生互动效应，从而在环境中受到启迪和教育，可见幼儿园的环境对幼儿的成长有着多么重要的影响。由于幼儿的年龄特征，他们需要用感官去认识事物，他们比成人更加需要运动、行动和活动。伟大的自然界向人类提供一个无穷的、永不停息的、带有韵律的感观游戏基地，也就是为孩子们成功度过童年而准备的幼儿园室外空间环境。可以说室外环境资源是幼儿阶段不可或缺的学习宝库，它为幼儿的身心发展做出了巨大贡献。

幼儿园室外学习环境工作室以研究为契机，一方面使教师在研究中了解孩子、为孩子创设更加适宜的教育环境、提供更加丰富的教育资源，另一方面转变教师的教育观念，用更加科学的教育思想武装自己，转变幼儿园以“上课”为主要教育方式的局面，使更多幼儿园领会《幼儿园教育指导纲要》中所提倡的生活化、游戏化的教育方式，领会“一日生活皆课程”的教育思想。

可以说，工作室的研究目的不仅是为了研究室外学习环境的有效性、适宜性，也是为了发展一批具有教育敏感性和专业素养的研究型教师，更是引领示范，让更多的幼教工作者加入到研究队伍中来。

本书正是工作室在“幼儿园室外学习环境开发与利用”研究方面，多年来的成果与经验。主要分为四个部分：①理论分析——本部分主要解释了两个基本概念、六个理论视角、四个方面相关研究。这部分是所有实践与研究工作的理论基础。只有搞清楚这些概念与理论视角，以及前人的研究工作状态，我们才能真正清晰自己应该如何去做。②关于“开发”——本部分主要从室外场地布局，环境规划与创设，材料投放、收纳与使用三个角度来分析幼儿园如何有效开发其室外学习环境。③关于“应用”——本部分是幼儿园利用室外学习环境进行的系列学习活动，分为三大类型：低结构学习活动、高结构学习活动、跨界学习活动。分类标准为室外学习环境的应用主体。其中在低结构学习活动中，室外学习环境的应用主体为幼儿；在高结构学习活动中，室外学习环境的应用主体为教师引导或组织下的幼儿；在跨界学习活动中，室外学习环境的应用主体为教师组织下的幼儿与家长。④研究与反思——本部分是工作室成员的研究方式、过程与收获。工作室是一个学习共同体，每个人都在团体当中发挥着不可或缺的作用，工作室在主持人的示范引领下，不断实践、不断创新。

工作室虽然已经结束，但我们研究与学习的脚步永不停歇。五年来，工作室历经两期，共接收近30名优秀的幼儿园园长、教师为成员，共同研究“幼儿园室外学习环境的开发与利用”项目。先后申请了福田区教育科学研究项目、广东省指南实验园研究项目等，并获批立项，发表系列论文。我与各位工作室成员因缘相遇、因爱相知、因福相惜，我们不仅仅是教育道路上的战友，更是人生道路上的好姐妹，彼此扶持，相互帮助，共同为福田区、深圳市乃至全国的教育事业，做出点滴贡献。

感谢霍力岩教授、费广洪教授、黄爱华老师、王明辉校长多次亲临指导工作室各项工作，让我们在专业上迅速成长；感谢工作室两期的成员们，以及你们所在园所——深圳实验幼儿园、深圳市第十一幼儿园、深圳市莲花二村幼儿园、深圳市华强职业附属幼儿园、深圳市华富幼儿园、深圳市盛世鹏程幼儿园、深圳市基建幼儿园、深圳市银鹰第二幼儿园、深圳市第三幼儿园、深圳市长城幼儿园等的大力支持；感谢杨梅园长、邓腊梅园长、董玉玲园长、杨黎园长，以及郑春娟老师、白小溪老师、宋彩琴老师、欧者老师、黄颖涛老师在背后给予的默默付出与支持；还要感谢深圳实验幼儿园全体教职工，你们是工作室各项工作得以顺利开展的保障。正因为有这么多力量的存在与支持，工作室才能收获这些成果；也正是因为各方的信任与支持，我们的研究工作将不会随着工作室的结束而结束。

谨以此书，献给最有爱心的幼教同行们！

刘凌
2017年9月24日

目录

CONTENTS

第一章 室外学习环境理论

第二章 室外学习环境开发

第三章 室外学习环境应用

第四章 研究与反思

第一章 室外学习环境理论

在开始整本书的写作之前，我们首先对室外学习环境的理论进行一个全面的分析。因为只有清晰了解室外学习环境的概念、室外学习环境开发与利用的概念、室外学习环境开发与利用的理论依据，以及相关的已有研究，我们才能对室外学习环境开发与利用的策略有一个整体适宜的把握。在本书中“室外学习环境”就是指“幼儿园室外学习环境”。因为书名中已经提及，在本书正文中就简称“室外学习环境”。

第一节　概念界定

一、室外学习环境

1. 内涵分析

在分析“室外学习环境”一词的内涵之前，我们先来看一下它的结构。它可以拓展为“在室外发生的学习的环境”。其中“室外”与“学习”都是“环境”的限定词（修饰词），核心词为“环境”。那么环境是指什么？根据百度百科的解释，环境是相对于某一事物来说的，是指围绕着某一事物（通常称其为主体）并对该事物会产生某种影响的所有外界事物（通常称其为客体），即环境是指相对于某项中心事物的周围事物。环境总是相对于某一中心事物而言的。环境因中心事物的变化而变化，围绕中心事物的外部空间、条件和状况，构成中心事物的环境。

通常按照环境的属性，可以将环境分为自然环境和人文环境。自然环境是指未经人类加工改造而天然存在的环境，是客观存在的各种自然环境因素的总和。人文环境是指人类创造的物质的、非物质的成果的总和。物质成果是指文物古迹、绿地园林、建筑部落、器具设施等。非物质成果是指社会风俗、语言文字、文化艺术、教育法律以及各种制度等。

我们由“环境”一词的含义出发来理解“室外学习环境”。在本书中“室外学习环境”其实是“幼儿园室外学习环境”。其中“幼儿园室外”是“环境”的空间范围；“学习”是“环境”的作用范围，或者说是影响范围。

“幼儿园室外”就不必解释，我们大致都能理解。接下来我们主要理解“学习”是哪一类影响。根据百度百科，狭义的学习是指通过阅读、听讲、研究、观察、理解、探索、实验、实践等手段获得知识或技能的过程，是一个使个体可以得到持续变化的行为方式。广义的学习是指人在生活过程中，通过获得经验而产生的行为或行为潜能改变的相对持久的行为方式。

在分析了“环境”与“学习”两个关键词的基本含义后，“幼儿园室外学习环境”的内涵也就逐渐清晰了。我们可以这样理解，“幼儿园室外学习环境”这一概念是指围绕着幼儿园的学习者产生的学习影响，使其在室外活动过程中获得某种学习经验而产生行为或行为潜能相对持久变化的自然因素与人文因素的总和。

2. 外延界定

“幼儿园室外学习环境”的外延范围取决于“幼儿园室外”与“学习”两个词的限定。为了清晰地了解“幼儿园室外学习环境”的外延范围，我们从以下几个方面来认识它。

（1）主体范围

“幼儿园室外学习环境”的主体是指在幼儿园室外进行学习活动的人，广义来讲包括幼儿、教师与家长，狭义来讲主要是指幼儿。在本书中，主要是分析幼儿园室外学习环境开发与利用的主体。我们认为既包括幼儿，也包括教师与家长。

（2）客体范围

“幼儿园室外学习环境”的客体是指在幼儿园室外产生学习影响的环境因素，既包括自然因素，如空气、阳光、水、动植物、土壤等；也包括物质人文因素，如投放到室外的各类玩教具等操作材料；还包括非物质人文因素，如标识指引、艺术表征、文化风俗等。

（3）作用范围

“幼儿园室外学习环境”对主体的作用，主要是提供主体获得学习经验的场地、氛围与资源。主体可以通过探索室外空间范围内的学习资源（主要是自然、人文物质资源）获得学习经验；也可以通过阅读、理解室外空间范围内容的学习资源（主要是人文非物质资源）获得学习经验。

这里要注意“游戏”与“学习”两个概念的关系。游戏与学习的关系问题，是历来幼教界争论的焦点。原因是幼儿阶段学习方式的特殊性，使得幼儿大部分时间是在游戏中学习的，那么游戏就成了幼儿学习的主要方式，但不是唯一方式。幼儿除了通过游戏的手段进行学习外，还可以在实践体验中学习、在观察与模仿中学习、在阅读与理解中学习，等等。可以说幼儿的学习方式是多元的，游戏是幼儿阶段一种重要的学习形式，不可缺少，但不是唯一的全部的学习方式。

因此理解了两者的关系，我们就可以很好地区分“幼儿园室外学习环境”与“幼儿园室外游戏环境”的关系。“幼儿园室外学习环境”对学习主体的作用范围更广，可以通过室外游戏的方式作用于学习者，也可以通过其他方式，如劳动体验、教师组织的其他学习活动等作用于学习者。

二、环境开发与应用

1. 内涵分析

首先来看一下“开发”的内涵。根据百度百科“开发”是指以荒地、矿山、森林、水力等自然资源为对象进行劳动，以达到利用的目的；或者发现人才、发掘技术等以供利用；或者发掘、收集、整理、选择文化资源等的过程，都可以称为“开发”。

接下来分析一下“应用”的内涵。百度百科上对于“应用”的基本解释是“适用需要，以供适用”。应用即使用，也就是运用环境材料进行学习的过程。在本书中“幼儿园室外学习环境应用”也就是在幼儿园室外，学习主体使用环境材料的过程。

那么“幼儿园室外学习环境的开发与应用”的内涵解释也就是，幼儿园室外学习主体为了在室外获得更加丰富适宜的学习经验，而对室外环境资源进行的改造、发掘、整理、丰富、选择等一系列开发活动，并科学合理地使用室外环境资源使自己行为及潜能发生持续改变的过程。

2. 外延界定

首先来看一下“开发”的外延。从“室外学习环境开发”的内涵分析，我们认为幼儿园室外环境的开发主体一般是教师、幼儿园管理者，也有家长，还可能有一些其他人员，比如设计师等。在此过程中，既包括了对室外空间整体布局的优化设计，又包括了室外场地学习化的环境创设，还包括室外学习材料的选择投放，等等。

接下来看一下“应用”的外延。同样从“室外学习环境应用”的内涵分析，我们认为幼儿园室外环境应用的主体以幼儿为主，也包括幼儿园其他教育者、家庭，或者延伸到更大的空间——社区或社会。所以应用的过程，既包括幼儿自主与环境互动引发的生态体验活动、游戏操作活动、文化规则活动，也包括幼儿园教育者利用室外环境材料组织的学习活动（其中有以班级为单位进行的，也有以年级为单位进行的，还有以幼儿园整体为单位进行的）。那么本书中的应用层面主要从学习者在室外应用环境材料开展的各类学习活动角度展开。因此室外学习环境的应用从发起学习的主体角度可以分为：幼儿自主发起的学习活动（在本书中，我们称之为低结构学习活动，一般以个别幼儿或小组的方式开展）、教师组织发起的学习活动（在本书中我们称之为高结构学习活动，一般以小组或集体的方式开展）；从学习互动的主体与空间范围角度可以分为：在园内以师生为主体开展的学习活动（第三章第一节的自主学习与第二节的合作学习都是这一类），以大教育观为基础拓展幼儿学习经验的活动，如与家庭教育融合跨界的亲子学习活动、与社区教育融合跨界的社区学习活动、与社会教育融合跨界的社会学习活动（详见本书第三章第三节的跨界学习）。可以说，在本书中室外环境空间概念被拓展延伸了，学习经验获得的室外环境范围被扩大到社区，甚至是社会其他场所。

第二节 理论视角

一、福禄贝尔的自然教育理论

福禄贝尔吸收并发展了卢梭、裴斯泰洛齐等人的自然教育思想，将教育顺应自然作为最主要的教育原则。教育顺应自然，指教育必须顺应儿童的“内在”生长法则，使之获得自然、自由的发展。他认为，游戏是儿童的内在本能，尤其是活动本能。因而对儿童的教育，不应加以束缚、压制，也不应拔苗助长，而是应当顺应幼儿的本性，满足幼儿本能的需要，就像园丁顺应植物的本性，给植物施肥，并给以充分的日照、适宜的温度。

要做到这样，首先要给儿童提供一个自然、自在的发展环境。福禄贝尔把幼儿园比喻成“花园”，主张幼儿园必须设置花坛、菜园、果园等自然的环境。儿童成长发展的过程需要与其相适应的自然环境，强调幼儿园环境的自然性与和谐性的统一，尤其关注幼儿与自然的接触。其种植养殖区域的创设凸显了其理论的特点，在自然的环境中成长的幼儿才能得到全面的发展。福禄贝尔认为儿童的心灵有自然的天性，因此他对教师提出“至少每周一次带领儿童到野外去，让他们仔细观察和理解自然向他们显示的景色”。

福禄贝尔的自然教育理论告诉我们要为儿童提供一个自然的环境。现在的幼儿园，也许不能带幼儿到野外去进行活动与游戏，但是可以在幼儿园创设自然、自在的发展环境，培养幼儿对自然的热爱，满足他们探索的好奇心，让他们在一种自然的环境中自在地成长。也就是说，我们需要为儿童提供一个能够接触自然的学习环境。

二、蒙特梭利环境理论

蒙特梭利认为，生命是自然成长的，于是她将环境作为教育的第一要素，并且不断地强调环境的重要性。她认为环境既可能促进儿童的发展，也可能阻碍儿童的发展。如果儿童被置于一个有利于他们的自然发展的环境中，使他们能按照自己的需要、发展的水平和速度来活动，他们就会显现出惊人的特性和智慧，即儿童的身心是在外界刺激的帮助下发展起来的，环境对促进儿童的专心致志、遵守纪律、独立自主等品质的发展起着至关重要的作用。所以必须提供给儿童有准备的环境。

蒙特梭利所谓的“有准备的环境”就是一个符合儿童需要的真实环境，是一个供给儿童身心发展所需的活动、练习的环境，是一个充满自由、爱、快乐与便利的环境。蒙特梭利对“有准备的环境”提出了以下标准和要求：

“必须是有规律、有秩序的生活环境。”

“能提供美观、实用、对幼儿有吸引力的生活设备和用具。”

“能丰富儿童的生活印象。”

“能为幼儿提供感官训练的教材或教具，促进儿童智力的发展。”

“可让儿童独立地活动，自然地表现，并意识到自己的力量。”

“能引导儿童形成一定的行为规范。”①

在有准备的环境里，幼儿与他所处的外界环境之间进行交流，相互作用，幼儿的内部潜能得到了提高，行为也不断发展。我们要为儿童准备适宜的环境，使儿童周围的一切显得尽量安全、自然、美丽，激发儿童的探索欲望，从而促进儿童的全面健康发展。也就是说，儿童需要一个能够与之互动、发生有意义的学习内容、促进发展的环境。

三、陈鹤琴的“活教育”理论

陈鹤琴倡导幼儿教育要走向“大自然、大社会”。他认为，在大自然、大社会中，知识是无穷无尽的，知识来自于大自然、大社会。大自然、大社会是儿童学习的活教材，强调儿童是在与自然、社会的接触中，在亲身观察和参与活动中获得所想要了解的经验和知识的，所以要提供给幼儿真正的环境，让幼儿到生活中去，在对自然对社会的观察、实际操作的过程中获得直接知识。而游戏就是儿童的生活，所以他主张，幼儿教育，尤其应当给儿童“充分的机会”，在大自然、大社会构成的环境中，依照他们的年龄给予各种游戏材料，“使他们得到完美的游戏生活”，从而获得发展。所以，从这我们可以看出他所强调的游戏环境的自然性和社会性的统一，只有这样，儿童才能真正做到在游戏中学习，获得真正的发展。

① http://blog.sina.com.cn/s/blog_532af5990100m8i2.html.

福禄贝尔强调环境的自然性，告诉我们要为幼儿提供一个自然、自在的环境，培养幼儿对自然的热爱；蒙特梭利主张人工制造环境，告诉我们要为儿童准备适宜的环境，让儿童生活在安全、自然、美丽的环境中，不断健康地成长；而陈鹤琴倾向于支持福禄贝尔的理论，认为生活、社会才是知识的真正来源。他们三者虽然生活在不同的国度、不同的时代，但是都启示我们要为幼儿提供真实的、自然的环境，只有真实的、自然的环境才会让幼儿获得真正的发展。

四、生态系统理论

美国心理学家布朗芬布伦纳提出了生态系统模型理论。生态系统模型认为，人与环境构成了一个生态系统而共同演进。布朗芬布伦纳把环境分为五个系统，分别为微观系统、中观系统、外部系统、宏观系统和时间系统。这五个系统同时存在，并且宏观系统的变化会影响外部系统，并进而影响个体的微观系统和中观系统。所以，对个体发展的考察不应仅停留在微观系统上，而应在各系统的相互联系中来考察。

根据布朗芬布伦纳的儿童发展的社会生态学模式，可将影响儿童心理发展的人文生态环境结构分为三大板块：直接环境系统、间接环境系统和宏观环境系统。

“直接环境系统对学前儿童的心理发展产生最直接的影响，包括家庭和托幼机构（幼儿园和托儿所）。儿童在这个环境系统里经历着各种活动，体验和形成与人际关系有关的各种早期经验。间接环境系统虽然和学前儿童本身不直接发生关系，但是对儿童生活环境的变化产生着影响，从而间接地引起儿童的行为变化。宏观环境系统包含着时代、文化和国家的经济体系，宏观环境系统看似与年幼的学前儿童的心理发展关系不大，但是也会对学前儿童的心理发展产生影响。”①

根据布朗芬布伦纳的生态系统模型，我们知道对于幼儿园游戏，不仅要考虑幼儿园内环境对游戏的影响，还要考虑幼儿园外，整个城市甚至国家文化、历史以及游戏理念所形成的大环境对幼儿游戏的影响，以一种更为整体的、联系的观点来剖析原因，才能为营造更有利于幼儿发展的幼儿园游戏环境提供指导，才能更好地发挥游戏环境的作用。

---

① 周念丽.学前儿童发展心理学［M］.上海：华东师范大学出版社，2006.

五、游戏的觉醒理论

游戏的觉醒理论，是一种通过解释环境刺激与个体行为的关系，来揭示游戏的神经生理机制的假设性理论，其基本观点是环境刺激与机体的内部平衡机制是维持觉醒机能的双翼。

“环境刺激是觉醒的重要源泉。新异刺激，不仅为学习提供了不可缺少的线索作用，还可能激活机体，改变机体的驱力状态。同时，机体具有维持体内平衡过程的自动调节机制。当外界刺激作用于感觉器官时，感觉器官对当前刺激进行感知分析。如果刺激与过去的感觉经验不一致，主体就会产生不确定性，从而导致觉醒水平的增高。中枢神经系统有维持最佳觉醒水平的要求，于是，它就采取一定的行为方式来降低觉醒水平；反之，当刺激过于单调贫乏时，机体就会厌烦、疲劳，觉醒水平低于最佳状态，于是机体就会主动寻求刺激，增加兴奋性，使觉醒水平由低恢复到最佳状态。当刺激新异时，发生的行为是探究，其作用在于获得关于外界物体的信息，消除不确定性，降低觉醒水平，维持最佳状态；在缺乏刺激时，发生的行为是游戏，其作用在于寻求刺激，避免厌烦等不良的状态，提高觉醒水平。所以，游戏是机体所控制的行为，是机体主动影响环境的倾向。

“游戏的觉醒理论指出了环境与人的交互作用，启示我们应当重视幼儿园环境的合理组织。环境刺激需要适当、合理，刺激并不是越多越好，刺激过多，会使机体水平增高，超出最佳范围，不仅会抑制游戏行为，而且会使探究行为刻板，防御性成分增加，甚至出现知觉逃避现象，幼儿会感到紧张不安，厌恶退缩。”[①]

“所以在创设游戏环境时，要注意刺激的合理问题：如，①关注幼儿游戏的内在动机，为幼儿营造自由、自主、安全、愉悦的心理环境，使其成为游戏活动的主体；②发挥环境刺激的作用，重视幼儿园物理环境的创设：注重玩具的种类、数量、质量及其之间的合理搭配；合理安排游戏空间和场地的结构设置。”[②]通过对幼儿游戏环境的创设，使幼儿觉醒水平高于或低于最佳觉醒水平，而发生探索或游戏行为，从而获得较快较好的发展，是我们环境创设的目的。

---

① 丁海东.学前游戏论［M］.济南：山东人民出版社，2001.

② 段丽琼.觉醒理论对幼儿园游戏环境创设的启示［J］.科教文汇，2007（2）：50.

从他们两者的理论我们知道在为幼儿创设游戏环境时，不仅要考虑幼儿个人的游戏动机、年龄特点，以及幼儿园内环境对幼儿游戏的影响，还要注意大环境对幼儿游戏的影响。以一种整体、联系的观点来分析，才能找出真正影响幼儿游戏的因素，才能更好地创设游戏环境，进而发挥户外游戏对幼儿的价值。

六、建构主义学习理论

迄今为止，对于学习的理论解释主要有三种，即行为主义、认知心理学和社会文化发展理论，尽管三种理论的关注点有所不同，但各有其合理性，综合三种理论可以归纳出学习的特征：①从学习的过程看，主要包括三种形式，即条件反射的建立、儿童的操作活动及儿童与他人的社会相互作用；②从学习的结果看，既包括心理上（经验、认知结构、情感等）的发展，又包括行为上的改变。影响幼儿学习的因素主要包括条件反射的形成特点及幼儿心理发展的年龄特征；在我国贯彻落实《3~6岁儿童学习与发展指南》的背景下，建构主义强调的自主建构性、社会建构性和真实情境性的学习观，为我们开展幼儿学习与发展的途径提供了一个新的方向。

在《3~6岁儿童学习与发展指南》中“实施要求”的第三点就是关于幼儿的学习方式，要求具体为：“幼儿的学习是以直接经验为基础，在游戏和日常生活中进行的。要珍视游戏和生活的独特价值，创设丰富的教育环境，合理安排一日生活，最大限度地支持和满足幼儿通过直接感知、实际操作和亲身体验获取经验的需要，严禁‘拔苗助长’式的超前教育和强化训练。”实际上就是要求幼儿教育要体现幼儿独特的年龄特点，要求教师有意识地采取适合幼儿的学习与教育方式，从根本上杜绝幼儿教育小学化的问题，这应该成为幼儿教师教育教学工作的重要指导。而幼儿期的学习与中小学生的学习有着明显的差异，从学习的形式看，进入小学以后，主要是课堂教学的形式。

而对幼儿来说，游戏一直被看作学前期儿童最重要的活动形式（苏联儿童心理学界将游戏称为学前儿童的主导活动，我国著名儿童心理学家朱智贤先生称为主要活动，我国学前教育家卢乐山先生则称为基本活动）。换言之，幼儿主要是在游戏的过程中学习。而从具体的学习方式看，概括说来，适合幼儿的学习方式主要有三种：观察探究、操作体验及同伴合作。

1. 观察探究

观察是运用感觉器官直接去接触客观世界；比较是在观察的基础上，分析两个或两个以上事物的异同。观察比较是最适合幼儿的一种学习方式。从幼儿心理年龄特点看，幼儿主要是通过感知，依靠表象来认识世界的。感知和表象既有区别又有联系。区别在于，感知是幼儿依靠感觉器官来获得的直接经验，表象是客观事物留在头脑中的形象。而联系在于，感知是表象产生的前提，只有在感知的基础上才能形成表象。我国著名学前心理学家陈帼眉先生一直强调感知在幼儿学习中的作用，指出，幼儿是借助于形状、颜色、声音来认识世界的，而不是依靠语言交往所获得的知识来认识世界的。在感知的基础上，比较对幼儿辨别差异，加深印象有着非常重要的作用。这是因为“没有比较就没有鉴别”，这是学习的一个普遍规律。而对幼儿来说，比较更有其重要价值，这是幼儿期条件反射易泛化的特点所致，幼儿只有在对相似的事物进行细心的观察，并找出其异同的基础上，才能更准确地掌握不同事物的特点。

2. 操作体验

操作是儿童摆弄物体，并进行探究的过程；在操作探究的基础上，儿童会产生对事物的本质理解及相应情感上的反映，而其中的情感上的反映就是体验。在《儿童社会性发展指南》中，正如蒙特梭利所言：“我听见，我忘了。我看见，我记住了。我做，我理解了。”这句话实际上强调的就是自己亲身的操作探究对其学习的价值。好奇、好动、好问是幼儿期典型的年龄特点，而操作体验的方式最适合幼儿心理的这一特点，这种方式不仅满足了幼儿的心理需求，更重要的是有助于他们获得真正的理解基础上的记忆。不论是行为主义心理学还是认知心理学都非常重视儿童的操作活动在其学习过程中的价值。桑代克的“尝试—错误”理论强调的就是儿童自发地探究，并从中获得经验的过程。而皮亚杰在其理论体系中，对儿童的动作给予了高度的重视，认为儿童的数学逻辑经验来源于儿童的动作。例如，皮亚杰有一个著名的数量守恒实验，有两堆数量相同的石子，以不同的排列方式存在（一堆是一排摆放，另一堆是堆放在一块儿）。对于幼儿来说直观上看不出是同样多的。孩子只有将两堆石子一一对应排列（操作活动），才能发现两堆石子数量是相同的（这表明儿童获得了数学逻辑经验，也就是抓住了事物的本质，皮亚杰称之为“守恒”）。在20世纪80年代左右，我们国家的幼儿园教育改革受皮亚杰理论的影响，强调在集中教育活动时，每个幼儿都要有教玩具作为操作材料。而在探究过程中，儿童会亲身经历学习的整个过程，并经历挫折与失败，成功与喜悦等感受，这比他们通过听别人讲授获得的对事物的理解更深刻，同时能够有更快乐的体验。综上可以发现，操作体验对幼儿学习具有非常重要的价值。

3. 同伴合作

同伴合作是指儿童与同龄伙伴之间的相互交往，但这个交往强调的是儿童间的积极相互作用，即共同做事，相互交流，讨论，而形成对事物的正确认识，这就是同伴合作。除了采用观察比较和操作体验的方法之外，在幼儿学习活动中，应该充分重视同伴合作的价值，充分利用小组学习的方式，促进幼儿思维的发展。重视同伴间的合作学习也是当今世界教育的发展趋势。这是由于在儿童与他人的交往过程中会产生认知冲突（意见不一致），认知冲突又必然会引发争论，争论则会使孩子对问题的认识越来越清晰、准确。因此，充分利用合作学习的方式可以使孩子的学习达到更好的效果。国内有些研究采用社会认知冲突的方式对幼儿进行左右概念训练，目的在于促进幼儿不再以自我中心，培养其思维的相对性和可逆性。研究结果表明，儿童之间关于左右关系的社会认知冲突能促进其左右概念的发展，而传统的不存在的社会认知冲突的讲解教学则不能做到这一点。而在儿童体验左右概念的社会认知冲突后，教师的讲解能提高5岁儿童对左右相对性的理解，有利于其认知冲突的正确和顺利解决。合作学习的方式不只适用于幼儿教育，也同样适用于其他各级各类教育。

第三节　相关研究

一、环境理念

1. 国外相关问题研究

一些国家对幼儿园户外游戏环境的研究和实践都起步较早。户外游戏以及户外游戏环境的重要性早就为众人所接受，以幼儿为主体，注重自然性，把户外环境与自然相衔接的设计理念深入人心。其中对户外游戏环境的研究最有代表性的专家就是弗洛斯特，“他从有关游戏的古典、近代理论中分析、总结了现代游戏场设计最重要的指导原则”①。弗洛斯特等人在1989年就提出，“户外游戏环境以不同于室内游戏环境所能提供的方式来促进儿童成长发展”②，“宽阔的场地提供给儿童用身体去探索、计划和实施活动的机会，而不必在意噪声或行为限制”③。“在弗洛斯特的著作《儿童游戏与游戏环境》一书中，介绍了游戏的本质、重要性和教育功能，他指出，儿童游戏环境是一个学习和发展的活图书馆，并强调活动空间的设计要有儿童的参与，提倡建设有创造性的游戏场所。更有研究指出，户外环境能引发和室内环境一样多甚至更多的社会性游戏”④。

2. 国内相关研究

国内有关幼儿园户外环境的研究近几年来增加较多。多涉及以下三个方面：一是回顾游戏场地的发展历史；二是游戏场地的功能分区；三是游戏环境

---

① 王珊珊.户外儿童游戏场地的环境设计研究［D］.哈尔滨：哈尔滨工业大学，2008.

② Henniger M L.Enriching the ourdoor play experience［J］.Childhood Education，1993，70.（2），87–91；Talbot，J. Frost J.Magical play scapes［J］.Childhood Education，1989，66（1）：11–19.

③ Perry J P.Making Sense of Outdoor Pretend Play［J］.Young Children，2003，58（3）：26–30.

④ Hartle L.Effects of additional materials on preschool children’s outdoor play behaviors［J］.Journal of Rrsearch in Childhood Education，1996，11：68–81.

的创设研究。但是，翻开有关幼儿游戏的书籍，在有关游戏环境一章中，我们可以发现户外游戏环境的介绍非常之少，正如前面所说，户外游戏环境一直以来是作为室内环境的补充来提供给幼儿的，室内环境的内容远比户外环境复杂、系统得多。而几乎所有介绍户外游戏环境的章节中，如《儿童游戏通论》《游戏与儿童早期发展》等都提到了游戏场的分类（或者说游戏场地的历史发展）和户外游戏场的基本区域等内容。这些内容主要参考国外的研究成果。游戏场的分类有很多不同的方法，但是最常见的分类是按照美国学者弗洛斯特的分类方法，将游戏场分为传统性游戏场、现代游戏场、冒险性游戏场和创造性游戏场。

在这些研究中，户外游戏场的不同功能分区也大体相同，只是名字上有一些不同，都包括大型组合运动器械区、玩沙玩水区、自然区和养殖区等，个别书籍中提出一些特别区域，如角色游戏和表演游戏区，以及游戏小屋、美工区等少见区域。有关游戏环境的创设方面的研究最多，主要见于各期刊杂志上。如杨元花在《论户外游戏环境的创设》中呼吁让游戏环境保持朴素性和天然性，“我不能每天把儿童带到乡村去，但是我们能够把乡村带给儿童，能够让儿童参与他们自己的游戏环境的创设”[①]。大部分相关研究主要集中于室内游戏环境的创设方面，而对户外游戏环境的创设的研究较少，此类文章在游戏环境的创设方面提出了不同的建议。如季莉春的《创设游戏环境促进幼儿发展》指出应创设适合幼儿自主活动和自我表现的游戏环境，满足幼儿的发展需要，促使幼儿身心得到和谐发展。[②]又如李文莉的《创设游戏环境培养幼儿创新意识》中提出创设开放式的、具有层次性的、可变性、互动性的游戏环境来培养幼儿的创新意识。[③]

另外，有关幼儿园户外游戏环境的评价方面的研究非常少，如李生兰制订了“幼儿户外游戏适宜性评价表”[④]，可以用此表来评价幼儿户外游戏环境的适宜性。此表共有50项评价指标，内容包括游戏设备的数量、游戏设备的材料、

① 杨元花.论户外游戏环境的创设［J］.天津师范大学学报，2005，（6）：66-68.

② 季莉春.创设游戏环境促进幼儿发展［J］.教育教学研究，2007，（39）：116.

③ 李文莉.创设游戏环境培养幼儿创新意识［J］.科技风，2011，（4）：178.

④ 李生兰.学前教育学［M］.上海：华东师范大学出版社，2006.

游戏场地的维护、游戏空间的布局、教师的监督、游戏场地的分配、游戏的时间等多个方面。

从上述内容可知，虽然近些年来对幼儿游戏环境的研究一直不断地增多，有的研究还做了实地考察和调研，但是这些研究都没有形成系统全面的、适合中国国情的有关游戏环境方面的理论。这些研究仍旧较零散，特别是户外游戏环境的研究更少，不成系统。但是值得肯定的是，户外游戏环境越来越呈现出受人重视之势。

二、环境规划

1. 国外相关问题研究

对户外环境的设计，一些国家取得了非常显著的成果，这方面的著作较多。美国的琳达·凯恩·鲁思（Linda Cain Ruth）2003年出版的《简捷图示儿童建筑环境设计手册》[①]第一次将创造儿童空间所需的全部资料汇集在一起，如设计儿童空间所需的规范、标准和产品：人体测量学数据，残疾儿童设施，以及与儿童环境有关的建筑产品、家具、装饰、娱乐设施和玩具等。美国建筑师穆尔、戈尔茨曼和拉科法诺撰写了《游戏活动设计导则：儿童户外活动环境的规划、设计和管理》[②]一书，针对一系列有关活动空间的主题，表达了对可达性的深思以及一种非常坚决的儿童发展观，为公园中的儿童活动区规划设计提出了丰富的指导性意见。

2. 国内相关问题研究

目前国内有关幼儿园户外环境规划设计的研究也逐渐多了起来。有关幼儿园规划设计的文章一般强调整体设计或建筑设计、室外空间环境设计，这些文章一般来自建筑设计与城市规划领域。如在黎志涛教授编著的《幼儿园建筑设计》一书中，较全面地论述了我国幼儿园建筑设计的原理、步骤和方法。对幼儿园基地选择、平面设计、交通设计、建筑造型与艺术设计、室内外环境设计、建筑物理环境等方面进行了详细阐述。在户外环境方面，这本书主要从场地的规模与分类、游戏设施、植物等细部向我们分析幼儿园户外环境设计的基

① 琳达·凯恩·鲁思.简捷图示儿童建筑环境设计手册［M］.北京：中国建筑工业出版社，2003.

② RCE Moore，SME Goltsman，DSE Iacofano.Play for All Guidelines：Planning，Design and Management of outdoor Play settings for All Children.

本形式，并给予了提高规范的依据。[①]同样刘宝仲编著的《托儿所、幼儿园建筑设计》一书中，主要介绍国内外托儿所、幼儿园建筑的类型、儿童人体工程、总体环境设计、建筑组合、房间设计、建筑标准化以及旧房改建等方面的问题。其中户外空间环境的内容有场地选址、规模、各个功能分区设计方法等方面的介绍。

另外，有一些建筑设计类论文，如梁婕的《居住区儿童户外游戏环境设计探讨》、王珊珊的《户外儿童游戏场地的环境设计研究》、师卫华的《以北京市海淀区为例的当前我国幼儿园室外环境设计研究》等等，举不胜举，此类论文多为设计艺术、城市规划专业研究生所写，主要从幼儿园室外环境的设计方面来写，通过对多所幼儿园的调查，了解其室外环境现状，总结其成功和不足之处，最后根据建筑设计原则详细列出幼儿园室外空间环境设计的策略。

三、材料投放

1. 国外相关问题研究

弗罗斯特等（Frost，wortham，Reifel）根据各种课程对游戏的重视程度，把西方幼儿园课程分为非游戏模式和游戏模式两大类型，注重各类游戏的课程模式。Robinson和Jackson（1987）的研究发现：儿童在游戏活动中的行为与游戏材料的布局、搭配有直接的关系。Sutton-Smith（1986）的研究表明：随着儿童年龄的增长，游戏材料将越来越服从于儿童的游戏要求，[②]儿童往往会忽略玩具本身的用途而通过其他的方式（比如转换、替代为其他的材料）而满足于本身游戏活动的需要。Maguerite Johnson、Smith和Connolly对室内和户外游戏材料和设施数量的研究均表明，游戏材料及设施的数量与儿童游戏的社会交往水平存在负向关系：当游戏材料或设施增加时，团体游戏会减少，而攻击性行为也会减少；当游戏材料或设施减少时，儿童之间的正向社会交往会增加，而攻击性行为也会增加。[③]但同时Dempsey和Frost在研究中指出，过多地提供材料会使得幼儿社会交往行为减少。《多元智能理论与儿童学习活动》是美国哈佛大学著

---

① 黎志涛.幼儿园建筑设计［M］.北京：中国建筑工业出版社，2007.

② Sutton-Smith.Toys and culture［M］.New York：Gardner Press，1986.

③ Smith R K，Cnnolly K J.The ecology of preschool behavior［M］.Cambridge，England：Cambridge university press，1980.

名的零点工程项目的子项目即多彩光谱项目的研究成果之一。这本书依据多元智能理论，将语言、数学、运动、音乐、科学、机械建构、社会理解、视觉艺术等八个领域相结合，分别为学前和小学低年级儿童设计和开发了比传统早期教育方案更能广泛地触及儿童认知能力和风格的系列活动，儿童可通过游戏活动，了解多个领域的知识，对提升幼儿认知与情感影响深远。游戏环境中的材料和设施的数量可以影响儿童游戏的类型，游戏环境中游戏材料的种类也与社会互动性相关。

Patrick Doyle的研究表明：可供多个人活动的游戏材料可促进儿童的友好相处及亲社会行为。[①]只为一个儿童提供活动的游戏材料，通常会导致儿童间的冲突和攻击。在游戏中表达倾诉是解决冲突、合作及其他社会能力发展的基础。[②]有研究发现，随着年龄增长，儿童的亲社会行为水平会越来越高，破坏行为和退缩行为水平则越来越低。[③]

2. 国内相关问题研究

《幼儿园教育指导纲要》（以下简称《纲要》）提出：幼儿园要提供丰富的可操作的材料，为每个幼儿都能运用多种感官、多种方式进行探索提供活动的条件。[④]《纲要》把游戏作为一种整体的教育思想贯穿于幼儿园的一日生活之中。我国对于幼儿户外活动区的活动材料种类和数量早在1992年就有了明文规定。[⑤]2014年教育部将制定《幼儿园玩教具配备标准》作为工作重点，这说明我国对于幼儿园活动材料的重视。华爱华的研究表明，幼儿主要是通过操作游戏材料来实现游戏的娱乐功能和教育功能的，游戏材料的投放方式也会对幼儿的行为

---

① Doyle P.The differential effects of multiple and single niche play activities on interpersonal relations among preschooler.In D.Lancy and B.Tindall（Eds）.The study of play：Problems and prospects（199–207）.west point，NY：Leisure Press，1977.

② Wright L.The social and nonsocial behaviors of precocious preschoolers during free play［J］. Roeper Review，1990，12（4）：268–274.

③ Coolahan K，Fantuzzo J，Mendez JMc Dermott P.Preschool peer int eractions and readiness to learn：relationships between classroom peer play and learning behaviors and conduct［J］. Journal of Educational Psychology，2000，92（3）：458–465.

④ 中华人民共和高教育部.幼儿园教育指导纲要（试行）.2001.

⑤ 幼儿园玩教具配备目录.http：//wenku.baidu.com/view/004976eaaeaad1f346933f9b.html.

产生一定的影响。对于同一教育目标的材料而言，外观可操控性是该材料投放是否成功的关键因素。

邱学青的研究也表明：不同年龄的儿童在选择玩具的过程中，都喜欢能活动的、可操作的、实用的活动材料。[①]就材料投放策略而言，我国学者刘焱的研究也表明：材料的种类、性质、数量搭配关系影响着儿童的游戏，可以通过添加材料的数量与种类，提高活动的复杂程度。[②]华爱华认为，不应将材料的类别分得过细，将多种材料进行多种组合，可以让幼儿创造出更多的知觉趋势，获得更多的游戏经验。朱若华的研究表明：活动材料是否丰富应该看活动中幼儿消极行为与积极行为的增减，而不应看材料数量上的增减。[③]两个人从不同的角度探讨了活动材料的投放方式，但笔者根据研究结果比较认同朱若华的研究，因为研究发现，如若教师没有根据幼儿的年龄、身体、接受程度等盲目地添加材料的数量和种类，对幼儿而言是一种时间和精力的浪费。

四、室外学习活动

目前单纯从室外学习活动的视角开展的研究比较少，因此本书对现有的研究内容进行了探索性归类，没有按照其他研究综述分为国内与国外两类研究，而是从“为什么要在室外开展学习活动”“怎样在室外开展学习活动”“怎样评估室外学习活动效果”几个重要问题出发来分析已有研究。期待已有研究可以为我们今后的研究以及实践工作提供更多的参考价值。

1. 室外学习活动开展缘由的研究

为什么要在室外开展学习活动？主要是探寻室外学习活动开展的缘由。这类研究主要包括以下几个方面的内容。

（1）历史渊源

“在没有出现学校、教科书、专业的教育者之前，直接体验式的学习是人类文化世代传承的重要方式。具体地说，原始社会初期，生产力水平十分低下，狩猎和采集是人类的主要生产方式，教育和生活、劳动之间存在着密切关

---

① 邱学青.学前儿童游戏［M］.南京：江苏教育出版社，2005.

② 刘焱.儿童游戏通论［M］.北京：北京师范大学出版社，2004.

③ 朱若华.幼儿园活动区材料投放方式与儿童行为的研究［D］.上海：华东师范大学，2005：53—57.

联，教育未真正分离为一项特殊的社会职能。当时的社会生活内容很简单，儿童出生后，在家庭的日常生活中接受着自发的教育，从3~4岁起就直接参与成人的部分劳动，比如采集果实、猎取鸟兽、赶羊等。”[①]由此看来在人类教育初始阶段，户外活动在人类教育实践中扮演着重要角色。甚至在一定程度上可以说早期人类教育本身就是户外活动。

幼儿教育发展过程中，为不同的社会文化所影响，其中应首推哲学性因素。举例来说，在卢梭和裴斯泰洛齐的学说里就可以找到一些户外活动的哲学基础原理。卢梭认为人的启蒙老师是自己的脚、手和眼睛，如果用书本来代替这一切，无非是教导人去使用他人的推理、判断。裴斯泰洛齐在幼儿园内教授地理和自然研究，其主要教授方法以经验的学习为主，然后学生结合体验以系统化成自己的原则、概论。[②]后来以孩童为中心的学校，其中一项特色便是学校体系与户外教育的发展直接相关。这被哈罗德·拉格称为“熟悉情况、认清真相活动”。根据罗德·拉格的说法这样的活动包括“对田野、农场、森林的造访”以提供学习者能“对这物质世界、植物世界、动物世界有具体的认识，同时，能发展出对他人、生长的事物，以及所有组成学习者眼前世界事物的态度”。[③]

陈鹤琴为中国幼儿教育做出了历史性贡献。在论述有关幼儿园课程体系时他指出，幼儿能够学的与应当学的知识与技能很多，但是幼儿教师不能毫无限制、毫无系统地去教幼儿。幼儿教师教给幼儿的知识与技能一定是经过幼儿教师组织过的，这样才能使其成为一个系统，并使各科目互相连接起来发生关系。这是由于“儿童的生活是整体的，所以教材也必定要整体的，互相连接的，不能是四分五裂的。不能把幼儿园里的课程设置得像大学的课程那样独立，音乐是音乐、故事是故事的，不互相发生影响”。而能将幼儿教育诸多内容进行整合的根据是“儿童的环境”，“儿童的环境有两种：一是自然的环境，二是社会的环境。自然的环境就是各种动植物的现象。社会的环境就是个人、家庭、集社、市景等密切联系的社会关系综合体。这两种环境都是幼儿天

---

① 黄人颂.学前教育学［M］.北京：人民教育出版社，2013.

② Merey，Adolph E.The development of education in the twentieth cliffs［M］.New Jersey：Prentice-Hall，inc，1956.

③ Haroid Rugg.Culture and education in America［M］.New York：Harcourt，BbraceCo，1931.

天要接触的，所以应当把这两种环境作为幼儿园课程的中心。”[①]环境不单指物理环境还应该包括精神环境，户外环境从空间的角度统整这两种环境，使两种环境从表及里有机统一。

（2）价值意义

陈月文等人指出：户外活动在给予幼儿愉悦体验的同时，可以促进幼儿身体动作、认知、社会性情绪情感等的发展。[②]徐雪兰指出：户外作为一个开阔的空间能使幼儿广泛地接触自然，呼吸新鲜空气。幼儿通过体验户外活动的快乐，不断健康成长。[③]分析上述表达，作者在论述幼儿园户外活动对幼儿发展价值时大致采取了生物学和社会学两种学科价值取向，暗含着幼儿园户外活动价值在两种学科上的价值分野。

幼儿园户外活动生理学价值取向主要关注幼儿的生理性发展，通常论述为：户外活动有助于提高幼儿的身体素质，户外活动有利于儿童身体的健康成长，户外活动有利于幼儿的生理发育，户外活动有利于幼儿的智力发展等。

幼儿园户外活动的社会学价值取向主要关注户外活动是否有助于幼儿的交流能力以及规则意识等具体社会化内容的发展。

以上对幼儿园户外活动的两种学科价值分析，价值主体是幼儿的发展。将户外活动的价值主体单单指向幼儿及其发展便是对户外活动价值主体的固定化和单一化。其后果是认识户外活动的价值时不能全面把握其价值。事物的价值具有指向性，以往对价值主体的分析多停留在人上，而价值的主体还应该包括事物，即价值的全部含义是“事物对人的满足以及事物对事物的促进”。故还应该对幼儿园户外活动价值进行多元价值主体分析。户外活动的价值主体不单单是幼儿及其发展，户外活动的价值对象还包括教师、幼儿课程、学科等。户外活动的开展能促进教师教学技能的不断提高，丰富幼儿课程体系以及促使新型幼儿教育学科的产生。

---

① 北京师联教育科学研究所.中国教育名家名作精读丛书第五辑第三卷·陈鹤琴教育思想和教育论著选读［M］.北京：中国环境出版社，2006.

② 陈月文，胡碧颖，李克建.幼儿园户外活动质量与儿童动作发展的关系［J］.学前教育研究，2013，（4）：25-31.

③ 徐雪梅.对幼儿户外活动的思考［J］.新课程，2012，（11）：12-14.

2. 室外学习活动开展实践的研究

本书从室外学习活动的时间、空间以及材料等具体活动要素出发对如何进行幼儿园室外学习活动做出了一定思考。另外，对如何整体把握幼儿园室外学习活动的开展，本书提出了大量促进幼儿园室外学习活动开展的策略，这些策略在很大程度上将户外活动时间、空间、材料进行了综合。值得注意的是提高幼儿教育者的素质以及对幼儿进行安全教育也是如何更好开展室外学习活动策略当中较为重要的两个方面。对幼儿园室外学习活动策略进行综述，可以更加清晰地了解进行幼儿园室外学习活动的整个措施框架。

（1）时间选择

正如朱家雄主编的《学前教育教师参考用书：游戏活动（3~6岁）（试用本）》中提供的案例"某幼儿园作息时间表"中所展现的那样，小、中班自由游戏时间共计1.5个小时，大班幼儿自由游戏时间也有1小时以上。除去自由游戏以外，下午各年龄阶段幼儿还各有30分钟的自选体育活动和自主角色活动。①

张燕主编的《幼儿教师常用资料包》中有一份关于幼儿一日各个环节行为的要求建议。其中对户外活动的建议是：上午10：00—10：30做操和户外集体游戏；上午11：05—11：20户外自由活动；下午15：40—16：10户外活动（做操、集体游戏或自由游戏）。②

"克里斯蒂对幼儿单次户外游戏时间进行了深入研究，发现如果幼儿的游戏时间太短，幼儿在进行角色游戏时常常会出现刚刚做好准备就必须进行游戏的结束整理的现象，也有可能在游戏中幼儿根本没机会进行游戏准备而放弃游戏。克里斯蒂指出幼儿在30分钟的游戏中比15分钟的游戏中更能出现社会戏剧性行为和建构性行为。"③

受以上文献的启示对幼儿园户外活动时间可做出以下思考。

在不同情况下单次幼儿园户外活动时间：内容不同每次活动持续时间不

① 朱家雄.学前教育教师参考用书：游戏活动（3~6岁）（试用本）［M］.上海：上海教育出版社，2002.

② 张燕.幼儿教师常用资料包［M］.北京：北京师范大学出版社，2013.

③ Christie，Johnson.The effects of play period duration on children's play pattem［J］. Journal of Researchin Childhood Education，1998，（4）：36−37.

同；形式不同每次活动持续时间不同；幼儿个体不同每次活动持续时间不同；季节不同每次活动持续时间不同；天气情况不同每次活动持续时间不同等。是否合理安排每日幼儿园户外活动；是否适合幼儿每日生长规律；是否合理安排户外活动之间的间隔时间；是否合理安排与其他非户外活动之间的先后顺序等。

（2）空间选择

《城市幼儿园建筑面积定额（试行）》第十二条以及第十三条对幼儿园户外活动空间的面积以及空间种类进行了大致说明：室外活动场地，包括分班活动场地和共用活动场地两部分。分班活动场地每生2平方米；共用活动场地包括设置大型活动器械、戏水池、沙坑以及30 m长的直跑道等，每生2平方米；绿化用地每生不小于2平方米，有条件的幼儿园要结合活动场地铺设草坪，尽量扩大绿化面积。

根据功能的不同，刘晓东、卢乐珍将幼儿园户外活动空间划分为：室外游戏场地、绿化用地、种植园地、饲养角①等几类功能分区。还有资料显示：托幼机构典型的户外活动场地常由泥土、草皮、水泥或沥青铺垫的几个场地板块组成。跷跷板、攀登架、滑梯、水车等中小型运动器材零星地安装在场地的各个角。克莱恩和弗罗斯特通过研究指出这种场地的设计起始于20世纪初期，是美国最为常见的户外活动场地类型。②

受卢梭自然主义教育思想的影响欧洲国家素来崇尚自然，在幼儿园户外环境创设中特别强调幼儿与大自然之间的亲密接触。他们认为幼儿在自然环境中可以获得许多在室内无法得到的经验以及对事物的兴趣，故幼儿园户外活动的自然环境必须经过精心地挑选和设计，以传达幼儿教育者们想要表达的意图。这也有利于增进幼儿与幼儿、幼儿与物之间的互动和交流。③

日本东京工业大学教授仙田满在其所著的《儿童设施现状》一书中指出：环境对儿童的发展具有重大促进作用。并具体分析到：儿童行为能力的开发和

① 刘晓东，卢乐珍.学前教育学［M］.南京：江苏教育出版社，2011.

② 薛烨，朱家雄.生态学视野下的学前教育［M］.上海：华东师范大学出版社，2007.

③ 黑丽君·瑞吉欧.教育中的儿童观及其对我国幼儿教育的启示［J］.四川教育学院学报，2008，（4）：34-35.

儿童行为的动力大部分来自于环境。①

谢智敏认为对户外环境的营造需要做到：在布局上讲究空间形状的方与圆之间的交错，在功能上注重空间行为之间动与静的平衡，在造景中强调空间地势的高低错落，在选材上突出空间材料的刚柔共济。而且特别强调户外环境应该以自然为基调。②

概括以上论述，可以看出幼儿园户外活动空间应该具备两类基本特征：一是幼儿园户外活动空间的物质特征：达到一定标准的总面积；达到一定标准的人均面积；分布合理的多种功能区；空间的开放程度等。二是幼儿园户外活动空间的文化特征：安全和谐的人际关系；丰富多彩的知识文化氛围等。

空间的物质基础是实现幼儿园户外活动的基本条件，户外活动的文化基础是幼儿园户外活动实现水平高低的重要标准，是物质基础的精神升华。一个良好的幼儿园户外活动空间是这两个方面的有机整合。

（3）材料选择

彭俊英、魏婷等人在《幼儿园教玩具配置目录》的基础上将幼儿园游戏材料分为了运动类材料、角色类材料、表演类材料、建构类材料、益智类材料、美工类材料、阅读类材料等几种材料类型。③这对幼儿园户外活动材料的分类具有一定的启示意义。

对于如何制作与投放幼儿园户外活动材料，可以借鉴曾莉等人提出的观点：提高活动材料的多元性和实用性，以幼儿为本挖掘活动材料的本体价值和可能价值，并积极开发和利用本土材料，作为材料使用原则。④

对幼儿园户外活动材料的分类、对幼儿园户外活动材料与幼儿活动之间的内在关系，以及对幼儿园户外活动材料的配置原则的研究成果为研究幼儿园户外活动材料多样性提供了一定的研究基础。这些文献也为研究户外活动材料提供了一条研究思路：从户外活动材料的外部特征出发，可以探讨户外活动材料

---

① 胡惠琴，仙田满.儿童设施设计思想［J］.建筑知识，2002，（6）：30-32.

② 谢智敏.幼儿园户外环境设计中的节奏感［J］.教育研究，2012，（2）：53-56.

③ 彭俊英，魏婷.幼儿园游戏活动的组织与指导［M］.北京：教育科学出版社，2014.

④ 曾莉，申晓燕，彭丰.幼儿园活动材料开发与利用的原则［J］.学前教育研究，2010，（10）：64-66.

与幼儿发展之间存在的内部关联。

（4）组织策略

朱长友等人从户外活动的物质前提是良好的户外活动环境；保证充足户外活动时间，将其制度化；科学合理安排户外活动内容以培养幼儿兴趣；加强安全教育以增强幼儿自我保护意识等[①]四个方面对促进幼儿园户外活动的开展提出了建议。

张乃利针对如何优化户外活动形式，优化户外活动材料，优化户外活动内容，优化幼儿园户外活动环境提出了以下建议：建立规范的户外活动制度，开展混龄式户外区域活动，对幼儿户外活动成果进行展示，积极开展亲子运动，安排富有挑战的远足活动；因地制宜地选择幼儿园户外活动材料，坚持一物多玩，以最大化地利用户外活动材料；结合教育主题内容，丰富户外活动内容，挖掘民间游戏，丰富户外活动内容；优化物质环境，优化游戏环境，优化心理环境。[②]

同样李进对如何促进幼儿园户外活动的开展提出了他的解决办法：制定科学合理的户外活动规章制度以确保其有效地贯彻落实；制定与完善对幼儿教育者的考评制度；完善户外活动设施；加强幼儿户外安全教育，培养幼儿安全意识。[③]

这些文献初步构建起幼儿园户外活动组织策略的基本框架，这个基本框架涉及了幼儿园户外活动的诸多要素，为进一步研究幼儿园户外活动手段与实施提供了一个相对完整的理论研究架构。

3. 室外学习活动效果评价的研究

首先，幼儿教师对幼儿在户外活动中的一些常规制度应该有足够的认识：幼儿应该将玩具、器械用后放在指定地点；幼儿应该在户外活动中不远离教师、小朋友，不做危险的事情；幼儿应该根据天气变化主动穿脱衣服，脱下的衣服应该折叠整齐放在指定位置。[④]

① 朱长友，李玉娟，李玉梅.浅谈幼儿户外活动［J］.教育导刊，1995，（1）：45-47.

② 张乃利.谈优化幼儿园户外活动的策略［J］.现代企业教育，2013，（9）：151-152.

③ 李进.浅析幼儿户外活动的开展现状及解决方法［J］.现代企业教育，2013，（10）：175-176.

④ 鄢超云.学前教育评价［M］.北京：高等教育出版社，2010.

其次，幼儿教师应该掌握一些对户外活动中幼儿进行评价的方法。李艳认为幼儿教师可以通过活动观摩、谈话、案例分析三种方法对活动中的幼儿进行评价。其具体做法是：活动时，幼儿教师可以参与活动，重点观察幼儿具有明显特点且自然表露的行为，用以了解、分析幼儿以有利于教师对自身组织行为进行优化；活动过程中，幼儿教师可以采用自然谈话的方式，多提开放性的问题，诱导幼儿说出关于活动的真实想法、感受、体验，以验证幼儿教师对活动的组织行为是否有效；对于案例分析法，评价者可将一个相对完整的教育活动过程，或活动过程中的某一片断（包括偶发事件），或活动过程中幼儿个体的发展，或活动过程中幼儿有代表性的作品做记录、收集与整理，组织幼儿教师采用个人、小组、集体等形式对案例进行全方位的分析。[①]

最后，通过对诸多评价方法的使用并结合一定的评价标准，幼儿教师可以对幼儿户外活动水平进行考量。笔者认为“幼儿角色游戏水平评价表”对评价幼儿户外活动水平有重要参考意义。对此笔者对虞永平等人在《幼儿园课程评价》中的“幼儿角色水平评价表”[②]进行了改编，进而形成了幼儿户外活动水平评价表（见下表）。

由此看来对幼儿在户外活动中的表现进行评价是一个系统工作。它涉及的内容是十分广泛的，有必要对“为什么要进行评价、怎样进行评价、评价什么内容、谁来进行评价”等问题进行一个深入的思考。

---

① 李艳.幼儿园教育活动评价初探［J］.四川教育学院学报，2004，（4）：7-8.

② 虞永平.幼儿园课程评价［M］.南京：江苏教育出版社，2006.

幼儿户外活动水平评价表

评价项目	评价标准	评价
活动主题选择	1.教师指定或听从教师建议； 2.模仿他人； 3.独立或与同伴商定且较快进入活动场景	
活动进程发展	1.活动情节与内容单一、零星、片段化； 2.活动情节与内容一致，基本能反映家庭或日常生活现象； 3.活动情节多变，内容丰富能较广泛地反映社会生活现象或重大事件，并能进一步发展活动情节使其得到延伸	
活动材料使用	1.直接使用现成的活动材料； 2.组合现成活动材料； 3.自制或使用替代活动材料； 4.脱离活动材料	
活动社会水平	1.个体活动； 2.组队活动； 3.交叉活动； 4.组织活动	
活动参与兴趣	1.缺乏兴趣，活动呈间断性，经常离开活动主题或情景； 2.兴趣一致，活动呈分节式，但每次活动时间较长； 3.兴趣浓厚，活动呈连续式	
活动常规遵守	1.不能遵守活动常规，活动无序或有破坏行为； 2.有时遵守活动常规，在教师的提示下表现良好； 3.认真遵守活动常规，爱护活动材料并能按类别收拾整理	

第二章 室外学习环境开发

室外学习环境的开发应遵循的原则是：

1. 符合幼儿的生理发展特征

儿童理解物体的大小和感知周围环境的尺寸，往往是通过用手能否握住，或者伸开手臂能否抱住的方式进行的。一个可以体现儿童身高和尺度的空间，会增强儿童独立完成简单任务的信心，座椅、栏杆扶手、垃圾桶等物体的适宜尺度会让空间更有领域感，从而延长儿童对活动空间的使用。如果幼儿园的环境设计所有尺寸都以儿童的尺度来考虑，不仅能使幼儿园的形象特征鲜明，大家一眼就能断定它是幼儿园，也能给儿童很大的亲切感。

2. 满足幼儿的心理发展需求

第一，基于幼儿阶段观察力的特点。幼儿喜欢在户外环境中杂乱区域进行观察，比如枯萎的叶子、奇怪的小虫，都能引起他们极大的好奇心。这也说明环境中生动、容易被幼儿抓住的事物，以及能引起幼儿自我体验的事物，往往被幼儿观察到，从而参与其中。环境中能引起幼儿自我参与的内容，往往是贴近自然生态的本能活动，例如，玩泥巴、玩沙子、捉虫子等活动内容。

第二，基于幼儿阶段注意力的特点。幼儿的注意力以个人的需要和兴趣为转移，有着不稳定、范围较小、个人情绪色彩较重等特点。幼儿很难长时间把注意力集中在一个目标上。他们的注意力受外部情境影响大，不善于有意识地控制自己，需要在幼儿教师和家长的带动下，积极投入某个游戏环境。所以，很多时候幼儿教师会有意识地组织集体游戏活动，例如老鹰捉小鸡等，对锻炼幼儿的注意能力是非常必要的。所以在环境开发中，我们需要环境提供开放的空间和足够的场地，以保证教师组织室外集体游戏所需。

第三，基于幼儿阶段记忆力的特点。幼儿擅长对形象事物的记忆，而不善于对抽象事物的记忆。幼儿对具体形象的事物记忆较好，有时大人找一个东西，但忘记了存放地点，这时孩子会告诉他这个东西放在什么地方。因为生活中的小物品是具体形象的，常常是孩子摆弄的对象。而对抽象的词，幼儿的记忆就较差，习惯机械性的背诵，而不善于理解地记忆。实验证明环境中具体、形象、生动、鲜明的事物能引起孩子的注意，激发他的兴趣。所以在打造环境时，利用具体形象的景观小品、游乐设施等引发幼儿对环境的记忆或者通过景观小品增加教育性的内容，从而提高环境的教育价值。

第四，基于幼儿阶段思维发展的特点。能够引发幼儿进行思维活动的游戏，一定是幼儿感兴趣并且会积极参与其中的。有趣的环境会让幼儿主动投入其中，而不会是在教育工作者的带动之下被动参与。幼儿阶段具体形象思维开始占主要地位，幼儿所能理解的文艺作品，必须是能够在他头脑中引起具体形象的作品，环境中的雕塑人像等具体的形象，能给幼儿提供直观的视觉效果，加深幼儿学习和思考外在环境的直观影响。环境中设计动脑筋的体验项目能在玩耍的时候引起幼儿思维的运转，比如捉迷藏、走迷宫、跳方格等游戏活动。

第五，基于幼儿情绪情感发展的特点。幼儿期是儿童心理发育的情绪期。孩子最不喜欢接受毫无兴趣的事物，最期待自己的父母和老师能像魔术师一样，把无谓的事情变得有趣。幼儿期的情绪有外露性，高兴与不高兴都表现得很直接，毫不掩饰。而且情绪易变，喜怒哀乐可以瞬间转换。环境的好坏，会直接影响幼儿情绪的形成。笔者在与幼儿教师以及家长的聊天中了解到，往往在明亮、温度适宜、光线较好并且有趣的环境下，幼儿的情绪容易提高，玩耍的兴致会大大增强。

3. 支持幼儿行为活动的发展

第一，支持幼儿动作控制能力的发展。幼儿在动作上的控制力初步形成，可以完成扔球、踢球等简单的运动，两脚敏捷，可交替着上楼梯，可以短时间的单脚站立，跳起高度可以达到20 cm并双脚着地，可在硬质平地上完成单脚跳、原地跳、踮脚尖走等动作，可以单脚跳入小方格内，能接住5 m以外扔过来的球，六岁的幼儿可以独立开始游泳，可以玩需要一定运动协调能力的游戏，比如跳房子等。

第二，支持幼儿与他人协作能力的发展。可参与有规则的互助游戏，例如和小伙伴下跳棋、玩陀螺等规则简单的游戏。在集体活动中，能听从指挥，参与堆积木、堆沙等集体活动项目。享受友情，与多个小朋友一起共享游戏器具，增强学习新鲜事物的渴望。

第三，支持幼儿安全的自主运动。幼儿跑跳距离可以达到20 m，可以独自双脚轮流跳跃，安全地跑步和攀登，能跳过较低的障碍物，家长对幼儿的监督任务降低。

第四，支持幼儿注意力的发展。开始收集各类感兴趣的成系列的小玩具，理解别人可能有不同于自己的想法和看法。可以有把握地骑带轮玩具、转弯并避开障碍物，能够自主爬上梯子、矮树及游乐设施，在群体活动中持续活动注意力可以达到10~15分钟。

刘凌、杨梅室外学习环境特色教师工作室经过多年的实践探索与研究认为，幼儿园室外学习环境的开发可以从这样几个角度展开：①优化现有环境资源；②开拓新的环境资源；③创新环境材料的投放内容与方式。

第一节　布局优化

一、布局概述

（一）幼儿园户外环境的类型及特征

1. 按游戏空间的布局形式分类

（1）围合式

围合式的儿童室外环境，是大多数幼儿园室外环境的类型，像公式一样有创设的套路，简单的可以称为“铺装—设施—围栏”。铺装做成软质橡胶铺装——“铺装”；活动场地上周围放置游乐设施——“设施”；有建筑围合的活动场地——“围栏”。这样的模块式户外环境类型的优点是：场地布置清晰明了，结构简单，幼儿的可达性和使用变得简单，同时也便于幼儿教师控制整个环境，一眼可以看到整个户外空间儿童的活动情况。缺点是：由于设计太过于公式化，场地结构相对简单，游戏活动缺乏新意，不能很好激发儿童玩耍的兴趣，也不能引发儿童的探索心理。模块式的游戏空间多出现在私立幼儿园中，由于用地范围和资金有限，在打造户外环境中就遵从最简单的设计方式。

（2）串珠式

串珠式的游戏空间，不具有统一的设计标准。游戏空间是一个一个的小组团，用道路系统串联在一起，组成了整个幼儿园户外环境。串珠式是一种松散、灵活的具有高度适应性的形式。它因为不具有标准化规则条例，所以是一种松散的结构，能根据需要迅速地做出调整。运用到这里是一个自然生态的环境，相对来说人工痕迹不明显，不具有标准的设计模式，而是基于环境、尊重自然本源的一个幼儿园户外空间设计，游乐活动方式多元化，游戏空间大小不一。

串珠式的幼儿园户外环境，设计的目的在于让儿童感受多样化的空间类型和多变的活动方式。串珠式的活动空间分布多存在于新建的居住区幼儿园中。串珠式室外环境空间的优点是灵活性强、能有效提升儿童游乐的兴趣、形式丰富、儿童的参与性变得更强。儿童在与自然环境的接触过程中认知自然，获得更多课堂以外的知识，景观环境的教育意义提高。缺点是由于自然环境变化多样，教师的控制性降低，安全性不稳定。

（3）散点式

散点式的空间布局类型集合了模块式和串珠式的布局方式，既有模块式空间中标准化建筑围合的中心活动场地、集中的大型器械活动方式，又有建筑外围空间中分散分布的创造性小型活动空间。著名的日本蒙特梭利学校藤幼儿园的布局设计便是代表。建筑围合的中心区域是大型运动场地，建筑中有几处自由出入的空间，出入口外部有几个大小不一的游戏空间。散点式布局的形式优点在于既有对内围合通透的大型空间，又有外围自由散布的大小不一的游戏空间，形式上变化丰富。缺点在于道路系统不明晰，出入口较多，不便于对幼儿进行集中管理。

2. 按活动内容分类

（1）健身型活动场地

健身型活动场地主要分布在户外环境的宽敞区域，无大型游戏设备阻挠，场地较空旷平缓，铺装要求尽量是软质，这样使用起来较安全也更舒适。幼儿园户外环境中，健身型的活动方式包括跑步、跳绳、拍皮球等体育运动，还有课间操、多人集体游戏（例如老鹰捉小鸡）等运动幅度较大的传统活动方式。

（2）娱乐型

幼儿园户外环境中娱乐型活动场地主要包括沙池、戏水池、大型活动器械场等。这些场地运动范围相对较小，玩耍较为安静，可以是单人也可以是群体，对空间大小要求不严格，有一定的私密性要求，不存在冒险因素，活动方式较为安全。

（3）探索型

探索型活动场地能满足儿童天生爱冒险的精神。探索活动能锻炼幼儿的发现能力、协调能力、意志力和攀爬能力。探索型游戏空间有攀爬的墙体、梅花桩、独木桥等。因此，要求儿童具有较强的体力、技巧以及勇气。探索型游戏是一种较为全面的户外活动形式，将脑力与体力结合，不仅能使儿童在充分玩耍的同时得到身体机能上的锻炼，还能丰富他们对外界新鲜事物的发现和认知。

（4）益智型

在益智型活动场地儿童通过动手、动脑穿越其中，从中培养他们认知事物、学习知识的兴趣，寓教于乐。益智型空间的分布主要是在较为自然的区域。智力型活动内容包括户外观察、寻宝游戏、走迷宫等。户外观察的活动，让幼儿留心小路上的虫子、动物、树木和花草等，告诉他每次看到都要喊“我看到了”，以增加他们的兴趣。走迷宫主要以促进幼儿智力发育、开发大脑为目的，让幼儿在走路的过程中，发现规则行进中的游戏规律和奥秘。寻宝游戏在玩的时候，可以给宝宝一个袋子让他收集宝物，比如收集不同形状的树叶、花、羽毛。在教学过程中，拿些纸和无毒胶水让他们创作一个收藏集，可提高幼儿的动手能力，同时也可以让宝宝了解自然，亲近自然。

3. 按环境特征分类

以幼儿园户外活动场所的环境特征为依据，可以将幼儿园户外环境分为自然型空间、开放型空间、冒险型空间、隐匿型空间。

（1）自然型空间

水、植物、泥土等自然元素是幼儿最喜爱的元素，也是开展室外活动的重要基础。自然空间是由植物、水及生物所包围的空间。自然型空间在城市幼儿园中较为少见，很多幼儿园忽略了自然型空间的打造。

（2）开放型空间

幼儿园户外环境中能够让幼儿尽情奔跑打闹，没有阻碍的场所领地，包括操场、跑道等空间。这些空间必须是足以容纳大型活动的场地，可以有组织的进行一些集会、运动和比赛项目。开放型空间包括放置有大型或者小型游戏设备的场地，幼儿可以在这里组织集中的活动，或者课间休息时候在这里玩耍。

（3）冒险型空间

冒险型空间对于幼儿来说，具有一定的挑战性，并不是所有的幼儿都愿意在这类空间中活动。但是，教育工作者应该鼓励幼儿多在这类空间玩耍。这类空间类型充满迷惑和想象力，对幼儿有很强的吸引力。如堆积如山的轮胎、梅花桩、攀爬墙体等能刺激幼儿发挥创造力，玩出自己的花样。

（4）隐匿型空间

在隐匿型空间里幼儿可以把自己隐藏起来，摆脱父母和老师的监视，这是一块对教师来说可以控制，但是对幼儿来说可以将自己藏起来的安全空间。这样的空间能培养儿童躲藏和游戏的天性，也能培养他们的独立性。隐匿空间主要是位于桥、亭子等构筑物旁边。

（二）幼儿园户外环境功能分区

1. 集散区

幼儿户外环境中的集散区是指出幼儿园出入口的区域。出入口的主要功能是用于家长接送幼儿，要满足开敞方便的需求。幼儿园出入口设立和建设应符合国家规定的标准。严格执行规范条例的同时，合理考虑实际场地条件，为幼儿提供安全、有趣的活动场所。

2. 体育运动区

大型运动场地包括幼儿园建筑设计规范中的跑道以及其他开展大型游戏活动的开敞区域等。体育活动区域原则上不应该有游戏设施摆放，而是一片适宜儿童玩耍的空地，铺装等要保证安全性，适宜奔跑跳跃和运动。这些空间主要用于提供集体活动的需要，例如进行拔河、跑步、跳跃、做操等体育运动。

3. 游戏活动区

游戏活动场地一般设置有大型活动器械、戏水池、沙坑、攀岩墙体等。游戏活动场地是组成幼儿园户外环境空间中最为重要和灵活的部分。游戏活动设计的好坏直接关系到幼儿户外活动的质量。通过笔者调研问卷，家长和幼儿教师普遍认为最有意义的活动方式应该是多人游戏，包括角色游戏以及大型的跑跳活动等。这些传统的游戏方式一般要用到大型器械，可以锻炼幼儿的交往能力以及动脑能力，而这些活动要求开阔和流畅的活动空间。

高品质的游戏活动场所能给幼儿提供更加多样、广泛的活动方式，增加游戏的机会，真正激发幼儿“玩”的兴趣，在游戏中锻炼身体、开发智力，促进幼儿之间的交往，帮助他们认知社会。我们的设计目标和任务，就是站在幼儿游乐的角度来思考更为优质的户外活动空间。

4. 绿化观赏区

绿化用地是幼儿园户外环境中种植植物的用地，一般包括花坛、树池、草坡等室外空间中最生态的部分。幼儿园硬质景观占了主要的视觉部分，绿化很容易被办园者忽略。植物不仅可以净化空气、增加景观效果还有隔离噪音的作用。对于处于街边闹市、嘈杂环境的幼儿园，植物更是提高幼儿园整体环境质量的一个重要手段，既能优化空气质量、保持适宜温度和光照，还能降低噪音。

5. 劳作体验区

幼儿园室外空间中的劳作体验区，一般摆放幼儿教育过程中常用的一些辅助器具和器皿、教育设备以及园艺用地等，占地面积虽然不大，但是使用意义和价值较大。劳作体验区是幼儿进行教育实习的基地，“春播秋收”的道理通过在户外环境中的劳作体验区来学习和体会。

（三）幼儿园室外环境构成要素

幼儿园室外活动环境构成要素包括：幼儿园户外活动硬环境和户外活动软环境，组成要素构成图如下所示。

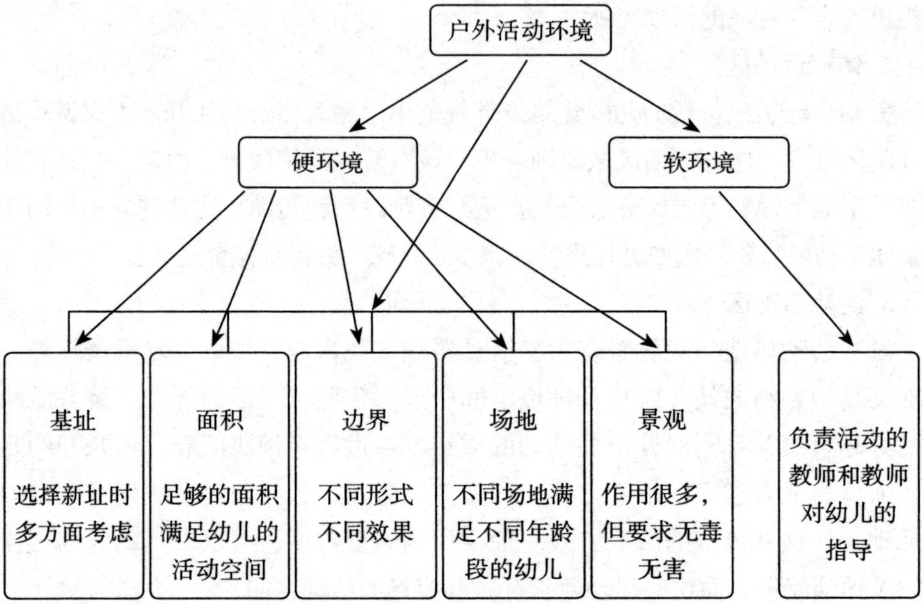

幼儿园户外活动环境的组成要素构成

1. 基 址

幼儿园在基址选择上应该方便家长接送幼儿，周围是安静的环境，减少外界不利因素的干扰和危害，创造有利保教工作和幼儿身心发展的条件。其中影响幼儿园选址的主要因素有：地段安全、服务半径、卫生条件、环境因素、市政设施和基地面积等。幼儿园户外活动环境并不是孤立的，它需要和周围其他部分保持联系，从而完善自身的内容。

2. 面积指标

下表是国家教育委员会，建设部1988年颁发的《城市幼儿园建筑面积定额（试行）》。

城市幼儿园用地面积定额（㎡）

规模（人数） 用地面积（㎡）	6个班（180人）	9个班（270人）	12个班（360人）
总用地面积	2700	3780	4680
建筑面积	696	951	1206
公共活动场地	360	540	720
班活动场地	360	540	720
绿化用地	360	540	720
道路、杂物院	924	1209	1314

注：幼儿园编排人数（1987年），引自《托儿所、幼儿园建筑设计规范》

所有规范中对每个幼儿最小户外空间和基本健康安全要素都做了详细说明，却没有规定户外空间开发适宜度或总体质量。

3. 边 界

边界是指户外活动场地与其他外界空间分隔而独立存在的维护形式。[①]任何边界都具有两个基本的功能，户外活动环境的边界也不例外：第一，对内围护的功能，形成较完整的户外活动空间，第二，对外防范的功能，将幼儿园户外活动环境与周边的城市大小交通干道相隔离，增强幼儿户外活动的安全感。幼儿园户外活动环境应明确边界，边界的外围结构应达到相应的高度，避免孩子攀爬，但也应具有一定程度的联系来鼓励不同群体之间的交流。

边界分为外部边界和小型活动空间边界。外部边界是整个幼儿园活动场所环境与外部的分割线，是幼儿园户外环境与外部空间的一种围合形式。对于儿童活动场地而言，外部边界首先要能保障幼儿园儿童户外活动的安全，起到防范作用，使活动场所与主干道相隔离，避免一些不安全的人群进入；另外，边界还具有避免外界干扰的作用，由于儿童具有的自我中心的特点，对自我体验型的游戏较为专注。外部边界能阻止例如噪音、车辆、人流等因素的干扰，保障幼儿游戏活动安全正常进行；边界还能结合植物和地形以满足儿童不断探索的好奇心。小型活动空间边界可以清晰地划分活动空间，避免不同形式游戏活动的混淆和干扰。

① 何德能.幼儿园环境设计［M］.长春：东北师范大学出版社，2003.

为了避免儿童不同活动的相互干扰以及对外界的影响，以保障并提高儿童户外活动质量，我们必须针对儿童划分出不同的游戏空间，供不同需要的儿童群体使用。当然，儿童对于领域的认知和理解不如成人那么清晰。因此，我们通常可以见到儿童会发生领地之争。设计师还可以通过色彩、光线、植被、地形、小品等要素提高儿童对领地的标志性和亲切感。

4. 场 所

（1）场 地

活动场地按照不同活动内容划分大小空间。有体育运动的场地，跑道不小于30m，有专门摆放大型游戏器械和小型游戏设备（如攀爬的木架和轮胎）的场地。条件好的幼儿园，应该设立分班活动场地，并有戏水池。戏水池和沙坑有利于儿童开展各种创造性游戏活动，用手触摸、形状塑造、涉水感知、漂玩具、观察水中倒影等活动都有利于儿童从表象思维向运算思维过渡。对于戏水池的运用，在当代幼儿园中还不算普遍，观赏性的水池居多，参与性的水池较少，而安全性相对较高的沙坑运用较为普遍。笔者调研中统计发现儿童对戏水、玩沙都非常喜爱，所以有条件的幼儿园在保证安全的前提下应考虑设置。

（2）道路系统

道路系统包括户外环境中的主干道以及园区内的小路。主干道除了满足行走和行车的要求，对路面防滑也有一定的要求。铺装最好是软质的橡胶或者是生态草坪。幼儿对“高差”这样的名词没有太多的理解，但是对于站在高处，比一比、看一看却十分感兴趣。在一成不变的道路系统中，出现一点拱桥和铁索桥的设计，会让儿童觉得更加有变化性。宽敞的大路不能完全满足儿童的游戏行为，对于捉迷藏、追蝶等活动，他们更喜欢隐蔽性好的小路。这种游戏应该有不同程度的可以克服的困难和危险，吊桥、交叉的小路以及简单的绳索能为儿童提供冒险和游戏的机会。

（3）地 形

地形作为儿童活动场地的要素之一，其重要性不言而喻。我们能通过合理的堆置地形达到增添场所娱乐性的效果。对于不同功能分区的场地，其地形应分别对待。如在放置游戏、体育器械的场地内，其地形要求平坦，并考虑排水的要求，设置排水坡度1%~5%。在不需要放置游戏设施的地方，可结合草坪植被等营造蜿蜒起伏的地形，不仅可以提供儿童翻滚、奔跑、滑坡等多样化的活动可能，还能起到调节场地小气候，调节排水等作用。

（4）游戏设施场地

游戏设施是每个幼儿园不可缺少的组成部分，也是儿童普遍感兴趣的活动项目。游戏设施的种类包括滑梯、秋千、摇车、攀登架等。这类游戏活动运动量大，肢体活动明显，可操作性强，有利于儿童攀爬能力和动作灵活性的锻炼。有些器械活动还能培养儿童之间的协作能力。在器械活动的同时，应该为儿童提供观察周围环境和各种自然现象的机会，通过无意识的方式来增加儿童知识的积累。

5. 室外景观

（1）地面铺装

幼儿园地面铺装包括场地的地面铺装和道路的地面铺装。地面的铺装要考虑幼儿的安全问题，既要有硬质的地面，也要有软质的地面，地面铺装应尽量美观、平整。例如，在道路上可用不同大小、形状以及不同颜色的混凝土块、水磨石、铺地砖或卵石等铺成漂亮图案的硬质地面，从而达到趣味性、装饰性的效果。从安全性考虑，在公共活动场地、器械活动场地，均可用软质的地面铺装。幼儿园地面常用材料见下表，户外活动场地不同的地面铺装效果如下图所示。

幼儿园地面常用材料表

<table>
<tr><th>地面材料</th><th>种　类</th><th>特　性</th></tr>
<tr><td>自然地面</td><td>土壤、草地</td><td>1. 土壤本身的自然气息以及有较强的可塑性；
2. 草地会给人凉爽的感觉，如是草坪，则需要更多的养护</td></tr>
<tr><td>软质地面</td><td>树皮碎屑、沙子</td><td>软质地面有空隙，具有一定的缓冲作用，但是吸水后松软度会降低，并且容易被风吹走，所以要定期更换</td></tr>
<tr><td>硬质地面</td><td>沥青、混凝土、砖头、石板</td><td>平整性强、缓冲性差、多适用于道路的铺设，并且适合有轮的活动</td></tr>
<tr><td>人造地面</td><td>人造草皮、塑胶地</td><td rowspan="2">装饰性强、脚感舒适、防滑安全、维护方便，是普遍使用的材料</td></tr>
<tr><td>材质地面</td><td>橡胶地</td></tr>
</table>

幼儿园不同地面铺装展示图

（2）植物造景

植物造景是绿化景观最主要的组成部分，也是构成户外环境重要的一部分，不仅可以隔离外界干扰，还能净化空气，美化环境。植物配置也要有一定的原则，例如一定要无毒无刺，无有害气体，排除会给孩子们带来危险的植物品种。季相效果明显，一年四季最好有接连的开花植物，当然绿叶植物也是不错的选择。幼儿园常用草花、树木种类见下表。

幼儿园常用草花、树木种类

草花名称	花　期	树木名称	花　期
鸡冠花	春、秋	柏树	常绿
波斯菊	夏	杨柳	春
草茉莉	夏	黄杨	常绿
孔雀草	夏	珍珠梅	夏
金盏菊	春、秋	连翘	春
三色堇	春、秋	小桃红	春
紫罗兰	春、秋	丁香	春
一串红	春、秋	海棠	春

引自刘宝仲《托儿所幼儿园建筑设计》，中国建筑工业出版社。

注：1. 有毒植物如藤萝、蓖麻、夹竹桃、罂粟花等。

2. 有刺植物如洋梅、刺梅、枣树等。

（3）园艺栽培植物

园艺栽培植物的种植区域面积可以不用太大，但却是不可或缺的一部分。园艺植物可以种植一些当季绿色蔬菜或者种植小型的水果，如草莓等。园艺用地可以供幼儿课堂外教学用，参与性和实用性增强。教师可以带领幼儿在每周固定的时间进行除草、翻土等工作，让幼儿亲身参与种植，感受不一样的生活体验。

（4）景观小品

幼儿园户外环境中的景观小品，包括垃圾桶、导视牌、亭、廊、花坛、坐凳、椅、雕塑等。室外景观小品是点睛之笔，也是烘托气氛的最好道具。室外景观小品的布置都要满足安全性的要求。垃圾桶、导视牌的设计要新颖，以吸引幼儿的注意。亭、廊、花坛、坐凳、椅的设置要适宜儿童的尺度，不能按照成人的要求来打造。雕塑等设计要烘托愉快轻松的办学环境，尽量选择幼儿熟悉的卡通人物。

6. 软环境

幼儿园户外活动软环境主要是指幼儿教师以及教师对幼儿户外活动的指导作用。

（1）幼儿教师

《幼儿园教育指导纲要》中明确指出："教师成为幼儿学习活动的支持者、合作者、引导者"。在户外活动中，良好的师幼互动是非常重要的，教师作用的积极发挥也举足轻重。教师教育观念是其教育行为的前提和基础，如何把当前的教育活动融入户外活动中，把教育内容转化为幼儿可操作的环境和材料，发挥户外活动的教育价值，是教师在开展户外活动时首先应当考虑的问题。

（2）活动指导

教师指导是教师有意识有目的地对教育对象产生指导意义的言行举止[①]。幼儿户外活动的指导策略可以分为三个层次：语言层次、物化层次和互动层次。在实际运用中，三者是紧密联系的，即教师对幼儿户外活动进行口头语言的讲解、具体动作的示范、言语体态的提示等指导和帮助，让幼儿户外活动水平不断提升，活动内容也更加丰富，并收到更大的教育效果。

第一，教师指导的适时性。

在幼儿进行户外活动过程中，教师在恰当的时间对幼儿及时指导，也就是在户外活动中教师要掌握好合适的指导时间，对幼儿活动经验以及活动兴趣都有一定的帮助。王清秋[②]指出教师作为孩子们的参谋长，在孩子们需要时提供帮助；林慧杰[③]提到教师在指导幼儿户外活动时，通过细致观察幼儿，倾听他们的对话，把握好指导的时机，才能使师幼互动行为发挥出真正的效果。

第二，教师指导的适度性。

教师对幼儿的户外活动既采取"放羊式"的态度，又不能过分干涉，让幼儿形成被动、依赖的心理。[④]幼儿园户外活动是幼儿的一种自主活动，教师应该

---

① 林霞.论幼儿区域活动指导策略的三个层次［J］.厦门教育学院学报，2009，（9）：32-34.

② 王清秋.区域活动中教师有效行为的探索［J］.幼教天地，2006，（4）：55-56.

③ 林慧杰.区域活动中师幼互动行为探析［J］.教育评论，2005，（3）：28-29.

④ 许政涛.幼儿园游戏与玩具［M］.北京：北京师范大学出版社，2001.

注重培养幼儿主动学习的能力，并且给予幼儿充分的信任，让幼儿能够主动积极地进行活动。例如，当幼儿在活动时遇到某些问题时，教师要经过观察后，看是否要及时帮助幼儿，或者是让幼儿先通过自身努力想办法，鼓励和启发幼儿自行努力解决。若无原则地过多支持和干预，只会助长幼儿被动依赖的心理，抑制其独立自主能力的发展。

第三，教师指导的适当性。

幼儿的探索学习需要得到教师的支持、帮助，但这并不意味着教师可以不分情况随意提供帮助，要依据具体的情境来采取相应的指导策略。在户外活动中，教师不能硬性地要求幼儿按照自己预设的思路去游戏去活动，使幼儿被动地接受，从而失去自我。在平时的观察中要多了解孩子们的兴趣、需要和发展状态，再根据这些信息，判断是否介入幼儿的活动抑或忽略指导，以做出相适宜的反映和提供适当的帮助。因此，教师要及时做好角色的转换。①作为户外活动的参与者，要想让户外活动真正有效，教师并不只是活动的创设者和纪律的维护者，还必须积极地参与其中，与幼儿进行互动。②作为户外活动的观察者和记录者：在户外活动中，教师应处在观察者和记录者的角色上，关注幼儿的情绪行为，幼儿间的互动，幼儿遇到了什么问题，并对幼儿出现的问题进行适时的指导。③作为户外活动的评价者和反思者：户外活动开展是否有效，还存在什么问题，以及今后如何改进，这些问题都要通过教师的评价和反思来解决。

二、优化标准

（一）优化目标

1. 室外环境氛围更加宜人

宜人的环境氛围可以通过“小气候”来改善。幼儿园的“小气候”是指周围较大范围内的事物和景象，以及他们之间的融合关系。首先我们应当评估幼儿园周围的环境，是位于城市旧街区、中央商务区，还是农场边；有没有能

---

① 许政涛.幼儿园游戏与玩具［M］.北京：北京师范大学出版社，2001.

② 邓双.示范性幼儿园区域活动材料投放与教师指导的有效性研究［D］.湖南：湖南师范大学，2012.

③ 许政涛.幼儿园游戏与玩具［M］.北京：北京师范大学出版社，2001.

够为儿童提供最大空间的场地；还应该评估“小气候”的条件、地块的朝向如何；是向南，还是被一大楼阻挡外环境的采光。建筑、植物在日照下形成的通透度、遮蔽程度是否能给幼儿园户外整个环境营造良好的气温和感受，而适宜的温度能延长幼儿游戏和户外活动的时间。

幼儿园的小环境受地面铺贴、植物种植、光照条件等影响，夏季和冬季体现特别明显。不同光线和温度会影响儿童在户外空间中的舒适度感受。场地内良好的“小气候”可以通过加强绿化、种植或合理利用地形来实现。活动场地不可设置在终年没有充足光照的区域，哪怕冬季也应该保证良好的采光。南方多雨潮湿的季节，场地的排水也是重要环节，以防止由于积水带来的活动场地无法利用的情况。因此，为确保幼儿健康地开展户外活动，舒适的空气状况、良好的通风条件以及适当的遮阴处理等均是必要前提。

2. 室外活动空间更具亲切感

一般来说，室外活动空间更具亲切感是指一个个体或集体对一件事物或现象的认同程度，并对这件事物或现象发生关联的密切程度。对于不同的对象，亲切感的维度往往是不同的。只有儿童认同这个环境，他才愿意长时间在里面玩耍。这样的空间在外部造型和内部设置上，都能让人感觉到使用者是怎么样的一群人。幼儿对于幼儿园有着很强大的依赖性，一周五天都要在幼儿园度过。有识别性的幼儿园户外空间，能让幼儿觉得这里是属于自己的地盘。无论是景观设施还是外墙立面等，都应该按照幼儿身体尺度来设计。满足幼儿游乐和使用的需要才是最人性化的设计。

3. 室外游戏内容是趣味多变的

变化在游戏空间里，例如，用植物围合的空间会随着季节的变化而呈现不同的景观。儿童在幼儿园中，也需要有自己独处的空间，小孩儿不会随时都在奔跑打闹。变化还表现在一些素材的使用上，例如，沙子、泥土、沙砾、植物（掉落或采集的）是容易被塑造的材料。研究发现，儿童在变化有限的地方游戏的时间通常较短。幼儿通常会对他们所处的环境进行细致的注视和观察，环境提供给儿童与生物接触的机会——无论是植物还是虫子，他们会用手触摸、用嘴描述。植物这类生物所产生的花朵、种子、叶子还能提供无限的游戏道具。叶子、花、果仁、种子、果实和枝干能激发幼儿无数丰富多彩的富有想象力的回应。变化还体现在植物配置上面，进行植物设计时要考虑常绿与落叶植物合理搭配，使幼儿在封闭的环境中感受到季节变化；还要考虑植物叶颜色的应用，让幼儿明白所有的树并不都是绿色的；开花植物也是很重要的一个方面，鲜艳的花朵能引起幼儿观看和触摸的行为，也是美化幼儿园环境的一个重要的手段。但是，所有这些配置的前提都是要选择无毒无害的植物。

4. 室外环境中提供机遇性的游戏体验

机遇性是指在幼儿园户外环境中，提供给幼儿发现创造的场所和景观环境。让幼儿自己去探索游戏，做自己喜欢的事情，也是提高幼儿参与性的途径之一。在西蒙尼科尔森写给景观设计师的《如何不要欺骗孩子：松散部位理论》一书中写道“儿童应当有机会玩耍空间组成的材料，因此他们可以凭借自身的力量去发明、建造、评估并修改”。西蒙指出的松散部位，在景观中可以理解为：能进行挖掘的场所、潮湿地区及沙地。探索简单来说，就是创造神秘感，激发儿童游玩的乐趣，引起儿童探索新鲜事物的好奇心。从设计师的角度出发应该思考：以他们的身高能够看到些什么；通过植物材料、矮墙或者地形如何创造出神秘感；设计安排的汀步能否引起儿童对于行动和游戏空间的理解；是否有足够的天然材料供幼儿玩耍等。

5. 室外活动环境更加安全健康

幼儿的自控和协调能力较不成熟，很容易在户外环境中受到隐形的伤害。一些潜在的威胁也有可能会发生，比如铺装不防滑、花池树池边缘倒角太过生硬、器械放置不合理等。在笔者调研问卷中的“户外活动场地设计最重要的几个方面”一题，幼儿教师和家长把户外环境中铺装和器械的安全性放在首位。安全性体现在几个方面：游乐设施、植物、水体、硬质景观等。游乐设施多数是选择木质和塑胶的器械，在选择的时候要注意设计是否合理、材料是否合格并且无毒无害、质量是否过关。植物的选择在考虑季节变化和景观效果的同时，也要考虑是否无毒无害。例如夹竹桃和曼陀罗一类的植物，花朵比较大和艳丽，很容易引起幼儿攀摘的兴趣，而这些花往往结构的某一部分就有剧毒，所以不适合种植在园中。

6. 室外活动边界更加清晰

设计一系列大小不同的空间，并思考这些空间怎样连接成整体。确保一系列适合不同数量儿童和不同用途游戏的空间，并且空间的材料也会随着时间而产生变化。许多幼儿园大型设施放置于场地中最核心的位置，不仅占据了儿童进行粗大运动的空间，还将完整的场地划分成了互不相连的边缘空间，儿童难以进行传统的游戏，例如捉迷藏和模仿性游戏。笔者调研发现，在大型设施和传统多人游戏这个选项上，幼儿教师和的家长都认为传统多人游戏对儿童的成长意义更大。而传统游戏活动需要敞开和清晰的出入空间，以防止意外的发生。清晰性还体现在与周围闹市区的隔离上。研究发现，主要由硬质景观构成且植物缺乏、临近繁华街道的户外游戏空间吵闹程度明显高于由软质材料构成、植物较多并且远离交通噪声的游戏空间。吵闹的户外游戏空间会导致普遍混乱的气氛，还会影响儿童和教育者的情绪并且会对他们造成压力。

（二）优化原则

1. 客观性原则

在本研究对幼儿园户外活动环境的优化过程中，依托《幼儿园教育指导纲要（试行）》和《托儿所幼儿园建筑设计规范》，从实际情况出发，发挥主观能动性，使幼儿园在优化时既能贴近实际，又可以充分利用大自然给予幼儿最好的健康条件。例如，大部分幼儿园都会种植常绿植物，会有阻挡冬天冷风和吸收噪声的作用，并且通过空气的流动会将室外的新鲜空气与室内形成对流，除此之外，还可以保证有适宜幼儿健康的微小气候，包括气温、湿度和气流等。[①]

2. 开放性原则

传统的幼儿园活动空间模式大都是班与班之间分离，年级与年级也没有联系，[②]而现代幼儿园户外活动时打破了这种传统模式，这就是开放性的设计原则。为了能让幼儿之间更多的交流信息和情感，不断地保持接触，就应该为幼儿健康成长提供最佳的交往模式。[③]因此，本研究认为开放性原则是幼儿园户外活动环境不可或缺的基本原则之一。因为开放性的原则对于幼儿的交往以及成长各方面都有一定的促进作用。[④]首先，开放性的空间可以促进同年龄段与不同年龄段的幼儿之间的交流；其次，由于幼儿在刚入园时会有强烈的自我中心的心理，只有不断地与人交往、交流，才会逐渐融入集体之中，感受到他人的存在，培养起一定的社会习惯和生活态度。

3. 游戏性原则

游戏是幼儿园户外活动中不可缺少的内容模块，其教育价值在于让孩子在

---

① ［美］安妮塔·鲁伊·奥尔兹.儿童保育中心设计指南［M］.北京：机械工业出版社，2008.

② 王彦.空间塑造与素质培养［D］.西安：西安建筑科技大学，2004.

③ 孙丽云.论幼教建筑环境［J］.郑州工业大学学报（社会科学版），2000，（1）：41-43.

④ 郭晓君，成丽，刘颖.幼儿教育模式发展与托幼建筑设计观念的变迁［J］.河北建筑工程学院学报，2003，（4）：21-23.

游戏中得到快乐、完成对身体的锻炼。鲁迅先生说得好："游戏是儿童最正当的行为，玩具是儿童的天使。"高尔基也曾这样认为："游戏是儿童认识世界的途径。"[①]因此，游戏性原则在幼儿园户外活动环境中显得尤为重要。有趣的游戏能让幼儿的学习过程更加快乐、有效，能积极调动幼儿的参与性，促使幼儿在快乐中学习、在快乐中运动。儿童通过游戏活动能培养和获得最初的人类社会实践活动的规律和能力，与认识自然的能力。[②]

4. 安全性原则

创设户外活动环境首先要保障幼儿的生命安全。由于幼儿时期儿童的骨骼还处于不完全发育状态，他们行动较笨拙，防护意识差，因此优化户外活动环境时应注意物品、材料的摆放位置，材料无毒，质地良好，固定器械没有尖锐棱角，园舍绿化植物也应茎、叶无刺、无毒等。同时，幼儿活动区域划分注意避免彼此干扰，以免造成碰撞。幼儿园的户外活动环境优化时必须遵循一定的基本原则进行，户外活动环境需要人的行为活动来附于其存在的意义，同样户外活动环境也应对人的行为活动发挥其相关的职能。

5. 主体性原则

幼儿作为幼儿园真正的主人，在整体户外环境的创设首先要得到幼儿的喜欢，幼儿园的空间感、建筑造型以及设施器材的色彩、质感等，都必须反映幼儿的心理特点，使幼儿园成为他们心中真正的"童话世界"。[③]因此，幼儿园户外活动环境效果好坏，幼儿对它的感受如何，直接关系到幼儿的全面健康成长。幼儿心理和幼儿行为特点的研究表明：幼儿具有好奇、好动和兴趣不稳定的特征。他们易受外界环境的影响，在富于变化和富于童趣的空间中有助于幼儿兴趣的提升，幼儿在这种轻松、自由的环境中自由、自主地根据自身的喜好，获取他们自己感兴趣的事物，因此，主体性原则有利于唤起幼儿的自主意识，激励、启发和教育幼儿，促进他们主动、自觉、轻松活跃地学习、生活。幼儿园在各年龄段对户外活动环境的要求如下表。

---

① 刘振亚，林川.多为儿童们着想——幼儿园设计若干问题初探［J］.建筑学报，1987，（8）：11-12.

② 高岚.学前教育学［M］.广东：广东高等教育出版社，2000.

③ 何散.21世纪幼儿素质教育活动设计全书［M］.北京：中国广播电视出版社，1999.

幼儿在各年龄段对户外活动环境的要求

具体特征	2~3岁幼儿
体格发育和活动能力	1.活动能力处于初级阶段，模仿能力较弱，户外活动环境创设时多以激发幼儿思维为主
	2.此阶段幼儿不具备长久注意力，在户外环境创设中少涵盖理性化的东西，应让幼儿在活动中任意发挥
	3.此阶段幼儿多以推、拉、爬、行、张望、触摸类动作为主，因此户外环境中多一些这方面的场所，例如玩沙
群体活动能力	大多数两岁幼儿倾向单独玩耍，而长到三岁，幼儿会受到其他幼儿的影响，希望聚在一起，但仍旧喜欢各玩各的，所以户外环境创设时应让更多幼儿走到一起，却又互不影响
智力发育和认知能力	1.这个年龄阶段幼儿开始具有简单的记忆能力，能在户外活动时涉及简单的常识，使幼儿在玩耍的过程中接受教育
	2.此阶段幼儿喜欢鲜艳的颜色，因此户外活动环境创设时应多使用鲜艳的颜色

幼儿在各年龄段对户外活动环境的要求

具体特征	4~5岁幼儿
体格发育和活动能力	1. 4、5岁的幼儿需要更多的运动，小幅度的运动也变得轻巧，在户外活动时鼓励幼儿小幅跑步等
	2. 此阶段幼儿可以重复一些模式或者节奏，并且眼手的协调性增强，因此户外活动环境中可以增加拼图、棋类等活动
群体活动能力	1. 此阶段幼儿侧重性别之分，因此创设户外活动环境时应有适合男孩和女孩各自玩耍的设施等
	2. 此阶段幼儿喜欢群体玩耍，此时主题活动类环境更适合他们
智力发育和认知能力	1. 此阶段幼儿开始具备逻辑思维能力，户外活动环境中的游戏可以具备简单的策略和记忆能力，例如小迷宫
	2. 记忆力的发展，户外活动环境中可以有图案结构，活动时还应有明确而简单的游戏规则
	3. 此阶段幼儿有分辨能力，户外活动时鼓励他们进行合作的游戏

幼儿在各年龄段对户外活动环境的要求

	6~7岁幼儿
体格发育和活动能力	1.此阶段的幼儿大幅度的动作迅速发展，平衡性也在发展，鼓励他们的活动有跑步、跳跃、跳绳等
	2.开始喜欢挑战，可以把体能活动增加到游戏中，因此竞争性的游戏开始受到欢迎
群体活动能力	1.开始和其他幼儿合作，能够按次序等待，也开始和同伴分享，集体游戏也可以顺利进行
	2.可以尝试做计划，户外活动时设计一些让孩子需要花时间去思考的游戏
智力发育和认知能力	1.能够规范自己的行为，户外活动时可以让孩子们扮演一定的角色，例如小老师等
	2.开始规律的生活，每天固定的户外活动时间最好得到保障
	3.开始喜欢交流，因此户外活动时力求增加幼儿们的互动空间

（三）优化要素

1. 幼儿园户外活动环境中的色彩要素

为幼儿提供色彩设置合理的户外活动环境，是幼儿园环境设置所应考虑的一项重要因素。幼儿认知事物的方式中除了触觉、听觉、嗅觉、味觉等几种手段外，其中起相当大的作用的是视觉，这也是幼儿感知事物最直接的方式。实验表明，“幼儿对黄、红、绿三种颜色的辨认正确率最高，最不喜欢的颜色是黑、棕、灰。”[①]另外，幼儿对色彩辨认能力是随年龄的增长而逐步提高的。例如，孩子们很喜欢红色，红色容易使人兴奋并能加快孩子的血液循环；黄色给人生命力，能够诱发儿童的食欲，产生温暖的感觉；绿色会让人感到舒适、镇静。[②]色彩与心理效应的关联及应用见下表。

① Jeffrey Trawieksmith.Theelassroom Environment Affeetsehildren.5：Playandnevelopment.Review of Researeh.Dimensions，1992：27-30，40.

② 陈捷频.幼教建筑环境设计研究［D］.南京：南京林业大学，2008.

色彩的心理效应

颜　色	6~7岁幼儿
红色	使人产生刺激而又兴奋的感觉，暗示有能量、有生命力，有助于激发幼儿户外活动的积极性，在休息区避免使用
橙色	给人温暖、热情的感觉，相对红色感觉相对弱些，更容易让人接近，具有恢复活力的作用
黄色	明快、活泼、温馨，有消除疲劳、恐惧和紧张的作用，代表启迪和交流
绿色	有缓解压力的作用，给人以宁静舒适的感觉
蓝色	使人平静，可安抚神经系统。但是不要大范围使用，否则会让人有寒冷空旷的感觉
紫色	有神秘、高贵的感觉。但是过于深的紫色，就会有悲哀、孤独之感
白色	代表纯洁、干净、一尘不染。但是纯白往往显得单调、没有生机

2. 幼儿园户外活动环境中的造型要素

视觉可以感受到物体的形态，不同形态给人以不同感受，形态可区分为点、线、面、体。幼儿对造型会有一定的识别能力，并伴有寻觅感与想象感。

（1）幼儿园户外活动环境造型的识别性

由于幼儿的内心世界具备超乎常规的想象力，他们对万物充满了好奇，因此成功的设计应满足孩子的好奇心，这样才会更大程度地促进幼儿形象思维能力、超常想象力和创造性思维能力的发展。例如，某幼儿园在转椅的造型上做了设计，使单调的转椅上有了“花朵”的造型，顿时会使周围空间变得活泼，更贴近幼儿的心理。

（2）幼儿园户外活动环境造型的趣味性

幼儿户外活动环境的造型设计，运用造型原理，使用点、线、面、体等特点不同的要素，按照不同的形态特征完成环境的造型设计。例如，某幼儿园在户外活动环境大型玩具造型的设计当中很形象的运用“海盗船”的模型。让幼儿沉浸在童话般的世界里，让注意力不持久的幼儿有较大的快感。

（3）幼儿园户外活动环境造型的知识性

幼儿园户外活动环境的造型设计不仅要满足幼儿审美趣味，还要考虑户外活动环境对幼儿寓教于乐的作用，使幼儿在玩耍的同时可以受到启发和教育。例如，某幼儿园在活动区域的地面上以不同颜色印有“PLAY”字样，不仅使地面更丰富多彩，同时也教给幼儿知识。

3. 幼儿园户外活动环境中的尺度要素

（1）不同幼儿的尺度

设计是为人而用，空间的形状与尺寸应该与人的身体相符合，所以人体尺度是设计的重要依据，是设计中的基本尺度单位。对于幼儿来说，幼儿园应该是成人建筑的迷你版。如何细致地使每个细节都符合幼儿的尺度，是决定幼儿园户外活动环境好坏的关键。各年龄段幼儿平均身高见下表，身量尺度如下图所示。

各年龄段幼儿平均身高

年　龄	3岁	4岁	5岁	6岁	7岁
男孩身高（mm）	960	1020	1080	1130	1180
女孩身高（mm）	950	1010	1070	1120	1160

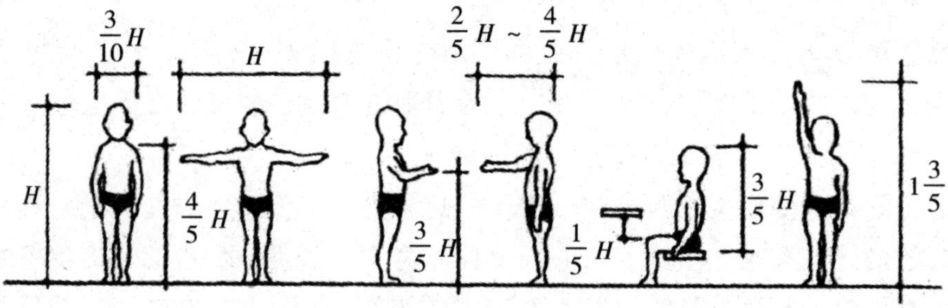

幼儿的身量尺度[①]（设身高为*H*）引自《建筑设计资料集三》

（2）尺度在幼儿园户外活动环境中的考虑

幼儿园在户外活动环境创设时要考虑到玩具、器械器材与空间是否协调以及玩具本身的尺寸是否适宜幼儿玩耍。

例如，①幼儿园常见的滑梯：滑梯的攀登架倾斜角为70° 左右，踏板高6 ㎝，双侧设扶手栏杆，休息平台周围设80㎝高防护栏杆，滑板倾斜角为30° ~ 35° ，宽40 ㎝，防止坠落受伤（见下图）。

① Jeffrey Trawieksmith.Theelassroom environment affects children.Play Development.Review of Researeh，Dimensions，1992：27-30，40.

滑梯模型

②攀登架：垂直攀登架的标准尺寸为高2.5 m×宽2.5 m，格架宽为50 cm，架杆选用钢骨和木质结构，多组格架可组成攀登架式迷宫，架下必须铺装软质材料，起到缓冲和保护作用（见下图）。

攀登架模型

③秋千：秋千分为板式、座椅式、轮胎式几种，其中板式分为单座、双座、多座，并且一般高为2.5 m，长3.5~6.7 m，周边安全护栏高60 cm，踏板距离地面35~45 cm，幼儿一般需要距离地面25 cm，地面同样需要铺设软质材料（见下图）。

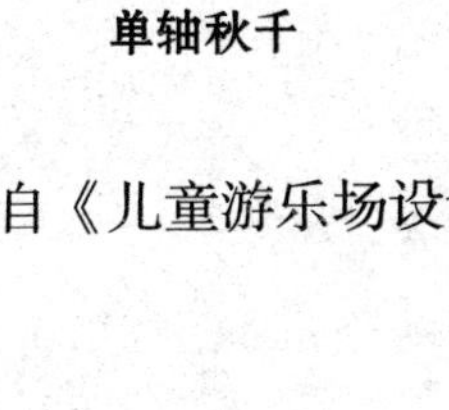

单轴秋千

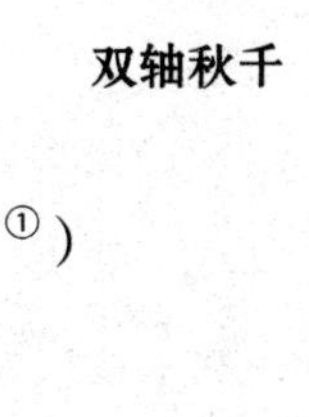

双轴秋千

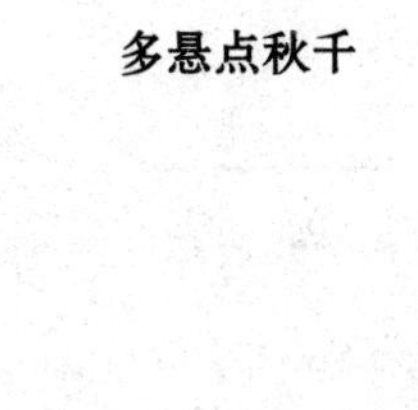

多悬点秋千

（源自《儿童游乐场设计》[①]）

① ［西］布罗托（Broto，C.）.儿童游乐场设计［M］.陈玥，陈超译.天津：天津大学出版社，2009.

4. 幼儿园户外活动环境中的空间密度要素

空间密度是指每个儿童平均拥有的空间大小和其他物理设施的数量。[①]研究表明，每个幼儿获得的活动空间越小，其产生各种各样社会性交往问题的概率就越大。因此，理想的活动区密度样本是，活动环境应该小而相对封闭，又要有足够的空间占有量和材料去组织活动范围相对宽松的活动。[②]在幼儿园的实际情况中，儿童在自发进行活动选择时，区域活动的最佳空间密度往往得不到保证，从而影响了儿童的活动质量。幼儿园在进行户外活动时，同时在室内安排了手指画、粉末画以及玩泥巴活动。这样可以帮助转移一部分孩子，减少户外活动空间密度，防止所有孩子集中到户外的某些活动当中，[③]从而有效地降低了活动区的空间密度。

5. 幼儿园户外活动环境中的安全要素

幼儿属于特殊的群体，3～6岁幼儿身心处于未成熟阶段，身体各部分的器官都比较娇嫩，动作的协调性差，运动水平相对较低，走起路来有时会不稳定，容易摔倒，这在户外活动时是经常发生的事儿。

在对幼儿园户外活动的观察中发现：有的幼儿不顾滑轮的滚动推小朋友，过桥时不顾桥的摇晃挤在一起，等等，都是幼儿不知自己的行为可能出现的后果的表现。因此幼儿户外活动环境的安全性是环境设计中最基本的要求和必要条件。

6. 幼儿园户外活动环境中的行为心理要素

在幼儿园户外活动环境中，幼儿的人体尺度、活动模式、行为习惯、空间的使用方式等都反映了幼儿园户外活动环境与幼儿行为之间的相互关系，都属于“空间行为”。这一领域中领域性、私密性、人际距离、个人空间、拥挤感是五个基本的概念，它们反映了幼儿在使用环境时的心理需要，因此，日本学者又称之为“心理的空间”。在社会发展、经济水平不断提高的今天，对于这些需求，设计中应加以重视。下表是笔者在调查的20所幼儿园中经过实地观察

---

① 朱海婧.美国幼儿园环境设置研究［D］.北京：中央民族大学，2010.

② Joe L，Frost Sue C，Wortham Stuart Reifel.Play and Child Development［M］.Upper Saddle River New Jersey Columbus，Ohio，2008：326−341.

③ Elizabeth Jones，Elizabeth Preseott.Dimensions of Teaching Learning Environments［M］.Pacifie Oaks College Westmorl and Place Pasadena，CA 91103，1978：1−31.

所总结的幼儿的行为，并通过查阅资料与幼儿教师以及专家的访谈指出幼儿在特定的行为下对环境的设计导向。

幼儿行为与户外活动环境设计导向

行为模式	特　点	具体表现	设计导向
无事可做	没有引起幼儿兴趣的事情发生	站在老师周围或跟随老师，或在某个地方凝视四周	提供有效的空间
旁观	只是观看其他幼儿玩耍	在其他幼儿玩耍空间外观看，并不会加入其中	提供停留观看、可坐的空间
单独游戏	独自一人玩自己的游戏或和其他幼儿一起玩不同的玩具	独处、安静、观察	设计舒适惬意的私密空间，同时也能看到其他幼儿活动
平行游戏	独自活动，但所选择的活动和其他幼儿相同	在其他幼儿的旁边玩，不和他们一起玩	保证活动空间的交流性
联合游戏	和其他幼儿一起玩	所有的幼儿一起活动，没有分工，活动没有组织性	提供合适的游戏设施
合作游戏	在一个团队中一起活动	组织幼儿为了完成某个情景或者达到一些竞争目的活动	提供足够的活动场地和设施

幼儿园户外活动环境与幼儿的认知过程的关系见下图。

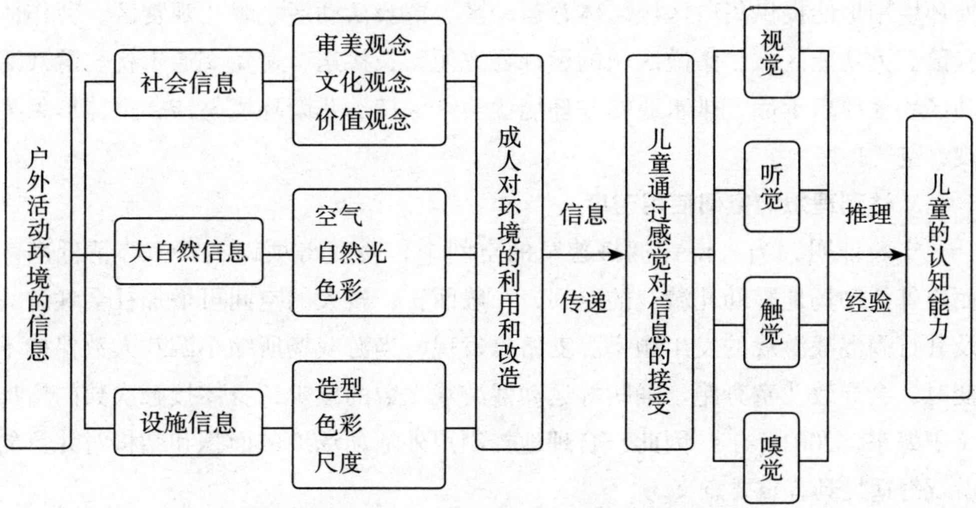

幼儿园户外活动环境与幼儿认知过程的相互作用

三、优化策略

1. 集散空间的人性化处理

集散空间做得好的幼儿园是少数，大多数幼儿园在集散空间这块都需要一定的改良。集散空间除了幼儿和教育工作人员使用外，家长是每天到幼儿园最频繁的人群，也是幼儿园户外环境的使用人群之一，合理的集散空间设计，给家长提供一个等待幼儿放学的空间，是幼儿教育者和设计师应该考虑的一个方面。结合笔者针对“安全性”的设计策略中，也提出了对集散空间设计的一个建议。笔者认为可以供以后的设计者参考或者在此基础上提出更优化的设计方案。

2. 完善户外环境功能分区

笔者提到的五大功能分区，调研结果显示还有家幼儿园不完善。特别是对劳作体验区的设置不够重视。在现有用地功能的基础上，合理规划户外环境场地。在满足基本游戏环境条件下，完善各种功能空间用地。重视劳作体验区在整个幼儿户外空间中的价值和意义，以及绿化用地的功效不仅仅是满足绿化率的作用，更是调节幼儿园户外光照和整个小气候的重要内容。合理划分出大小活动空间，将游戏器械归类摆放，让整个游戏空间井然有序。

完善的功能分区能让幼儿更充分地利用环境，不同的地块有不一样的使用功能。完善的功能分区能让幼儿更有明确目的地在某个游戏区域进行游玩。户外环境用地能提供集散区域、体育运动区、游戏活动区、绿化观赏区、劳作体验区五大功能区域。集散区域的设计要方便家长接送，避免交通干扰。游戏活动区场地要求干燥、排水通畅、环境优美。保持幼儿园环境整洁，整体形象美观，空气良好。

3. 达到理想的空间使用密度

实验证明，当人待在拥挤狭窄的空间中，会变得烦躁不安、心情低落。而户外活动场地是幼儿游戏的空间，一般而言，较大的空间可增加社会性游戏及其打闹混战游戏的发生频率。麦格鲁发现，当游戏场所缩小游戏人数保持不变时，会导致儿童奔跑、踊跳等运动性游戏次数的减少，身体接触次数的增加（丁海东，2001年）。因此，合理地控制户外活动场地的面积和结构对儿童的游玩舒适性具有重要意义。

户外空间面积儿童数量比率，即儿童人均占有户外面积值越高越好，儿童的数量决定了分配给每个儿童户外活动空间的大小情况。户外空间面积儿童数量比率影响着打斗行为的程度和情绪，以及游戏的类型和户外游戏空间的总体活动量。

温哥华市建议每个儿童要有户外空间。基于加拿大研究团队的发现，每个儿童占有更多空间的幼儿园能够为教育者展开不同的游戏活动提供更为灵活的空间，以及更多可供跑步之类活动开展的空间。户外空间面积儿童数量的比例问题是在规划阶段就应该考虑的内容，就现阶段已经建设好的幼儿园来说，唯有降低幼儿招收人数，或者是增加幼儿园面积，来解决户外空间面积儿童数量比例低的问题。所以，这也提醒教育工作者和景观设计师，要从幼儿的角度思考环境和景观，什么样的环境才是适宜他们学习和游乐的空间，不能站在成人的角度来思考。

4. 增加幼儿活动内容

第一，提供幼儿与生物接触的机会。儿童在涉及诸如植物、动物和昆虫等生物的游戏活动中，更容易与伙伴或者他们的幼儿时期教育者产生语言上的互动。在长期观察和研究中，我们发现幼儿与生命体接触能增加他们成长和交流的机会。城市化的进程让幼儿缺乏了乡间丛林中的野趣。很多方法可以满足幼儿对生物的好奇心。例如，在雨后天气晴朗时，教师可以带着小朋友在花池和树池旁边认识蜗牛和姬菇，并开展一系列讲故事的活动；还可以在大树上为小鸟筑爱心巢，每天都能听到鸟叫，也是一种天然野趣；有条件的幼儿园，还可以专门用鱼缸养金鱼，或者在户外鱼池中放养小鱼。

第二，提供幼儿可以随时参与的劳作体验场地。这里的探索体现在儿童可以在园艺场地自发地进行一些创造性游戏，而不是循规蹈矩地跟着老师做一些游戏活动。为户外园艺场地提供自由使用的小型器具。这些自由使用的游戏器具是为了满足幼儿对于户外环境中泥土、小菜、小草、蚯蚓的好奇。幼儿拿着儿童专用的小铲子、小锄头（材质为塑料或者其他安全材料），在户外环境的园艺区域自发创造发明游戏，例如犁地、松土、播种等，一个人也可以，几个人一起也可以。这些自发的游戏活动是在儿童好奇心的驱使之下，主动参与的一系列动手动脑的活动。幼儿园应该提供这样的户外场所，释放幼儿好奇探索的本性，而不是一味地带着幼儿进行一些游戏活动，让幼儿被动地接受一些事物。

5. 清晰的活动空间

在幼儿园硬质围墙边缘种植背景林，与幼儿园围墙外环境形成隔离。上层可以是落叶乔木、中层是常绿冠幅饱满的乔木品种，下层是开花乔木和球形灌木。清晰的活动空间，表现在对活动空间的划分上，可以使用不同铺装来分隔空间大小，还可以使用植物围合的方式来区别。

6. 提高环境"安全性"

第一，对硬质景观的安全控制。国外的一些调查数据显示，活动空间中受伤儿童中的九成重伤是由于跌落在硬质地面上造成的。白晶，有缓冲作用的地面材料，可以增加对儿童坠落时的保护。硬质景观特别是花池树的铺贴方法，最好采用马赛克，做成流线型的，避免出现菱角。沙坑的外边缘如果有一定的高度，也应该做成流线型。如果沙坑外边缘与地面齐平，尽量采用软性材料来限定范围，如防腐木。树池、花池、沙池等在制作工艺上，剖面上要求做成圆角。供儿童游戏玩耍的水体不应过深，可采用旱喷的方式，既满足了儿童爱玩水的天性，也容易保证儿童游戏的安全，超过一定深度的水体周围应设卵石、木桩等形式的堤岸加以防护，以免发生意外。地形上对于儿童活动场地安全要求高，不宜有过多踏步和台阶的高差变化。人工的生态草坪要尽量平缓和舒适，坡度不宜过大。景观小品设计应选用无毒的材料和牢固的结构，以保证儿童使用的安全。树池、花池、沙坑的做法如以下两图所示。

树池与沙坑的做法展示图

第二，对游戏器械自身安全问题的控制。儿童活动空间中常用到的游戏器械大部分是和生产商订购的成品，因此其安全性取决于产品的设计和安装，购置的成品或半成品必须符合安全标准，并且由产品开发商安装使用。儿童游戏器械的设计和选择要注意以下内容：木头部件应该光滑无裂纹；金属和木头的边角都应磨圆或有圆形保护盖；为减少被夹伤的危险，所有开口的内径都应小于或大于8cm；等等。游乐设施应该做到定期检查，使用的材料要符合健康标准。

第三，软质景观的安全控制。包括戏水池等水景和植物景观两个方面。水景要求面积不能过大，深度最好不超过20 cm，控制在安全的嬉耍尺度以内。植物景观的安全主要体现在植物本身不能释放有害有毒气体、飞絮不能对环境造成污染、枝叶树干不能带刺，不能有易掉果的大型果树，并且对植物的种植密度和高度进行控制。

第四，改良入口区域的设计形式。传统的大门是直接靠着马路或者直接靠着人行道的，家长全部堆积在人行道上，造成来往的人群拥堵，也容易发生交通事故。可以在现在的基础上进行稍微改造，在入口处提供家长休息的空间。这样使得幼儿园的户外环境更加人性化，让小孩出校门口这个过程变得更加安全和温馨（见下图）。

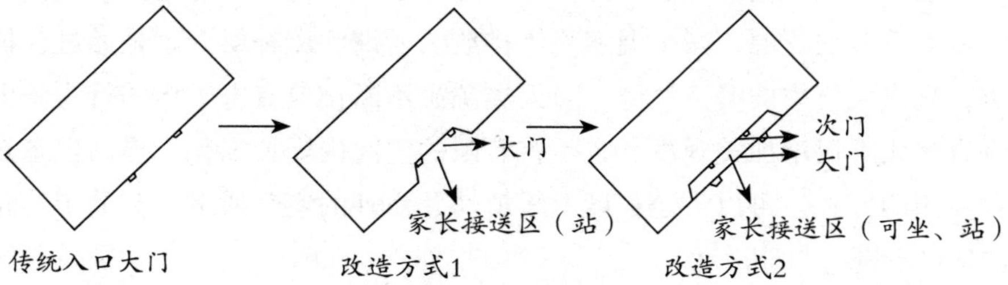

集散区域处理方法

7. 丰富植物景观

幼儿园的绿化总的来说品种单一，层次不明显，缺少开花植物和色叶植物，季相变化不明显。在乔木的选择上，可以增加高大落叶植物，例如银杏、枫香等；开花乔木品种可以选择搜花、白玉兰、紫玉兰、木芙蓉等；色叶树种的品种有红枫、金叶女贞、红叶石楠等；草本植物可以增加金鱼草、金盏菊、三色堇、木春菊等。

需要丰富现有植物的种类和数量，这个是大部分幼儿园的主要问题，对植物景观的投入不重视，或者没有意识到绿色植物不仅仅是一种美化校园的手段，更是一种营造自然环境、提高空气质量的方式。在现阶段，幼儿园应该增加植物品种，从乔木层、灌木层、地被层对现有植物品种做一个补充。

丰富的植物景观能营造一个舒适宜居的环境，植物释放的氧气能很好地改善人群聚集点的空气质量。丰富的植物景观体现在品种、层次、造型等各个方面。品种上包括了不同季节开花植物的选择、色叶植物的选择，层次上包括了从大乔木到中层乔木再到小乔木，大灌木、小灌木以及地被植物的选择。考虑整体立面上的造型和丰富度。

8. 改善环境的“小气候”

考虑合适的乔木与建筑在距离和高度上的比例，改善光线和日照的强度，可以调节室外温度也是营造“小气候”的一个重要内容。《托儿所、幼儿园建筑设计规范》规定“幼儿园的生活用房应达到日照不少于3小时的要求，活动室场地应有不少于1/2的活动场地面积在标准的建筑日常阴影线之外”。

种植乔木的区域最好是在日照方向与建筑之间，与建筑最近的种植距离、最大投影面积不应该覆盖建筑一楼，而是留有一定的距离；最远的种植距离、植物的投影面积应覆盖整个场地。这样，整个场地冬天既能满足日照，夏天又能有阴凉地方玩耍，使用起来相对较舒适。

在有限的户外环境活动空间里，可以适当增加垂直绿化。垂直绿化占地面积少，能有效节约资源、减少温室气体排放。所谓“碳补偿”就是通过栽种花草树木，吸收大气中的温室气体，对人类源源不断排放有害气体的行为做出补偿。垂直绿化不仅增加美观度，也是在有限的空间内增加绿化，提高生态效益的一种实用的方式。可以一定程度上缓解幼儿户外的空气质量，有助于幼儿在健康的环境下进行户外活动。

9. 符合儿童心理的环境色彩和景观小品造型

色彩是启蒙环境空间中极其重要的构成要素。色彩对幼儿生理会产生影响，如橙色引起孩子们的食欲，而蓝色抑制他们的食欲等；通常暖色使人兴奋，冷色使人镇静；明色有轻快感，暗色有厚重感。白色会让幼儿想起雪、纸或白兔；红色让幼儿想起苹果、太阳；黄色让幼儿想起香蕉、向日葵、菜花；蓝色让幼儿想起天空和海水；绿色使幼儿联想到树叶、草、山。

通常情况幼儿园建筑墙体和围墙墙体，颜色以蓝色白色为主，其他浓郁饱和色为辅。蓝白色代表天空和自然的颜色，带给幼儿安静清新的环境感受，蓝白中穿插红色、黄色、绿色，这些热情活泼的颜色，给人明快、生动、活泼的感觉。幼儿园的色彩空间可以借鉴儿童画的色彩特点。大多数幼儿喜爱浓郁饱和的色彩，幼儿园环境色彩除了应该符合一般的审美需求外，还应针对幼儿的特点创造一个明快、愉悦的空间气氛，力求在色彩统一中求得层次上的轻重变化。应该每一学期对墙面以及设施设备的材料和色彩进行维护和改进。特别是墙面刷漆的，在长时间的曝晒和雨水冲刷后，外立面显得十分陈旧和劣质，会引起不美观的感受。

室外景观小品的设置，在满足安全性的同时，要尽量的打造得有吸引力。垃圾桶、导视牌的设计要吸引幼儿注意，雕塑等设计要烘托愉快轻松的办学环境，尽量选择幼儿熟悉的卡通人物或者符合儿童尺度的人物形象来设计。包括景观小品也要求是幼儿熟悉的卡通人物，例如垃圾桶的造型是米奇、导视牌上印有喜洋洋、用蘑菇造型做成的灯具等，整个环境要营造要让幼儿感到熟悉亲切，符合幼儿的审美和心理需要。

第二节　学习化场地创设

一、场地概述

（一）室外学习化场地定义

从广义上讲，学习化场地是指学习得以实施的一切条件的总和，包括物理场地及精神环境。物理场地指有形的、静态的物质存在体。精神环境指无形的、动态的环境。学习化场地的物理场地包括：学习地面、学习材料及学习时间。学习地面是指承担学习材料及学习者的地平面。例如，在一片草地上幼儿通过玩丢手绢的游戏进行学习，幼儿坐着围成一个圈，一个幼儿在圈外跑，他们所占据的草地面称之为学习地面。若幼儿离开，此处的草地与周围的草地无任何功能差异。学习地面是人们赋予这块地面以学习的功能，并在其中营造学习氛围而产生的。材料是学习环境中的一个重要因素。学习材料是指幼儿用于学习的物品，它的形状、大小、数量、色彩、种类往往会直接影响到游戏性质的不同。游戏时间是指幼儿游戏的时间。游戏时间的长短同样也会影响到游戏的质量与类型。例如，有充裕时间游戏的幼儿能在游戏中更多地发挥自主能力，激发其游戏潜能；而游戏时间很少的幼儿，由于很少接触游戏，所以通常会在游戏场地上面对游戏器材不知所措，无从下手，不知如何玩，而且由于时间不充裕使得幼儿不能充分掌握游戏，从而使更高水平的社会性游戏便无从发生。游戏空间、时间、材料均是直接影响游戏的重要因素。①

精神环境包括游戏者能感受到的环境氛围、人际关系等。良好游戏氛围的营造、人与人之间的友好及信任都是支撑游戏顺利进行的要素。一个有着良好游戏氛围的游戏场地比一个什么氛围都没有的场地更能吸引幼儿参与其中。

（二）室外场地分类

在《幼儿园建筑设计》一书中，作者付瑶把场地分为以下四大部分：建筑

① 柳阳辉，张兰英.学前儿童游戏［M］.郑州：郑州大学出版社，2009.

用地、游戏用地、杂物用地、绿化用地（见下表）。其中，建筑用地是指幼儿园生活学习用房、供应用房及服务用房。游戏用地是指布置幼儿游戏的用地如沙坑、滑梯、秋千等。杂物用地包括后勤院、垃圾处理堆、晾衣所、停车位等保证幼儿正常学习生活的辅助设施用地。绿化用地是指一切种植植物绿化的用地。关于游戏场地分类按照游戏的动、静分可以分为动态游戏场地以及静态游戏场地。根据游戏场地的性质及使用人群，游戏场地可以分为班级游戏场地与集体游戏场地（见下表）。

幼儿园场地功能划分对比

	《幼儿园建筑设计》	笔者阅读资料整理后对幼儿园场地的功能划分
幼儿园场地功能用地划分	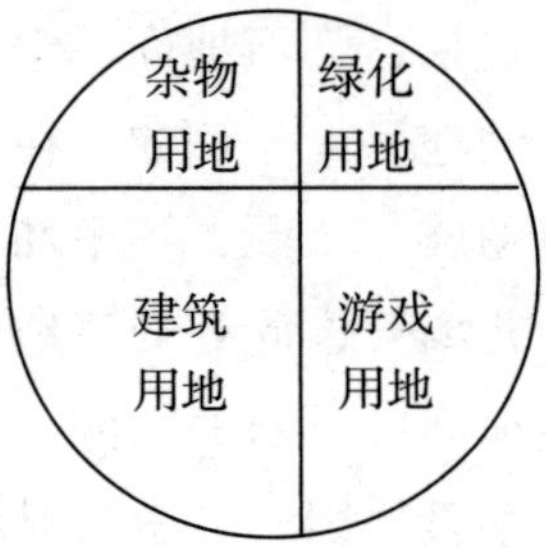	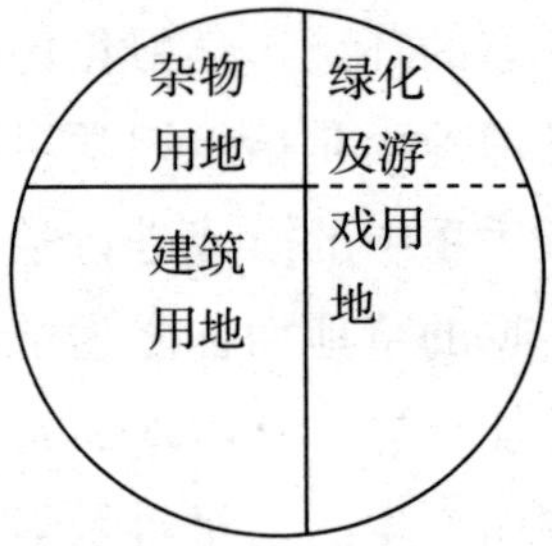 绿化可以设计成为游戏所用

游戏场地划分对比

	《幼儿园建筑设计》	笔者阅读资料整理后对幼儿园场地的功能划分
幼儿园游戏场地按使用人群分类	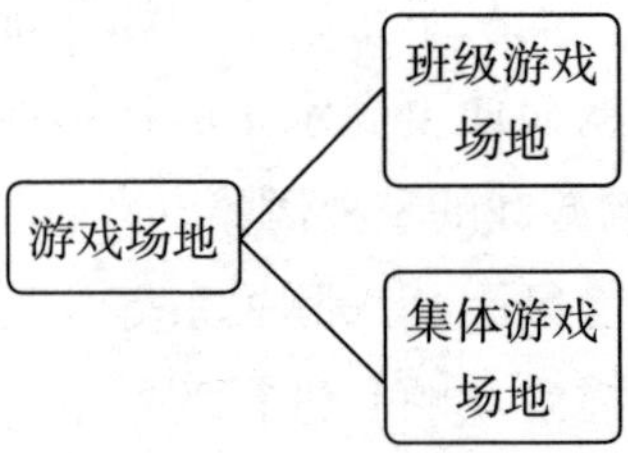	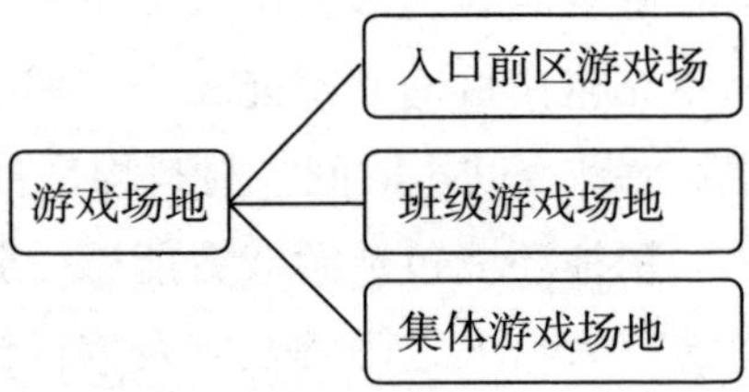

根据良好游戏场地的特征以及《幼儿教育大纲》对自然部分的要求，笔者认为经过合理设计的绿化同样可作为幼儿的游戏材料及游戏场地。所以在设计室外游戏场地时，可以把绿化纳入游戏场地的设计范围，作为游戏设施及素材的一部分，即幼儿园场地在设计时可被分为三部分：建筑用地、杂物用地、游戏用地。

结合近几年设计上的“社区共享”“人文关怀”等设计理念，笔者认为，幼儿园里的人文关怀不应该仅限于幼儿及教师，还应该关注到接送孩子的家长。接送孩子的家长也应该是幼儿园“人文关怀”设计理念中的被关怀者。纵观周边多数幼儿园，大门紧贴道路，家长在等待幼儿放学校门打开时，通常都会拥挤在校门口及城市交通道路上。对于家长来说，站着拥挤在校门口是一种煎熬，对于城市来说，等候的家长及家长的交通工具堵塞了道路，给城市交通带来压力并会增加交通事故的频率。幼儿园里的游戏设施很完善，但使用时间及人群仅限于幼儿园内部，这对于资源来说是一种闲置。把幼儿园游戏场地共享给社区中的幼儿，同时又能方便幼儿园管理是一种两全其美的想法。而恰好，幼儿园的前区空间可以设计来满足这一需求。这个空间可以提供对家长的人文关怀，又能向社区共享幼儿园的部分游戏资源。

所以按照游戏场地性质及使用人群，游戏场地可以分为三类：

1. 入口前区游戏场地

入口前区游戏场地作为家长接送幼儿等待的区域，并在此幼儿可以同家长一起游戏一段时间再回家。同时笔者认为前区游戏场所应相对独立，使得这部分游戏区域在闭园后还能向周边居住的幼儿及家长开放。

2. 班级游戏场地

班级游戏场地主要是根据每个班级幼儿的心理特征所设置的符合该年龄段心理行为特征的幼儿游戏场地。并能在时间较短的户外活动的情况下，满足幼儿多种游戏需要的可能。班级游戏场地应具有领域性、可识别性，如此能培养幼儿的集体责任感及自尊自信感。

3. 集体游戏场地

集体游戏场地指所有幼儿均可聚集在此处游戏的游戏场地。该游戏场地较之其他游戏场地面积更大、游戏的种类更多、游戏设施更为丰富。

（三）室外场地特征

在《儿童保育中心设计指南》一书中作者安妮塔·鲁伊·奥尔兹认为一个良好的具有活力的游戏场地应该具有自然光、求同存异、具有美感、与自然融合、具有个人和场所特征、安全。在《学前儿童游戏》一书中作者柳阳辉认为良好的游戏场地应该具有开放性、参与性、动态性、适宜性。

笔者认为一个良好的、具有活力的游戏场地除了应该具有以上两本书所述特点外还应该让游戏场地顺应幼儿游戏心理的要求。通过对幼儿游戏的心理特征的研究，笔者得到以下四点良好游戏场地应有的特征：具有领域感及私密性、能提供多种类型及多种选择游戏、具有连续易变游戏路径、具有感官吸引力及刺激性。

1. 具有领域感及私密性

游戏中的幼儿总是沉浸在自己的游戏中，他们对周围与游戏内容无关的人或事物不感兴趣，同时也不希望被周边的人或事物打扰。针对这一游戏心理笔者得到的启示是在游戏空间设计时应该从游戏种类出发处理好游戏区域与周边环境及建筑物的动、静、日照、通风、遮阴等关系。同时应该保证每个游戏区域的独立性，具有独立性的游戏区域才保证游戏不被干扰。在设置游戏空间时应该留出游戏空间之间的交通空间，并有意识地把交通空间独立化、醒目化。这样可以有效的组织人流，保护游戏中的幼儿不受干扰，并让游戏空间更具领域感与认同感。

在游戏过程中，私密性对幼儿游戏的顺利进行具有保护及促进作用。一旦幼儿游戏的私密性受到了侵害，游戏将停止或转移地点。例如，正在玩跳舞游戏的女生幼儿群里，突然出现一个虎头虎脑的男幼儿，并掺和着捣乱。这时会发生两种情况：一种是，由于男幼儿的捣乱，女幼儿们停止了跳舞游戏，转向其他游戏；另一种是，女幼儿停止跳舞并驱赶男幼儿，在驱赶无效的情况下转向其他具有隐蔽性的地方继续。把所玩游戏的过程局部对他人保密，更有助于游戏氛围的神秘性与吸引性的形成。在一个具有一定私密性的空间中游戏，可以避免其他人的骚扰。

私密性与领域感有助于幼儿建立自我认同感与同一感。在幼儿园室外游戏场地中，更多时候幼儿喜欢钻进符合自己身体尺寸的矮小空间里玩，原因是这个空间对于他们来说更具有私密性及领域感。矮小的且有一定遮挡的空间对于幼儿来说是一个属于他们的世界，在这个空间里成人是不受欢迎的，即使进入后也会显得格格不入。这个空间有别于幼儿平时生活的环境，那些尺度都是属于成人的，对幼儿没有任何吸引力。幼儿需要一个符合自己特征的空间。为他们开辟另一个有别于外界的空间，这将有助于他们增加对自己的认同感。而所谓认同感是放置在相应环境中的，幼儿在适宜的环境中能清楚地认识自己的能力特长与不足。

2. 提供多种类型及多选择游戏

幼儿的个性各不相同，每种个性气质所带来的游戏选择也不尽相同。幼儿园的游戏场地应该能够满足幼儿园里每种个性气质的幼儿的游戏需求。幼儿游戏按性质分可分为益智游戏、体能游戏、冒险游戏、艺术游戏、假扮游戏。每种游戏都会有幼儿特别喜欢与倾向的，每种游戏的地位都无轻重之分。所以幼儿园室外游戏场地在设计时应该包括各类游戏。而每种游戏都有各自的特色及所需要的场地环境及游戏器具。例如，体能游戏需要的设施有宽阔的场地、软质缓冲垫层等；而假扮游戏需要的是僻静独立的场地、与假扮内容有关的道具等。每一种游戏开展的内容均不相同，同一类型不同内容的游戏对场地及游戏器具的要求也是不一样的。所以在幼儿园室外游戏场地的设计中应该为幼儿提供多类型的游戏场地及设施。

在游戏中的幼儿总是带着愉悦的情感，而且这种情感会伴随游戏从开始到结束。好冲动是这个时期幼儿的普遍性格特征，冲突总会在游戏的过程中发生从而终止这种愉悦的情感，游戏也同样被迫终止。在游戏场地设计时，多种类型游戏及多选择机会是防止冲突发生的有效方法。自由选择的权利能保证游戏的正常进行及保护幼儿愉悦的情感。

当可供选择的机会多于人数时，因争夺游戏机会而发生的冲突就会急剧减少。通常游戏机会的数量是幼儿人数两倍的状态为最佳。幼儿园看似简单实则不然，3~6岁的幼儿无论是从生理上还是心理上都有很大的变化。粗到每个年龄段的幼儿都有这个年龄段的行为特点与游戏特征；细到同一年龄段里的每个幼儿都有自己的个性喜好。游戏是幼儿学习的主要渠道，在游戏场地的设计上更是应该照顾到每个幼儿的特点。不至于使某些或某类型的幼儿在室外游戏场地中找不到适合自己个性的游戏。记得曾经看过这样一幅漫画是讽刺应试教育的（见下图）。

没有个性培养的学校就如同一个机器加工厂（图片来源：网络）

每个孩子在进入学校之前都有自己的个性，但经过学校教育过后所有个性都消失了，都成了一个样。这让笔者联想到了幼儿园的室外游戏场所。若是幼儿园室外游戏场所缺乏多样性以及个性化的设计，所有幼儿都玩同一类型的游戏，而忽略幼儿的个性化区别的话，那将来当幼儿走出幼儿园校门时，他们的天性会不会同机械加工的产品一样没有自身的特点，全是一样的呢？

3. 具有连续易变游戏路径

每个幼儿园的室外游戏场地都是有限的，在有限的游戏场地内，为了给幼儿提供更多丰富的游戏，空间的连续性是必要的。在中国园林的造园技法中有曲径通幽、遮而不塞之说。正是因为小径的蜿蜒造成了空间的变幻莫测，给空间带来了娱乐感与美感。连续易变的路径紧密联系着各个游戏场地，方便幼儿随时更换自己的游戏种类。幼儿的好奇心强、定力较差，玩游戏的持久性较弱，若游戏场地具有很好的连续性，能更好地满足幼儿快捷到达目的地的心理需求。减少由于障碍物的干预使之望而却步的情况。若不能快捷到达目的地也会影响到幼儿自由选择游戏的权利。自由选择游戏是幼儿游戏心理的重要心理之一，若游戏场地不连续，在某种程度上会影响幼儿游戏的心情甚至发生破坏游戏的可能。

4. 具有感官吸引及刺激

幼儿进行游戏总是自发的，他们往往受到游戏空间及游戏物件的吸引后开始产生游戏的念头。兴趣吸引的心理是游戏开始之初的重要心理，若无兴趣吸引，接下来的游戏自然不复存在。要引起幼儿的兴趣，那要求游戏空间应该是有趣味的、具有丰富的刺激感的。幼儿园室外游戏相对于室内游戏而言最大的区别在于室外游戏场地可以为幼儿提供“刺激感”。由于室外场地较之室内更为开阔，变化更多，所以室外游戏所带来的感官刺激较之室内更为强烈。这也是室外游戏吸引人的地方。游戏场地是游戏的容器，游戏的刺激性同样要求游戏场地要有刺激性。刺激性对于幼儿来说有多种，嗅觉、触觉、听觉都能为幼儿游戏带来刺激的感受。游戏的刺激感就像一只无形的手牵引着幼儿进行游戏。而游戏的刺激感更多的是能提供刺激体验的游戏场地提供的。

二、创设依据

（一）幼儿生理特征

幼儿园一般分为大班、中班、小班三个班。大班小孩的年龄段一般在5~6岁；中班小孩的年龄段一般在4~5岁；小班小孩的年龄段一般在3~4岁。从三岁到六岁幼儿们的生理和心理都会发生巨大的变化。

幼儿的身体变化是最直观最易被察觉的。下面是2005年全国幼儿身高及体重平均值的一个统计调研表（见下表）、幼儿身量尺度（见下图）和幼儿坐、视、举高的高度变化（见下图）。在表中可以清楚地了解到一个孩子从入园到毕业出园身体发生的巨大变化。

2005年全国幼儿身高及体重平均值表

性 别	年龄（岁）	N（人数）	身高（cm）		体重（kg）	
			平均数	标准差	平均数	标准差
男	3	6522	100.2	5.44	16.0	2.04
	4	6681	106.3	5.45	17.7	2.37
	5	6785	112.4	5.91	19.7	3.03
	6	6276	117.5	5.93	21.6	3.27
女	3	6460	90.0	5.36	15.4	1.98
	4	6652	105.1	5.48	16.9	2.31
	5	6722	111.0	5.81	18.8	2.67
	6	6151	116.1	5.83	20.5	3.01

注：上表为自绘，表中数据来自《长春师范学院学报》第30卷第1期，作者张艳永。

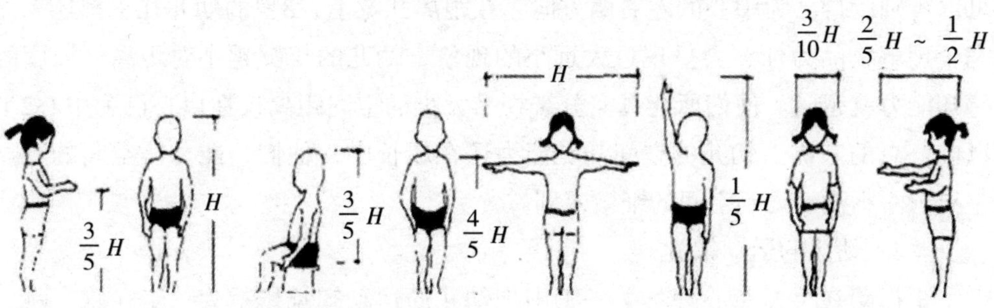

幼儿身量尺度（图片来源：《建设设计资料集3》）

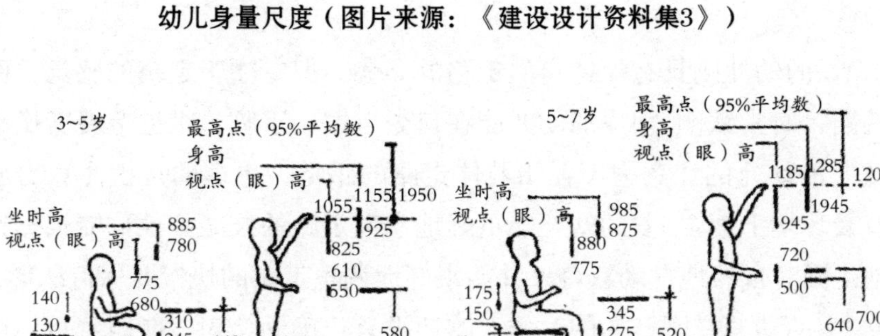

幼儿坐、视、举、高（图片来源：《托儿所、幼儿园建筑设计》）

上图为哈尔滨医科大学公共卫生学院少儿卫生教研室针对当地幼儿测量统计的。由于我国幅员辽阔人体素质会因区域的不同而不同，且此测量统计距今已有十来年，因此该图仅作为在设计幼儿园室外游戏场地的人体尺度参考指标。从表及图中我们可以看出，幼儿在上幼儿园这一阶段身体长势快、变化大。

（二）幼儿心理特征

1. 幼儿的知觉特征

随着幼儿年龄的增长，幼儿的身体器官逐步发育完成，幼儿大脑控制、运用器官的能力也随着年龄的增长而不断地增长、变化。

（1）幼儿的空间知觉

幼儿的空间知觉主要在形状、方向和距离三个知觉中体现。在形状知觉上，3岁的幼儿能够初步判断出三角形、圆形；4岁的幼儿能够利用手中现有的图形来组合简单的图形，例如，用两个半圆形组成一个圆形；5岁的幼儿能分辨、认识五角形、菱形、矩形、平行四边形等。在方向知觉上，3岁的幼儿可以辨别上下两个方向；4岁的幼儿可以辨别上下前后四个方向；5岁的幼儿增加了可以辨别以自己为中心的左右两方向。在距离知觉上，3岁的幼儿几乎都还未能完全理解物品为什么会呈现近大远小的现象，幼儿的年龄越小对距离、尺度的感知能力就越弱。他们所能真实分辨物品大小的空间距离仅在以自己为中心2米以内。总的来讲，幼儿的空间知觉能力还在成长中，他们只能分辨空间的明显差异，而不能察觉到空间的细微差别。

（2）幼儿的运动知觉

丁祖荫在《儿童心理学》一书中把幼儿的运动知觉概括为：走、跑、跳、平衡以及钻、爬。

走：3岁的幼儿刚具有保持自然走路的姿势，但专注于走路的感觉，而不注意脚下的路，时常跌倒。4岁的幼儿能在口令下摆动手脚，根据节奏变换脚步的快慢，此时的幼儿的注意力不在于肢体走路的感觉，更多的是把注意力放在周围的声音及环境上面。5岁的幼儿能更好地掌握走路的技巧，他们能根据音乐节奏整齐地走同时自然地摆动双臂，并能很好地调整走路的快慢并保持队形。

跑：3岁的幼儿在刚开始的时候对跑还没有正确的认识，能跟着目标快速、没节奏的走，逐渐长大后，初步具有跑的能力。4岁的幼儿能在20米内轻松地上下肢协调跑完，并能在一定小范围内追逐。而5岁的幼儿已具有跑的能力，活动范围在100米内并具有较长时间跑动的能力。

跳：3岁的幼儿具有从15~25 cm的高度安全跳下并保持身体直立的能力，4岁的幼儿安全跳下的高度在25~30 cm；5岁的幼儿安全跳下的高度在30~35 cm。

平衡：3岁的幼儿可以在25~35 cm宽的平行性线中走过，4岁的幼儿能在20~25 cm宽的平行线内走过，5岁的幼儿能在15~20 cm宽的平衡木上安全通过。

钻爬：3岁的幼儿可以在50 cm高的橡皮筋下手脚着地爬过，具有一定攀爬的技能，但还不具有攀爬过高及过复杂的攀登架的能力；4岁的幼儿可以从直径60 cm的水泥洞中熟练爬过，能比较熟练地爬上攀登架；5岁的幼儿可以从直径50 cm的水泥洞中快速匍匐爬行，并能在攀登架上熟练的上下窜动，并具有爬树的能力。

（3）视力知觉

3岁的幼儿的视觉敏锐度较低，不容易分辨细小差异。在辨色上4岁的幼儿可以分辨出红、黄、蓝、绿四种颜色。在分辨橙色、褐色等混合色上出现辨色不清的情况。5岁的幼儿在正确的引导和教育下能辨别出差异较大的混合色，如咖啡色与褐色、紫色等。而4至5岁的幼儿能辨认出多种渐进的色彩，如浅粉色、粉红色、深红色等。幼儿辨色的能力强弱在于受到教育及接触色彩种类的影响。

（4）动手能力

幼儿在成长的过程中，动手能力逐渐增强，拿物品的动作由“捧”逐渐发展到“拈”。动手能力的发展是一个长期训练的结果。在游戏中，可以有目的地为幼儿提供训练手指及手腕等小肌肉的机会。

（5）幼儿的声音知觉

幼儿对于声音的知觉同样也是随着年龄的增大而增强的。3岁的幼儿能对声音的大小、长短做出敏锐的反应；4岁的幼儿能初步判断出差异较大的乐器发出的声音，如击鼓声、钢琴声这类声音差异较大的乐器，幼儿能初步感知音乐节拍；5岁的幼儿能分辨一些音色较近的乐器，并能感受到音乐节拍的轻重缓急。有研究表明，被有意识的训练对音乐、声音感知的幼儿对声音、语言敏感度及学习能力要比未被训练过的幼儿对于声音、语言的掌握能力要强很多。

2. 幼儿想象特征

2~3岁的幼儿已经初步具备想象的能力，但由于生活经验较少，所以想象出来的东西都比较简单。当幼儿成长到4岁以后，想象能力成长迅速。4岁的幼儿开始把多个相关的生活场景里的东西想象组合到一起，但想象的主题容易改变，持续性不强，通常想象力会受到被给物品的限制以及受到自身情绪的干扰。5岁的幼儿逐渐能把多个不相干的生活场景结合到一起，并且主题的持续性也逐渐持久，想象力逐渐摆脱了所给物品自身的限制以及自身情绪的干扰。其表现为年龄越大的幼儿，所玩的游戏的种类越多、程度越复杂。并且玩同一个主题游戏的时间也随着年龄的增长而变长。

3. 幼儿思维的特征

4岁以前的幼儿的思维具有明显的直觉性与知觉性，思维总是和行为的过程相关联。到了4岁，幼儿的思维逐渐从行动中脱离出来，逐渐从直觉行动性向知觉形象性转变。5岁的幼儿逐渐形成了抽象思维，并能用一些抽象的语言来表达自己的情感。

3岁的幼儿能根据物品的外形来分辨物品，而随着年龄的增长，幼儿开始注意到物品的本质，并从本质开始区分物品。幼儿在4~5岁期间，思维的成长速度非常快，所以在幼儿园中应该有意识地锻炼幼儿的具体思维以及抽象思维模式，激发幼儿抽象思维的积极性。画画、讲故事、观察自然现象、动手制作都是锻炼幼儿具体思维和抽象思维很好的途径。

4. 幼儿的情感发展特征

3~5岁也是幼儿情感发展的重要阶段，在这个阶段，幼儿逐渐学会有效控制和表达自己的情感。由喜怒无常到能很好地控制和表达自己的情感，让自身行动不受突如其来的感受所控制、影响。在这期间幼儿的高级情感如道德感、美感、自尊、自信、理智等也有了初步的形成。

5. 幼儿的个性气质特征

关于气质的研究起源于公元前5世纪的古希腊。古希腊神医希波克拉特认为人的体液由四种物质组成：血液、黏液、黄胆汁及黑胆汁。[①]后来他认为这四种液体在人体内所占比例不同人的性情亦不同。根据每种液体占最多的比例把人的性情分为四种，分别为：多血质（血液占最大比例）、胆汁质（黄胆汁占最大比例）、黏液质（黏液占最大比例）和抑郁质（黑胆汁占最大比例）。虽然这种液体说到后来被世人否认，但这四种类型的名称得以流传至今。几个世纪以后古罗马医生哈林用拉丁语emperametnum一词来表示这个概念。这就是“气质”（temperament概念的来源）。现在气质心理学已成为个性心理学的一个重要组成部分。

（1）多血质——性格活泼充满朝气；随机应变能力与学习能力均较强；善于处理人际关系具有领导才能，适应性强；兴趣广泛但不容易集中专注地做一

① http：//baike.baidu.com/view/5309.htm.

件事情，不善于控制情绪，情绪较为容易外露但情绪体验时间较短。

（2）胆汁质——性格直率热情；情绪的突发性高，很容易高兴或沮丧且不会掩饰自己的感情，高兴与否都立刻表现出来，但情绪体验时间短，脾气较为急躁；反应速度快但注意力不容易集中；活泼好动，精力旺盛，但准确率较低；喜欢表现自己引起他人注意。

（3）黏液质——性格内向安静，较为稳重，言语较少，反应较慢，情绪体验时间较长；容易专注于一件事情，容易发现人们常常忽略的小细节，注意力不容易转移；安分守己具有较强的自制能力。

（4）抑郁质——性格孤僻寡言少语，反应迟钝，情绪不易外露但情绪体验时间长；喜欢独处，不喜欢人多的地方，不愿与陌生人交往；内心最为细腻敏感；专一，属于慢热型，一旦喜欢上了持续时间很长，不容易改变自己的喜好。

通过现代心理学家的调查研究，人的性格气质都不是单一的，大多数都是由这四种性格两两组合而成的（极少有三种气质或四种气质组合）。其中某一个占主导地位，并且气质的主导地位会根据周边情况逐渐变化。例如，一个性格气质是多血质黏液质的人，在上学时各方面表现都很好，开朗爱笑，时常人未到声先到，这时候他性格气质中的多血质压过了黏液质，多血质的性情占主导地位。后来进入了国家机密部门上班，由于工作性质的特殊性，他渐渐变得沉着稳重，不爱说话。这时黏液质压倒了多血质成为他性格气质的主导。

每一种性格气质都没有哪个更好或哪个更坏，它们都有各自的优点及缺点。在了解了不同种类型孩子的性格气质特点后，有利于帮助我们有针对性地对待每一种类型的幼儿。3~6岁是幼儿性格人格的成长期，这期间幼儿的性格易受到周围环境的影响。从他们主导性格气质了解他们的行为，避免成人的误解造成他们心灵上的创伤，让成人能有意识地帮助他们扬长避短。在设计幼儿园游戏场地时应该考虑到适合不同性格的幼儿游戏的场地，在给他们带来欢乐的同时将伤害降到最低，帮助他们健康成长。

（三）幼儿游戏心理

1. 游戏的定义

研究游戏的学者一致认为要给游戏下定义是困难的。在《儿童游戏的当代理论与研究》一书中作者刘凝认为游戏是一种复杂的现象，在人类初始阶段就已经出现。人对现象和事物的认识、判断受自身修养、文化背景和价值观的影响。所以每一个时期的人对游戏的看法大相径庭。

在我国和西方国家的传统文化里普遍把游戏和工作看成是对立的两方面。

人们长期以来认为工作是创造财富的，是人类为了维持生计而必须做的事情；而游戏是不创造财富的，是人类为了打发闲暇时光而进行的活动。

现代西方研究人员认为游戏与工作是由执行者自身主观体会来区分的。游戏区别于工作之处就在于游戏能给人带来愉悦放松的主观心理感受。若是执行者的能力和工作要求的能力是相匹配的，那在执行的过程中执行者能感受到身心愉悦舒畅的心理体验；若执行者的能力低于工作要求的能力，执行者会产生恐惧感和焦虑感；若执行者的能力高于工作要求的能力，执行者又会产生一种厌烦感和没耐性的感觉。同时研究人员试图证明游戏和工作之间是没有鸿沟的，在一定情况下是可以相互转换的。虽然在《儿童游戏的当代理论与研究》《游戏与儿童发展》及《学前儿童游戏》中作者都认为给游戏一个精确的定义是困难的，但是他们一致认为游戏的通性能被概括为：只要是游戏，那么游戏其中的人必定能在此项活动中身心得到释放，体验到愉悦的感受。

2. 幼儿通用游戏心理

在游戏中的幼儿均沉浸于自己的世界中，尽管年龄段有所不同，游戏形式各有不同，游戏的方式各有千秋，但此时他们的心理感受是相同的。从幼儿游戏的心理感受上讲，正在游戏的幼儿都存在以下七种心理感受中的某几种或全部：兴趣吸引、沉浸其中、愉悦的情感、自由选择、转换在现实与虚构中、思想的表达交流、各方面能力的协调合作。①

（1）兴趣吸引

能够让孩子们喜欢做的事情，必定是能引起他们兴趣的事情。当孩子们乐于做某一项事的时候他们才能在这当中找到快感。如在家家酒的游戏中妮妮总是一次又一次扮演小狗，她已经开始厌烦这个角色了，但伙伴们没有同意让她扮演其他的角色，这时家家酒这个游戏开始让妮妮感到厌烦甚至是排斥，最终退出了游戏。

（2）沉浸其中

通常我们在观察正在游戏中的幼儿们时，我们不难发现他们的注意力是相当集中的，整个人都沉浸在了游戏中，对周围的一切都熟视无睹，他们可以忽略一切与游戏不相干的人或事。正在游戏的幼儿们时常听不见上课的铃声以及老师的呼唤，直到有人进入他们的游戏，并破坏或打断他们时，他们才会意识

① 仙田满.儿童游戏环境设计［M］.侯锦雄，林枉專译.台湾：田园文化事业有限公司，1996.

到周围的人和事。

（3）愉悦的情感

在游戏中，能一直吸引小孩儿玩下去的因素中最重要的就是有愉悦的情感感受。有些游戏虽然伴随着恐惧及害怕，但是当克服了这些恐惧和害怕所带来的快感吸引着孩子们不厌其烦地去挑战和体验这种喜悦。例如荡秋千，刚坐上秋千时，脱离了地面的感觉以及秋千晃动所带来的随时可能摔下的恐惧感令孩子们紧张不安，但当秋千摇动起来，飞扬起来的快感战胜了脱离地面的恐惧，每一次的抛起和荡回都是对自己的挑战，胜利及飞翔的快感吸引着孩子们一次又一次地玩着荡秋千游戏。适当的恐惧及害怕将会为后面的愉悦情感体验加温。如果在一项活动中，孩子体验不到愉悦的情感，那消极的感受只会让孩子们难受，这时的活动就不能称之为游戏了。

（4）自由选择

游戏中，每个孩子都向往着自由选择游戏，一旦他们的选择受到了干扰，自由性不复存在时，此时的游戏就不能被称之为游戏了。比如，大家都很喜欢玩沙堡，但是当毛毛来到堆沙工具箱时，工具已经被拿完了。于是老师让毛毛去玩平时他喜欢的堆积木。此时的毛毛虽然听从了老师的话，玩起了积木，但是他的眼睛一直盯着沙坑那边。毛毛自由选择游戏的权利受到了干预，此时玩的积木对于他来说就不再是游戏，而是任务。

（5）转换在现实与虚构中

在游戏中并不是全部都是孩子们的想象，他们的游戏时常都会受到源自生活经验的干预与调整。比如，在玩开火车的游戏时，车头小明说："乘客们请系好安全带，火车马上要起飞了。"这时就会有小朋友站出来说："不对不对，火车不会飞，只会跑。"明明改变了说法："乘客们请系好安全带，火车马上要起跑了。"于是火车游戏又正常地继续下去了。往往在假扮游戏中，幼儿们的想象多数来自生活的经验，一旦有与生活经验相异的现象出现，其他幼儿就会站出来纠正错误。

（6）思想的表达交流

在游戏中，孩子们总是需要与自己的玩伴（或玩物）进行语言及表情的交流。语言及表情的交流能营造出游戏所需要的气氛，完美地把游戏进行到底。

（7）各方面能力的协调合作

在游戏中讨论游戏的玩法，改进已有游戏的玩法，以及创造适合玩游戏的小情景都是幼儿们在玩游戏的时候处理的事情。在游戏中，大脑、手脚、思维都得到了充分的锻炼。协调游戏的种种困难及角色矛盾是锻炼幼儿社会性的一种简单有效的方式。在不同类型的游戏中各种的游戏心理感受占据不同的分量。这些游戏心理中的某一个或某几个占据主要位置，其他的游戏心理退居其后。

3. 游戏分类

幼儿的各种心理及能力的成长都离不开学习及锻炼。游戏是幼儿最好最有效锻炼自己各种能力的方式及途径。通过对幼儿心理特征的学习，可以总结为：

（1）发展智力思维的游戏心理——益智游戏

幼儿的空间知觉、动手能力、想象力及思维等心理特征所共同作用下的游戏心理特征可以概括为：发展智力思维的游戏心理。发展智力思维的游戏心理，是指幼儿在成长过程中，自身需要对空间图形的认识能力提高、想象力从简单到复杂，思维模式需要从直觉性思维模式向知觉性思维模式转变而进行锻炼的迫切心理。而这个转变需要大量的练习及学习，这个需要就促成了幼儿为发展智力思维而进行这方面锻炼的游戏心理。

为发展智力思维而进行锻炼的游戏心理所对应的游戏统称为益智游戏，如讲故事、观察自然现象、动手制作、拆卸、搭建、挪动棋、观察识别物体（大小、数量、色彩）等开发幼儿智力的游戏。智力科学游戏要求的用地面积不大，但由于游戏的类型要求幼儿注意力集中，所以此类游戏场地的布置最好是在干扰较小的地方进行。

（2）运动知觉下的发泄性游戏心理——体能游戏

所谓发泄性游戏心理可以用幼儿心理中的运动知觉及游戏学所提到的剩余精力说来解释，幼儿需要锻炼大肌肉及消耗掉多余的精力而进行游戏的行为心理。而发泄性游戏心理作用下游戏行为可以概括为体能游戏。体能游戏能够锻炼幼儿身体素质，消耗幼儿身体多余的能量。体能游戏通常表现为踢皮球、跑、追逐、跳、爬一类。由于此类游戏要消耗幼儿大量的体力且幼儿的运动速度较快，所以此类游戏场地的地表要求平整，柔软。平整的地表不容易使小孩在运动中摔倒，柔软的地表可减少摔倒对他们皮肤或身体的摩擦或磕碰。

（3）体验高级情感的游戏心理——冒险游戏

在幼儿情感发展的过程中，幼儿需要体验各类情感感受，并在体验中学习控制它们；同时，由于高级情感的逐渐萌芽，驱使幼儿对自尊、自信、好奇、自豪以及责任感等的向往。在此心理的作用下，幼儿急需体验并找到一个能够直接有效给予他们诸多直观感受的活动。冒险游戏应运而生。冒险游戏可以让幼儿挑战自己的胆怯及害怕，并在其中获得一次又一次的成功，体验战胜自己的喜悦。每次超越自我的感受都能让幼儿得到自我成就感与自信的感觉。冒险游戏中产生的诸多“晕眩”“刺激”“畏惧”“欢乐”“好奇”“责任”的心理感受是其他游戏无法一次性给予的。所以冒险游戏在幼儿中备受欢迎。同时冒险游戏场地可以为给他们提供一个不同的视点及空间感受。在游戏设施的设计中，安全是毋庸置疑的，多种游戏的灵活贯通是必要的，这样可以增加游戏的灵活性、多样性及趣味性。对一个游戏的掌握可以分为三阶段，试探、体验、掌握。尤其是冒险游戏，在还没有充分掌握游戏时，幼儿时常会产生畏惧或后退的心理。这时候如果多种冒险游戏相互贯通，那么幼儿在面对让自己畏惧的游戏时可以从容地转身，转向他已掌握的游戏。从而保护了他们幼小的心灵，免受同伴因为自己害怕、退却而产生的嘲笑。

（4）追求美感的游戏心理——艺术游戏

随着幼儿年龄的成长，幼儿的声音知觉、空间知觉、距离知觉、想象知觉以及高级情感中对美的鉴赏能力及需求都有很大的成长变化。如此对美感的迫切需求，致使幼儿产生了追求美感的游戏心理。与此相对应的游戏类型属于艺术性游戏。艺术性游戏中，幼儿可以敲击乐器、绘画、跳舞、讲故事等。一般在幼儿园中，艺术性游戏多发生在室内。室外的容纳性与多样性往往受到忽略。在室外可以给幼儿更多的空间感受、声音体验以及故事情节的发生。室外的空间是自由的，人是放松的，更容易激发幼儿的艺术热情。近几年也有许多幼儿园开始尝试把艺术性游戏搬出室内到室外，并收到了不错的效果。

（5）模仿的游戏心理——假扮游戏

模仿是动物与生俱来的本能，从飞鸟到走兽，模仿都是各类动物学习生存之道的方式，人类也不例外。出于对生存及生活技能的需要，幼儿总是本能地模仿、学习身边的成人。无论年龄大小，人要开始掌握一门新技能、新语言第一件事都是模仿。出于对模仿学习的需要，产生了模仿的游戏心理，与之对应的游戏便是假扮游戏。在角色模仿假扮中，幼儿可以结合自身的生活经验，学习、重复成人的动作，从而获得处世之道。假扮游戏是属于较为安静的游戏，但对周边的噪声要求不是太高。假扮游戏是需要营造游戏氛围和游戏环境的，所以在游戏场地设计时，应该考虑一定的围合遮蔽，免受其他幼儿的破坏。假扮游戏场地的设计应该注意空间的多样性与适应性。可以设计出横向与纵向变化的空间，以满足各个幼儿的假扮游戏需要。

4. 游戏倾向

由于性别、性格与年龄段的不同，幼儿的游戏类型倾向也存在着差异。

（1）年龄与游戏倾向

幼儿在1岁半后已能准确的辨别自己的性别，而在3岁时能清楚不同性别在社会中的不同职能。因而幼儿从3周岁开始便对自己的社会期望值有所不同。2～3岁的幼儿在室外游戏的种类有两种：一种是在老师的带领下玩团体游戏，如老鹰捉小鸡或丢手绢的游戏；另一种是玩平行游戏，如滑滑梯、骑木马、拍皮球等。3~4岁的幼儿在选择室外游戏时，同样也有两种：一种是在老师的带领下玩社会性更高的游戏，如大卖场、运皮球等游戏；另一种是玩合作性游戏，运用手中的游戏器材搭建自己需要的游戏场景及器具，或是利用现有的工具，如绳子等玩拔河的游戏。4~6岁的幼儿，则倾向于表现自己，如展示自己的舞蹈才能、演讲才能及领导才能。这时期的幼儿具有了相当的生活和学习经验，在玩游戏时，比低龄儿童展示出更多的创造性与解决问题的能力。这时期的幼儿不需要老师太多的组织活动，他们自己就可以应付一般的群体游戏。幼儿的活动能力随着年龄的增长而增长。活动半径也随着幼儿年龄的增长而逐渐变大。

（2）性别与游戏倾向

社会期望值的不同直接影响到幼儿的行为活动，游戏倾向在游戏当中表现更为明显。男性幼儿开始有意识地选择“男性”游戏，而女性幼儿则有意识地选择“女性”游戏。比如，男性幼儿在游戏的选择中更多的会选择器械、战争、力量类游戏。而女性幼儿则更多的选择优美文静的游戏。男孩在户外肌肉游戏及冒险游戏中的大体趋向比女孩更活跃、好动。尤其是在3~5岁的幼儿中更为明显，这时期的男孩子开始逐渐对展示速度、力量以及冒险的游戏表现出浓烈的兴趣爱好。女孩子则很少参与到能展示速度、力量的游戏中，尤其是战争游戏及搏斗游戏。哈泊等（1975年）用了两年时间追踪记录了3~5岁儿童的游戏时间及游戏场的使用情况，发现男孩子的户外活动时间比女孩子多，活动空间也是女孩子的1.2~1.6倍。①

① 李燕.游戏与儿童发展［M］.杭州：浙江教育出版社，2008.

男孩子从整体上讲精力比女孩子更旺盛，更好动。男孩子在户外倾向于选择球类、追赶、战争等运动量大的体能游戏。女孩子较之于男孩子则更喜欢假扮游戏、艺术游戏，例如办家家酒、摆弄洋娃娃、画画、敲击乐器、跳舞、折纸、玩泥娃娃等。在室外4~5岁的小女孩儿喜欢组成小团体，几个姐妹在一个矮小的空间安静的玩游戏，这个空间不受男孩子的骚扰和破坏。矮小的空间使她们觉得与成人世界脱离，进入一个受保护的自己的世界。男孩子在空间能力上要强于女孩子，而女孩子则在语言能力上要强于男孩子。

（3）性格气质与游戏倾向

在游戏过程中同一年级或班级的幼儿中，由于性格气质的不同也会有不同的活动趋向。例如，多血质的幼儿就比较偏向于当头目，胆汁型和黏液型的幼儿就比较偏向于被统帅，抑郁型的幼儿则更喜欢一个人或几个兴趣相投的人独处。

三、创设标准

（一）创设原则

幼儿园室外游戏场地设计除了应该满足幼儿的心理需要，同时也应同幼儿园教学相配合。使室内室外的学习游戏场地都能满足《幼儿教育大纲》的要求，协助幼儿教师完成教育任务。据调查研究，在一个教育方法与场地很好配合的环境中的老师的态度要比两者不配合的环境中的老师的态度要好很多。通过对幼儿心理特征及《幼儿教育大纲》的研究学习，笔者整理出以下八条幼儿园室外游戏场地的设计原则。

1. 与教育目标对应

幼儿园内的场地设施及教学手段是实现现代幼儿教育的两大重要组成部分，二者缺一不可。这两部分在幼儿教育中的地位就如同人的左右脚，若要完美的实施现代幼儿教育的具体要求，这两部分就得相互协调合作，任何一个部分的落下都会阻挠现代幼儿教育思想在幼儿教育中的实施。尤其是室外游戏场地，应该紧跟《幼儿园教学大纲》要求设计建设。最好是能在《幼儿园教学大纲》要求的内容上面有进一步的发展。

幼儿园室外游戏场地作为幼儿园教学的一个重要施教部分，在设计时应结合教育目标及需求。在设计之初，建筑师应同幼儿教师讨论，在教学过程中，需要什么样性质及类型的空间才能更好地发挥科学教育幼儿的方法并从中总结出空间类型及空间的重要性分级。在用地较为紧张的情况下则可以根据空间的重要性来合理地布置及整合空间。而在室外，大量空间则可以根据需要做成复合型空间，这样能充分有效地利用空间。

在幼儿园室外空间设计时若不能把握幼儿教育所需与游戏场地及设施的关系，会给老师的成功教学制造潜在的阻碍。例如，在《幼儿教育指导纲要（试行）》（后均简称《纲要》）中明确地提出："……引导幼儿接触自然环境，使之感受自然界的美与奥妙，激发幼儿的好奇心和认识兴趣；结合和利用生活经验，帮助幼儿认识自然环境，初步了解自然与自己生活的关系；……"而在对幼儿园进行设计时，若绿化的配置与其他商业或居住建筑的处理方法无差异的话显然是无法创造出真正有效的户外游戏教育空间的。在调研中笔者发现设计上较为成功的幼儿园会为幼儿准备班级种植园、花园、草地、灌木等；而有些幼儿园在建园时没考虑这些，就会致使教师在教学的过程中实施《纲要》所要求的教学目标时产生阻碍及困难。[①]

2. 科学性原则

幼儿园室外游戏场地不仅仅是游戏的地方，更是学习的好地方。在幼儿园室外游戏场地的设计中应该注意游戏场地的科学性。良好的游戏场地应能引发身处其中的幼儿的好奇心与探究欲望，使幼儿的认知能力及游戏能力在室外游戏中有所发展。

室外游戏场地可采用多种材料，让幼儿在室外游玩时能感受到不同材料带来的感官体验，同时了解不同材料在生活中的不同用途。同时在同种材料的运用上可以采用主题材料重复、同中求变的设计手法。在室外还可以结合一些自然现象以及科学知识为幼儿打造游戏场地。让幼儿在游戏中观察及体验科学的魅力，从而对科学产生兴趣。数学对于开发人的大脑是有巨大作用的，在幼儿园室外游戏场地的设计中，可以创造出各种形状、数量、大小不一的玩具及游戏场地，让身处其中的幼儿发现身边的数学。同时，数学的开发也能运用到游戏的设置中来，这样既能开发幼儿的大脑又增加了游戏的种类以及乐趣，集学习与娱乐为一体。如丹麦哥本哈根Murergarden的室外游戏场地的设计者对石材及木材的使用。在这个游戏场地中设计者采用了主题材料重复、同中求变的设计手法。场地采用了不同大小形状的石头作为场地区域限定、游戏道具布置。在一个场地中重复使用同

---

① 中华人民共和国教育部.幼儿园教育指导纲要（试行）.教育部第二部分第二点中的教育要求第1、2条.

种材料意在加深幼儿对这种材料的印象。

同时，利用材料大小、形状以及色彩的特点，设计者用同样的材料创造出了不同的感官体验：小而平整的石块以圆环的形式铺装地面；形状大而不规则的石头作为场地中的模糊游戏道具；大小不一、形状较为规则的石材则作为溪床；被打磨成方柱型的两个石条为游泳场地入口的限定。这样重复使用同种材料的设计方式主要是为了加深幼儿对材料的印象以及兴趣。主题材料重复，样式多变的游戏场地如下图所示。

主题材料重复、样式多变的游戏场地

整个游戏场地上充满了形状、数量、色彩各异的石材，引导游戏中的幼儿去发现。设计者利用木材的可塑性强、韧性好的特点，把长条形及圆柱形的木材结合使用做成游戏场地与绿化之间的分隔物，同时在不远处的小溪上，把木板做成弯曲的拱桥，圆木棍做成弯曲的扶手。在同一场地中，木材以不同形态的组合方式，为幼儿呈现出不同的使用功能及感官体验。能很好地引起幼儿对木材的兴趣及好奇。

3. 社会性原则

幼儿园室外游戏场地的社会性原则旨在保护幼儿的自尊心及自信心，培养幼儿交流、关心他人以及友善的为人处世的能力，从而让幼儿能拥有积极向上的健康个性。游戏场地在设计时可以多为幼儿提供合作游戏的机会，让他们在合作游戏中培养社会交往能力及处世能力。

在游戏场地中应该有适合各类性格气质的幼儿展示自己才能的空间，为他们提供赢得自尊心及自信心的表现机会。同时在设计中应当考虑到幼儿的胆怯害怕心理，为他们的退缩找到一个完美退场的选择、出路。这样能保护幼儿的自尊心，并使得幼儿不会因为自身的胆怯而受到同伴的嘲笑。假扮游戏是幼儿锻炼社会交往能力的最佳方式。在游戏中幼儿会模拟社会生活秩序、遵守社会规则，模仿成人为人处世，练习各类职业的人的社会职能。如多人合作的假扮游戏中，有的幼儿扮演老师，有的幼儿扮演学生、保安、园长、家长、环卫工人、小商贩、汽车司机等，在游戏中幼儿可以根据自己观察到的每个人的职能，再经过自己的扮演来加深对各种职业职能的了解和认识。

室外游戏场地与外界之间应相互联系，这样能为幼儿提供观察外界活动的条件。如在游戏场地与外界相交处采用镂空围墙等措施为幼儿观察外界提供条件（见下图）。让幼儿在幼儿园中观察各类与自己生活息息相关的成人以及正确对待他们的职业，了解不同职业的人与自己生活的关系以及帮助，学会尊重他人。

提供视线交流的镂空围墙

4. 艺术性原则

幼儿园室外游戏空间的艺术性原则旨在培养幼儿感受美、表现美的能力。室外空间应该是美丽的，这才能潜移默化地培养幼儿感受美丽的能力。室外游戏场地的美感可以通过色彩、地面图案、材质、线条外形以及游戏设施的形体来营造传达。搭配适宜的色彩比灰暗无光或杂乱无章的色彩更能给人带来美感。有着多种图案变化的地面比无图案铺地的地面更能给人美的感受。在地面图案的铺设上，拼凑图案的材料、方式不同，同样可以给人带来不同的感官体验。更多时候自然的材料比人工材料更能给幼儿带来美感体验。舒畅的曲线比直线更能给人带来柔和感和亲和力。

室外游戏场地的艺术性原则不仅适用于游戏场地的建设材料及外形上，同样也适用于游戏场地的游戏内容上。室外游戏场地是一个奇妙包容的空间，它能容纳幼儿在其中创造美的东西，如画画、玩音乐、跳舞等，让幼儿能直接参与艺术创造。通过天马行空的想象与锲而不舍地尝试，在游戏中锻炼幼儿的艺术细胞及动手能力以及创造力。

5. 自然化原则

让幼儿亲近自然、喜爱动植物不应是一句口号，为下一代的童年回忆留住一片自然之地，是成年人们应该做的。在城市中，幼儿日常主要接触自然的地方有公园、住宅小区公共绿化、幼儿园这三个地方。然而公园大多只在休息日由家长陪同前往。随着城市化进程脚步的加快，城市儿童人群数量日益庞大。但钢筋混凝土森林的生长，则逐渐使现代的幼儿眼中的绿色正在悄然退去，自然离城市儿童越来越远。加之现在电视、电脑等电子产品的流行，更减少了幼儿主动外出接触真实自然的意愿。硬质地面成了现代城市幼儿生活环境的主要组成部分，这是一个可怕的现象。大自然对于城市幼儿来说，逐渐成为陌生的符号及称谓。幼儿园则成为2~6岁的幼儿接触大自然最为理想的地方。

顺理成章，让幼儿亲近自然、喜爱动植物的重任也就主要落在幼儿园的肩上。幼儿园在室外设计时，应该减少对塑料橡胶的依赖，多用自然材料。在绿化上尽可能扩大绿化种植面积。同时，把游戏场地与绿化种植相结合不失为一个增加游戏场地自然绿化的好方法。

6. 灵活性原则

幼儿园室外游戏场灵活性设计可以表现在：场地的灵活性与游戏玩具及设施的灵活性。幼儿园室外游戏场地面积普遍都比较紧张。在紧张的用地条件下，要创造出多样性的活动空间满足多种活动的进行，致使幼儿园室外活动场地需要具有灵活性。场地的灵活性设计可从以下几方面入手。

（1）竖向设计

在有限的室外场地中，增加活动场地面积的一个办法就是在垂直方向上进行扩容，把幼儿活动的范围扩展到空中。（见下图，图为皮尔莫伦德市一所学校的wall-holla游戏场地。该游戏场地置于足球场边缘，占地面积不足8平方米，能同时容纳20个孩子游戏）

竖向发展的游戏设施（图片源于：《儿童游乐场设计》）

（2）复合游戏场地设计

复合游戏场地，顾名思义即一个可以容纳多种游戏同时进行的游戏场。在复合游戏场地设计时应注意把同类型的游戏组合在一起，切记不要把类型不同的游戏杂糅在一块。同种类型的游戏置于一起，能给游戏的幼儿提供多种游戏的选择，各种游戏之间可以相互转换。如wall-holla（见下图），波浪形的板子时高时低犹如浪花，幼儿既可以在波浪板上爬行历险，又能在波浪较大的地方玩滑梯游戏，还能当座椅为幼儿提供休息观景之地。维护波浪板的网架设计者放置了攀登块，幼儿攀岩游戏亦可在其中进行。

若只是把不同种类型的游戏机械的拼合在一起不但得不到多样化游戏的效果，反而会影响游戏的发生。例如，把肌肉游戏与假扮游戏杂糅在一起，进行肌肉游戏的幼儿在跑跳、攀爬的过程中发出的大的噪声会破坏假扮游戏的氛围；而假扮游戏多为静止安静的，游戏中的儿童会阻碍进行肌肉游戏的幼儿的行动。

wall-holla中可转换的游戏设施（图片来源：《儿童游乐场设计》）

（3）灰空间游戏场地设计

灰空间作为两个功能空间的过渡空间，在设计时可以把它作为由室内到室外游戏空间的过渡。在天气状况不佳，无法到室外游戏场地中游戏时灰空间这个半室外空间就可以弥补遗憾。可以利用的灰空间有许多，如走道、门厅、架空层、廊下、阳台空间等（见下图）。

可作为游戏场地的灰空间

7. 多样化、趣味性原则

幼儿园室外游戏场地应是一个综合的、具有多样性的游戏场地。在幼儿园室外游戏场地设计时应该考虑到各个年龄段的幼儿的行为特点，针对幼儿的特征有针对性地为其打造属于他们自己的游戏场地及环境。不同年级的幼儿游戏场地应该各有特色，正如同每个年龄段的幼儿都具有这个年龄段独有的特点一样。在同一年级的活动场地中，也应该考虑到幼儿的个体差异，在设计时应该尽量考虑到每种性格气质的幼儿最倾向的游戏类型，从而为他们量身打造专属的游戏场地及游戏设施。

多样性可以体现在：游戏的种类多种多样；同一种游戏设施有多种玩法；同一个目的地有多种到达方式及多种途径；游戏空间存在着大小、宽窄、高矮；同一个设施有不同的表现方式，如同样是用于空间分隔的分隔物，可以选用圆木桩、木条或石头；同一块场地，多种铺地方式、多种色彩、图案等。

趣味性原则可以体现在游戏设施的造型上：场地的色彩、图案、材质；游戏空间多变，能给幼儿提供各种遐想；整个游戏场地的可参与性、新鲜感；游戏场地能与幼儿发生多种互动；能让幼儿观察、体验平时无法感受到的现象；等等。

8. 安全性原则

幼儿园室外游戏场地是幼儿园内意外发生最多、最频繁的地方。幼儿自身保护意识较弱，时常过高的估计自己的能力，忽视危险的存在，所以在幼儿园室外游戏场地的设计上更应该从为幼儿自身安全性着手，增强游戏场地的安全性。有时候老师为了减少意外伤害的发生，只允许幼儿在教师能力管辖范围内活动，从而减少了幼儿自由选择游戏的机会。安全系数高的室外游戏场地就能减少教师的顾虑，从而增加幼儿在游戏场地上的主动选择权。

在幼儿园室外游戏场地设计时，器材及踏步、扶手、铺地、水景观、绿化等都应该按照建筑设计规范以及从幼儿人体工程学的角度出发，为幼儿建立一个符合幼儿生理尺寸的游戏场地。在游戏场地使用材料方面，应充分结合当地气候条件，选择恰当的材料。在幼儿园边界的处理上，应考虑到杆件之间的距离，避免幼儿逃离校园。同时也应该在围墙及室外游戏场地设置监控，做到室外游戏场地无监控死角，预防不法分子潜入校园内对幼儿造成伤害，同时也能第一时间发现室外游戏场地上的意外。

（二）创设要素

1. 铺　地

幼儿在走路或游戏时，视线接触地面的时间比其他物品更长，所以地面对幼儿的影响不可忽视。幼儿园室外游戏场地地面铺装应注意铺地的安全性、多样性、感官刺激及吸引性。在场地的铺装材料选择上，应该根据具体游戏环境视情况而定。避免把所有地面都软质化，塑胶化。混凝土、素土、砂、草被、松散材料、橡胶、塑料草皮这些材料都可以运用到室外游戏场地上。目前人工材料大面积的侵蚀着幼儿园室外场地的铺地，难免会造成铺地过于单一以及抛弃自然材料的现象。自然材料有着人工材料所不能给予的生命力与活力以及对幼儿的吸引力。笔者建议在幼儿园室外铺地的选择上，可以根据每块场地用途的不同，合理地选择自然材料与人工材料。接下来笔者将分别介绍每种材料的特点及其适用的范围。

（1）素 土

素土这种天然的地面材质，不需要造价、硬度偏高、表面易起尘、亲水，是植物生长所依托的主要物质，适合用于植物认知及绿化区。在树丛下不铺设任何材质的铺面，保持素土的本色，便于植物生长，同时也能为幼儿保留一片泥土的清新。素土可以把落叶变成花肥，树林与素土的结合，既能为幼儿提供接触自然泥土的机会，又能变废为宝，减少园区绿化维护的成本。同时，素土可以用于做仿梯田的台阶。素土与水结合有很好的塑造性，幼儿可以玩捏泥人的游戏，但是容易弄脏幼儿的衣服。

（2）沙

沙这种天然的材质，颗粒小、松散性较好，与水混合具有很好的塑形功能。由于重量小容易被风吹走或被幼儿带走，流失性大，需要经常维护，维护成本较低。沙地具有密度小的功能，所以常被用于器械、攀爬区的缓冲地面铺地。沙砾中常会出现尖锐的物品，所以在挑选沙时一定要注意沙的纯净度。

（3）植 被

植被具有改善水土流失、美化环境、提供氧气、坚忍不拔、柔软的特点，容易隐藏小昆虫，可以开出小野花。但容易根据季节变化而变黄枯萎、不耐踩踏、维护成本高。所以，植被一般用于踩踏量不大的游戏区域。幼儿园在选择草种时应选择耐踩踏、生命力强不易生虫的草种，如结缕草、卵穗苔草、狼牙根等。

（4）卵 石

卵石以其小巧的外形、丰富的色彩与纹理以及易造型、易造图案、资源丰富造价较低的特点倍受园林设计师的喜爱。卵石常用在园林铺路上，同时可以作为足底按摩为人们提供别样的脚底感受，具有易清洁、疏水的特性。在幼儿园中，常用于园林铺路、溪床或其他围合分隔的矮坡表面。

（5）松散材料

松散材料，可以是自然的也可以是人工的。常见的自然松散材料有碎木屑、碎树皮、树叶等。而常见的人工松散材料有橡胶颗粒。自然松散材料具有成本较低，硬度较小，但容易流失，需要维护的特点。自然松散材料具有孕育生命的特点。人工松散材料具有成本高，不易流失，硬度较小，几乎不需要维护，易上色、易做出图案的特点，适合用于集会广场、幼儿散步、智力游戏，以及体育运动区做缓冲垫层。

（6）橡 胶

橡胶材料做的地面，具有一定弹性、不易起尘、颜色较多、能随意做出各种童话图案，疏水、易清扫、维护成本较低等优点而倍受幼儿园设计者的青睐，适用于大面积铺设且踩踏率较高的运动区等。

（7）塑料草皮

塑料草皮具有弹性好、色彩艳丽、不易褪色、耐踩踏、不易起尘且可蓄水的特点，但不易清洁、成本高。又因其具有与天然草坪极为相似的外观，而倍受幼儿园的喜爱。适用于铺设在探踏概率较大、需要缓冲的地方。不适合铺设在幼儿会席地而坐的地方。

（8）混凝土

混凝土造价较低、硬度高、表面光滑、疏水但易起尘、易吸热、表面易结冰、便于清扫、耐碾耐压、排水性好，几乎不需要维护的特点。适合用于进行自行车、三轮车、滑板等活动场地，同时也适用于主要交通过道。在铺地处理上应该注意图案的处理，创造出具有童趣的图案。同样也可以从教学的方向出发，在地面的图案处理上可以采用字母、几何图形等。

（9）软质垫层缓冲材料

塑料草皮及橡胶的缓冲性能依靠材料自身弹性，在铺设时可直接用黏合剂与硬质地面粘牢。经研究发现当垫层的厚度铺设在9in（228.6 mm）时，垫层的铺设范围最好是铺设到距离游戏器具竖向投影4ft（1219.6 mm）处。具有细屑质地的垫层材料铺设范围及深度可参考下表。细屑质地的缓冲材料主要靠堆积后材料与材料之间的空隙作为缓冲减震。其缓冲性能决定于下坠物品的高度及缓冲垫层的厚度。细屑质地的缓冲材料一般埋于素土中，与地面高度齐平，不能直接放置在硬质地面之上。

为防止摔伤细屑垫层厚度及对应铺设距器械垂直投影范围

材 料		未挤压深度			挤压深度
		6in（152.4 mm）	9in（228.6 mm）	12in（304.8 mm）	9in（228.6 mm）
木质覆盖物	双层式	7ft（2133.6 mm）	10ft（3048 mm）	11ft（3352.8 mm）	10ft（3048 mm）
	碎片式	6ft（1828.8 mm）	10ft（3048 mm）	11ft（3352.8 mm）	7ft（2133.6 mm）
树皮覆盖物（均质的木片）		6ft（1828.8 mm）	7ft（2133.6 mm）	> 12ft（3657.6 mm）	6ft（1828.8 mm）
细沙		5ft（1524 mm）	5ft（1524 mm）	9ft（2743.2 mm）	5ft（1524 mm）
粗沙		5ft（1524 mm）	5ft（1524 mm）	6ft（1828.8 mm）	4ft（1219.2 mm）
细碎沙子		6ft（1828.8 mm）	7ft（2133.6 mm）	10ft（3048 mm）	6ft（1828.8 mm）
中等大小石子		5ft（1524 mm）	5ft（1524 mm）	6ft（1828.8 mm）	5ft（1524 mm）

注：表中数据来源于《儿童保育中心设计指南》。

2. 路 径

幼儿园室外游戏场地道路分三种：一种是以通行为目的的道路，一种是以游戏为目的的道路，最后一种是兼通行与娱乐为一身的道路（见下图）。

（a）以通行为目的的道路　（b）以游戏为目的的道路　（c）兼通行和娱乐为一体的道路

三类道路特征示意图

以通行为主要目的道路应该注意其快捷性、安全性、独立性。快捷性是指从一个目的地到另一个目的地之间路程最短、用时最少。安全性主要体现在道路的宽度、转弯半径、路面平整度及材质上。比如说，一条入园前区的道路，与两个班级游戏场地之间的道路的区别在于：入园前区道路的人流量具有瞬时大人流量、运动速度较快的特点，所以路面应该至少满足三对家长及孩子同时通行，在有转弯处满足至少5米的转弯半径，且地面应防滑防摔；而连接两个班级游戏场地的道路，具有不定时，不定量的人流量，且人流速度较慢，在这条道路上只需要考虑一个小孩及一个大人能同时通过的宽度就行，同时也可以考虑有一定高差坡道及地面微凸起物。由于无车通过，可以不用考虑转弯半径，路径线条可以更随意，但不要出现道路锐角分叉。独立性是指以通行为目的的道路应该独立于游戏区与游戏区之间，不能出现横穿游戏区的现象。这样会形成游戏幼儿与过路幼儿之间的相互影响及干扰。

以游戏为主要目的的道路，在设计上更多注意的是路径的随意性、娱乐性，并应结合周边的环境做出相应的凹形停留区。路面铺设可采用多种材质、图案相结合的设计。碎石、卵石、石板、大理石碎片、红砖、青瓦都是铺设以游戏为主要目的道路的材料。

既具有通行功能又具有娱乐功能的道路，路径走向明确，路线曲线优美，比娱乐性的道路更具有导向性与目的性，比通行性道路更具有娱乐性与美观性。其路面同样可采用多种材料、图案装饰的设计。

不管哪种道路，路面排水效果都应有切实有效的保证。在路面的选择上应尽量选择疏水材料，且路面应尽量保证平整，无大尺度低洼积水处。道路两边最好能设置路牙，路牙材料可以是砖也可以是石头或其他材料。设置路牙是为了在能保证路面完整性的同时起到给幼不能随意翻越的心理暗示。

3. 亲 水

幼儿对水有着莫名的亲切，水成了幼儿游戏中的重要因素。亲水区的形式可以有小溪、池塘、地越式喷泉、热带雨林、喷水小道等。每种类型的亲水形式都有各自的特点。在设计时可以根据幼儿园的室外游戏场地的实际情况来选择亲水形式。

小溪是一个丰富的自然乐园。小溪的溪床最好是用卵石与块头较大的河滩石头一起砌成，保证其凹凸状，避免用水泥沙浆抹平将河床做成三面光。因为到了夏天，幼儿会忍不住下到小溪里去玩，若是溪床太光容易打滑，增加幼儿滑倒的概率。卵石砌成的河床比水泥砂浆抹灰的河床更具有可观赏性。溪流的设计可以通过对溪床高度及宽度的控制设计出平缓、湍急、小瀑布的形式，增添小溪的娱乐性。偶尔出现一个大的冒出河床的石头，使得水流变急、分道是一个很有趣的现象。同时，小溪里可以放养一些小鱼，供幼儿观赏及喂养。小溪的两岸可以种植多种喜水、开花结果的植物。这样即使某一天小溪的水流干了，但也能保证幼儿在溪床能找到游戏的可能。有水、有会开花结果的植物，通常会吸引很多小动物。这为幼儿观察自然、接触自然提供了一个理想之地。其水源可以是市政水，同时也可以是雨水。通常小溪设置在距离建筑物较远的地方，可以设置在游戏场地的边缘或是其他幼儿不能快捷到达的地方。因为幼儿对事物的危险性及自身能力的估算能力有限，往往不能准确地判断是否有能力达到或适应，在水边玩耍时最好能有成人的看管。为了幼儿的安全，溪水深度一般控制在30~45 cm，岸边幼儿可能经过的地方应该做防滑地面处理。在合适的、水流较缓的地方可以设置亲水台，给幼儿提供可以接触水、玩水的地方。与溪流互动的另一方式就是架桥。桥的形式有很多种，平的木板桥、石头小拱桥、梅花桩小桥等。在设置梅花桩小桥时，应注意桩面的直径应该控制在210 mm左右，同时，两个桩之间的中心距离应该小于等于幼儿平时走路的400 mm跨距。

池塘是日常生活中常见的亲水形式，在设计时可以与小溪结合，作为小溪的起始点或尽头。池塘设计时，可以放置假山石、树、花、鱼等（见下图）。池塘的水深一般较深，所以在设计时应该做好池塘四周的栏杆维护，防止幼儿落入水中。在设置维护设施时，要考虑到维护设施的通透性与不可攀登以及翻越性。立杆件之间的距离应小于110 mm，防止幼儿的头卡在维护设施里。

戏水池

（图片来源：《儿童游乐场设计》）

水坛是有别于地面亲水的一种亲水形式，通常是设置一组台面，且台面具有一定深度，可以装水，可以排水，通过动力的牵引，在台面上会有很缓的水涌入，幼儿可以伸手去触摸向上涌动的水流，感受水的特性（见下图）。幼儿可以自己压杠杆，通过压杠杆的引力，把地下的水引入到水台上，然后观察水台的水的流动方向。水坛在设计时，高度不应高于825mm（幼儿胸部的高度）。其造型是开放式的，可以是高脚杯形或圆柱形、多个矩形叠加等。

亲水坛

（图片来源：《儿童游乐场设计》）

地浅式喷泉、喷水小道、热带雨林是另一种幼儿亲近水的方式，通过向上或向下喷出细密的水幕，允许幼儿直接接触。地浅式喷泉是指在地面上钻出小孔，让下面的喷头在接通电源后喷出细细密密的水幕，并允许幼儿在喷水幕时可以进入其中玩耍。在设计时，应注意地面喷水口处应设防护网避免幼儿将手伸入喷水口及防止垃圾进入其中，堵塞喷口。喷水小道两边可以设置向小道喷水的喷水口，形成一个水帘通道。热带雨林是在有树林的幼儿园，可以把洒水喷头挂在树上，在为树林浇水的同时，又可以为幼儿创造出一片人工雨林的景色。在三个喷水游戏场地都应该注意地面的防滑，地面材质可选卵石、粗沙混凝土、带防滑条的大理石、马赛克等。同时可在适当的地方添置镜子，有扩大游戏场地范围的作用，同时在晴天还能为幼儿映射出彩虹。

4. 绿 化

幼儿园的绿化种植应具有多样性、安全性，以及生命力强的特征。所谓多样性，是指幼儿园中的花草树木的种类应该多，而不是简单的数量多，应该囊括各种类型的花草树木。下面将从三方面特征分别分析幼儿园中绿化选择的要领。

（1）花

选花的多样性表现在花型、花色、花期、花科、花果上。鉴于安全性原则，在选择花时应该选择少粉、无绒毛、少黏液、无刺的花，但也可以出现带较少钝刺的植物，纯刺可以在触觉上给幼儿一定的刺激。少粉、无绒毛的花可以防止花粉、花绒毛随风飘入幼儿的眼、耳、口、鼻中，或飘到对花粉过敏的孩子的身上。植物的黏液是用于保护自身的防卫工具，多带有有害物质，所以在选择花的种类时应尽量选择无黏液或浆液对人体无害的。

对所选花的种类要求生命力强、多年生。其原因是，首先生命力强的花不需要太多的照顾，同时可以降低幼儿园在植物维护及更换上的成本；其次生命力强的花可以很好地在幼儿园中存活下来，因为幼儿园中免不了会出现采摘、踩踏等行为；最后生命力强的花也具备教育意义，让幼儿学习坚韧不拔的态度。

（2）草

关于草，在多样性的选择上表现在以下几个方面：首先，可以根据草叶的形状来选取不同的草种；其次根据草的季节性选择，有些草是四季常青的，有些草是有季节循环性的发芽、茂盛、枯黄、枯萎。

从安全性上讲，大多数草都是安全的，但在选择上还是应该选择安全无毒的草，因为幼儿园中避免不了幼儿会把草放入口中尝试。有着很强生命力的草，是幼儿园在选择草种时应该放于首位考虑的。塑料草皮之所以受多数幼儿园的喜爱就是因为它具有耐踩踏的特性。所以在草种的选择上，应选择生命力强耐踩踏的草。

（3）树 木

树木的多样性从树木的高矮上可以分为乔木、灌木。从叶子方面分可以分为落叶木与不落叶木。从开花结果与否上可分为开花结果木、开花不结果木、不开花不结果木及不开花结果木。从树叶形状上分，可以分为规则椭圆形、针状形、手掌形、扇形等。

在幼儿园绿化的配置上，应结合树木及花草的习性，综合配置。在丰富竖向绿化成分时应从幼儿的视点出发，尽量多种植低矮的植物。高大乔木可以作为屏障以及遮阴伞。树木在配置时，可以多考虑树叶形状不同的落叶树，在秋天幼儿可以捡各种样式的落叶做标本或书签。

5. 色 彩

色彩有着自己的性格与效用，不同色彩对幼儿的刺激作用是不同的。在幼儿园的室外游戏场地，恰当的色彩配置能增添游戏氛围。色彩的色温、色相都会直接影响到人的感官情绪。在幼儿园色彩配置时，应避免这两种情况：一种是把幼儿园弄成五颜六色像个调色盘，另一种是颜色单调暗沉。

在配置幼儿园室外游戏场所的色彩时，应该先确定该场所的游戏类型，然后根据不同类型的游戏来配置不同的色彩。在配置色彩时一定要选择一种作为主色调，其他色彩可以作为点缀出现。例如，假扮游戏区属于安静游戏，需要安静、温馨的氛围。

粉红、粉黄或粉蓝就比较适合装饰这个空间。体能游戏场地、冒险游戏、艺术游戏场地是噪声较大的游戏区，而且在游戏中的小孩儿都处于兴奋状态，所以这些区域的色彩配置应该选择暖色系令人兴奋的颜色，如大红色、橙红色、橙黄色等。暖色系色彩在配置时应当注意色彩的亮度、纯度不易过高。因为纯度过高的色彩在阳光的照射下特别刺眼容易过分刺激幼儿的视觉神经，同时，纯度过高的色彩的耐久性及耐脏性不好。智力游戏场地是属于需要静心思考的空间，在配置色彩时应选择能令人冷静的颜色。例如冷色系的蓝色、蓝绿色等，其中蓝色是最为安静的色彩。而认知空间的色彩搭配可以缤纷一点，因为缤纷的色彩也是幼儿认知的一部分，缤纷色彩可以为认知提供一个热闹多样、有趣的环境氛围。

四、创设策略

（一）入口前区游戏场地创设

1. 空间意义

入口空间是幼儿园中一个容易被设计师忽略的部分。目前在多数幼儿园中，该空间都被简单地用作交通空间，而忽略了其深层次可开发的重要意义：增进家长与幼儿的感情、美化市容市貌、资源开放共享、展示幼儿园风采。

（1）增进家长与幼儿的感情

从一切为幼儿的角度出发，增进亲子关系对幼儿成长有着莫大的帮助。幼儿在3~6岁时，在幼儿园里与老师及同学相处的时间远多于与家长在一起的时间。这在某种程度上减少了幼儿与家长的互动交流时间。离开幼儿园后，社区儿童游戏场所也没有幼儿园内的游戏设施完善与成熟。幼儿园入口空间，作为幼儿园与外界的过渡空间，若能在此为家长及幼儿提供一个可以互动游戏的亲子空间不失为增进亲子关系的有效方法。

（2）美化市容市貌

每天一到放学时间，幼儿园家长都会聚集在幼儿园门前接自己的孩子放学。幼儿园入口处会在短时间内聚集大量的人群及车辆。由于幼儿园入口处对外空间往往较为狭小无法容纳过多数量的人群及车辆，家长们不得不依次向道路排开。这种情况对于家长的安全来说是一个很严重的问题，同时也给城市交通带来了很大的压力，影响市容市貌。在幼儿园入口处设计一个亲子空间，能容纳接送幼儿的家长暂时等候，给家长带来方便的同时也解决了瞬间人群聚集所带来的城市交通压力。

（3）资源开放共享

幼儿园是幼儿游戏的花园，但是这个花园到了下午放学后及周末多是封闭的，对社会呈现一种拒绝状态，致使周围的幼儿及市民无法共享幼儿园的游戏设施资源。关注身边，就会发现常常有踮起脚或弯着腰透过狭缝看幼儿园内部情形的小孩儿以及成人。从市民的角度来讲，他们希望能共享幼儿园内的游戏设施及美好环境。但从幼儿园管理的角度来讲，过于复杂的人群进入到幼儿园内，对幼儿园内物品会带来损害，同时可能会传染疾病等，给幼儿园管理带来很大的麻烦。若有一个办法能把幼儿园的部分资源与社区居民共享，但又不会影响幼儿园管理，那对于幼儿园、对于市民、对于城市形象来说都是一件很好的事情。

幼儿园入口亲子空间的出现将会带来解决办法。幼儿园入口亲子空间能在放学及周末向市民开放，同时达到资源共享、减少资源闲置的浪费。

（4）展示幼儿园风采

由于幼儿园前区入口空间会向社会开放，在这里，可以布置一些向家长及社会人士展示幼儿园发展历史、幼儿园开展的活动以及幼儿作品、教师寄语等的展示牌或展示架。向外界介绍幼儿园的同时也给社会一个了解幼儿园的窗口。幼儿园前区空间的设计应该尽量童趣化，避免用成人的趣味或商业趣味来设计入口空间。

2. 创设要点

入口空间的功能有：交通功能；提供空间，容纳大量接送幼儿的家长；提供空间让家长与幼儿在放学后能一起游戏；提供空间让老师及幼儿家长交流；提供空间向家长及社会展示幼儿园动态信息及幼儿成长情况；打破以往幼儿园对社会拒绝的现象，面向社区开放。

（1）出入口通道

幼儿园入口空间是幼儿进入幼儿园的通道，交通功能是幼儿园入口空间的主要功能之一。所以，在这个入口空间中应该有快捷、明了，通向外界的通道。这条通道至少能允许两个家长及两个孩子同时通过（见下图）。《民用建筑通则》中规定安全疏散宽度为每股人流宽度为0.6 m+（0或0.15 m）（多股人流时最多一股人流加0.15 m），四股人流为2.4 m+（0或0.15 m）。过宽的道路会造成不必要的空间浪费，且也不符合幼儿视线的尺度。

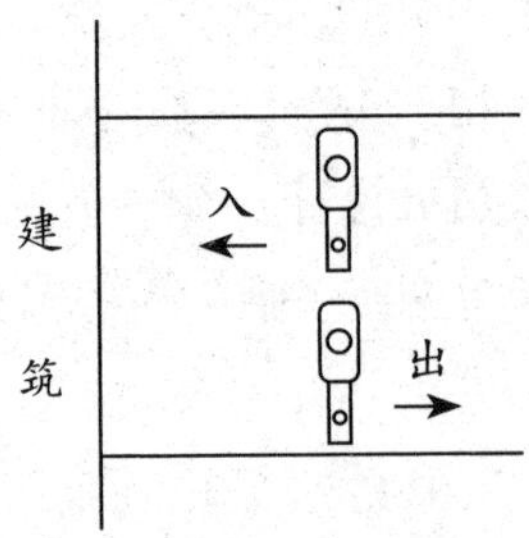

通向建筑的快捷通道

（2）大门形象

幼儿园大门是连接幼儿园及城市的一个媒介，也是幼儿园展示给城市的第一道面孔。幼儿园大门应该直切主题，表现出童真、童趣，用形象的感官冲击准确地给人传达门内建筑的职能。幼儿园大门及门墩的形式可以是仿童话人物形象、水果形象、彩虹形象、动物形象等。在大门色彩的选择上最好能选择明度较高以暖色系为主的色彩，这样能给人阳光、愉快的心情暗示。在门洞的设计上可以考虑母子门或门中门的形式。大门用以满足幼儿园其他用途，如消防通道，用细部完整童真形象塑造大门主体，而小门则主要用于幼儿进出。在门扇的设计上，小门的高度最好能控制在2.1~2.4 m左右，这个高度对于幼儿来说比较亲切，同时也不妨碍家长正常通行。在门垛及大门形象的设计中也应考虑到幼儿的尺度，大尺度的造型可以用，但一定要注意幼儿视线范围内能看到完整的其他形象（见下图）。

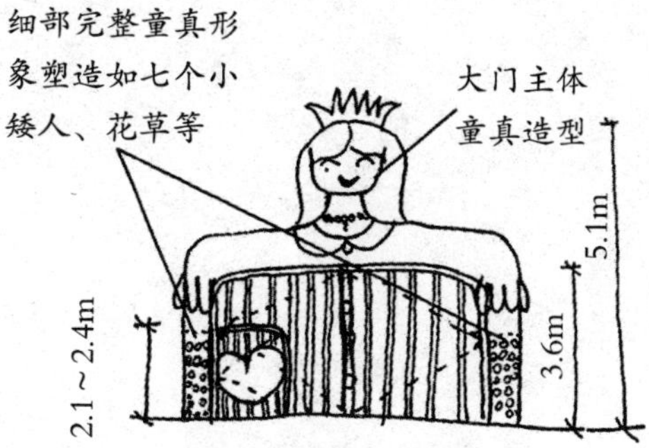

母子门想象示意图

（3）前区入口停留空间

家长一般都会提前20分钟左右来到幼儿园大门前等候幼儿放学。在幼儿放学前，幼儿园大门前会滞留等待接幼儿的家长。幼儿园前区空间的又一功能即为这些等待的家长提供一个等待的空间，而不至于无处可去只能侵占城市道路。因此，幼儿园前区空间中至少应该为接幼儿的家长提供休息停留的地方，以及停放自行车的地方。幼儿园前区空间容纳人数按30人算（数据来源参考笔者调研幼儿园统计所得幼儿园门前滞留家长数量比例最多的取值）。为这30人安排集中条凳座椅，条凳宽500 mm，其中心线到相连条凳中心线距离为1100 mm，其中包括600 mm走人巷道，每人座位按500 mm算，座位人均占地面积为0.55 mm。休息区总面积为16.5 m^2。家长休息区域可设计成为整体式、分散状式或组合式。

所谓整体式即在前区空间中设计出小型广场。小广场外围设置条凳，把等候的家长聚集到一个集中的地方等待、休息（见下图）。

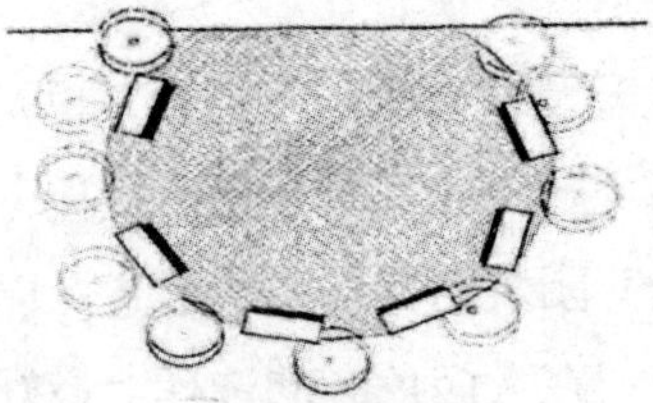

整体式休息区

这种类型的休息区域优点在于能同时容纳大量等候的家长，形成一个容量大的人流的缓冲地带。缺点在于只有广场边缘一周能留住人，很少有人喜欢站在小广场中心。

分散式即家长休息的区域未集中在一个地方，而是分散与亲子游戏场地相结合，或是做出内四空间，分散布置在前区入口空间中（见下图）。

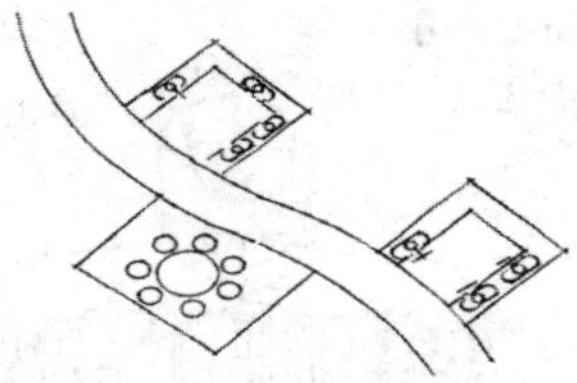

分散式休息区

这种类型的空间优点在于能为人提供一个半包围内四空间，给人安全感，给家长提供一个很好的休息交流空间。缺点是无法承担大量的瞬间人流，只能接待一定量的人群。

组合式，是指集中式与分散式相结合的前区入口人流集散空间布置方式（见下图）。这种空间的优点是集前两种样式的优点于一身。而缺点则在于供家长休息的空间占地面积会相对较大，从而减小了游戏场地的面积。

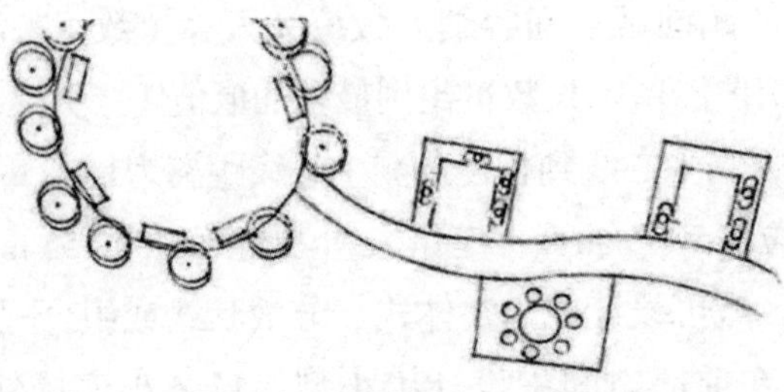

组合式休息区

（4）家长与幼儿一起游戏的亲子空间

家长在接幼儿时，若能在幼儿园内和幼儿一起玩游戏，对培养幼儿与家长的感情极有帮助。一般来说，幼儿在放学后和自己家长在一起玩游戏时都是以合作游戏为主，而与其他幼儿的游戏类型主要以独自游戏、平行游戏居多。

幼儿园提供这个亲子空间的目的在于增进家长与幼儿的沟通以及感情。较之于幼儿园内部专门为幼儿设计的游戏场地，这个亲子游戏场地的游戏设施应具有大众化、易管理、牢固耐用、维护成本低、成人容易参与融入的特点。游戏设施的尺度不宜太过于幼儿化致使家长无法加入进去。比如狭小的攀爬空间、躲藏空间等在这里都不适合。亲子游戏的空间宜开阔，既能容纳成人又能容纳幼儿。可以设置小水沟、平衡木、图形镂空墙、地面格子、木质小山丘、传话筒之类的既适合家长参与又适合幼儿参与的游戏设施（见下图）。

入口前区空间游戏设施类型示意图（图片来源：儿童游乐场设计）

（5）家长与教师交流沟通的空间

入口前区空间同样也可以作为教师与家长交流的空间。这个空间最好是一个内凹型的半独立空间，这样才会使谈话不受外界其他来往的人群以及游戏的幼儿所干扰，并且这个空间应该靠近游戏设施，方便家长和教师交谈时还能顾及玩耍的幼儿。家长等候区域可以与交流空间重叠使用（见下图）。

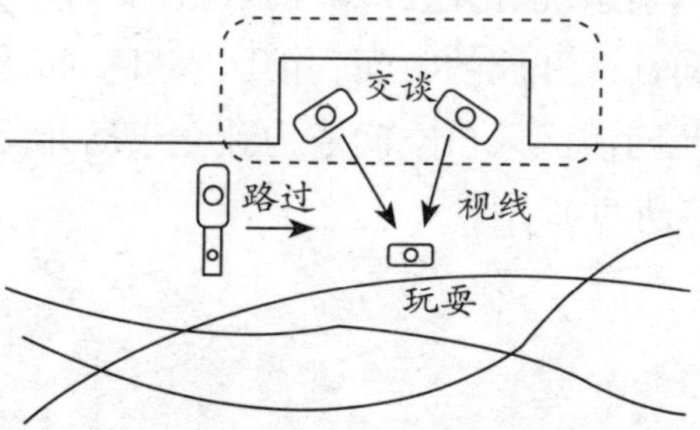

教师与家长交流空间示意图

（6）向外展示幼儿园风采

幼儿园在平时是不对外开放的，致使幼儿园与外界绝缘。幼儿园里面发生了什么，幼儿园里的幼儿过得怎么样，有哪些活动，幼儿一天吃什么，等等，是即将成为准父母及准爷爷奶奶的人所关注的。这些准家长希望了解到幼儿园的一切，从而为自己将来的孩子选择一个合适的幼儿园。但为了幼儿的安全以及疾病的防御，外面的人是不允许随意进入幼儿园的。为了解决这个矛盾，幼儿园对外展示空间应运而生。

这个独立于教学区的展示空间可以用展览架、展览墙，以及电子屏幕等方式向外界传播幼儿园的信息及幼儿的动向。这里可以介绍幼儿园的情况、幼儿的活动照片、幼儿做的作品，以及教师寄语，等等。具有童趣的雕塑、生动的动物或水果形象的灌木等也是向外展示幼儿风采的要素。

（7）向社区开放

幼儿园内的资源对于社会来说一直都是封闭的，与世隔绝。作为社会资源，如能做到资源共享，则有助于实现开放式的幼儿教育。但是，幼儿园内部的游戏器具及场地维护的成本较高，要做到全园向社会开放是不现实的。入口前区空间这个作为连接幼儿园与社会的空间此时就可以作为社区共享资源区用，从而减少游戏设施闲置的浪费并丰富了周边居民的生活环境。

幼儿园社区开放可以使用时间差、双层门禁空间两种策略。

① 时间差。所谓的时间差，即把向外开放的时间与幼儿园正常运营的时间错开。例如，周一至周五下午5点到6点，幼儿园中的幼儿及教师都回家了，这段时间恰好是市民饭后带孩子散步的时间。周六、周日，若幼儿园没有其他安排也可以把前区入口空间向市民及儿童开放。

② 双层门禁空间。所谓双门禁空间是指前区入口空间及幼儿园内部均有门禁系统。当幼儿园正式上课时，前区入口空间的门禁是关闭的，不允许外来人员进入；幼儿园内部门禁系统打开，入口前区空间可作为幼儿室外活动场地。当幼儿园放学后，到向社区开放的时间，前区入口空间的门禁打开，幼儿园内部的门禁关闭，使幼儿园前区入口空间成为独立于幼儿园的一个空间向周边市民及儿童开放（见如下两图）。

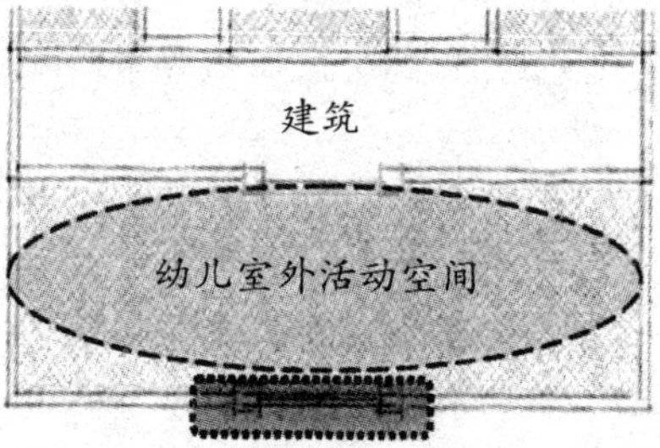

第一道门禁关闭

前区入口空间为幼儿室外活动空间

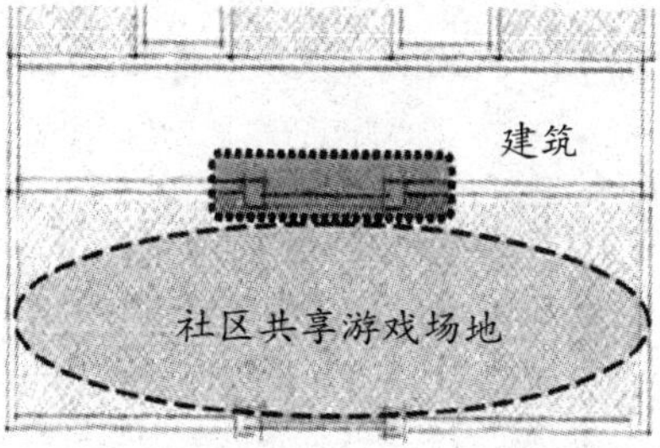

第一道门禁开启，第二道门禁关闭

前区入口空间为社区共享游戏场地

（8）易维护

由于前区入口空间是向社会开放的，使用的人员较多较复杂。为减少由于对外开放后出现的多余物资维护的消耗给幼儿园带来的经济压力，在设计前区入口空间时应注意使用耐脏防滑的地面；耐踩踏的植被；耐磨损维护量小的游戏器材。

（9）家长临时停车空间

家长接幼儿的交通工具有自行车、老年三轮以及汽车、公交车。幼儿园前区入口空间中可为家长设置一个临时停车位，解决家长在等待时的车辆停放问题。这样可以有效地组织人流，减轻入口大门处的拥挤度。停车位一般设置在临近道路的地方，采用绿篱分隔停车空间与城市道路，以方便管理。同时还应该考虑车的安全问题，所以，停车位最好能设置在门卫视线范围内。为防止幼儿到停车位处玩耍，而造成安全事故，所以停车位最好能设置在距离游戏设施较远的地方，并设置遮挡物遮挡幼儿视线。遮挡物的高度可设置在900 mm左右。停车空间的具体面积参照各个地方《某市规划管理技术规定》（后简称《规划管理技术规定》）。若《规划管理技术规定》中未对幼儿园机动车及非机动车停车位做出规定者，笔者按等候高峰期有30位家长算，每位家长都用自行车。按自行车停放规范要求，每辆自行车占地面积按1.5 m^2计算共45 m^2。

（二）班级室外游戏场地创设

班级室外活动场地的大小根据《托儿所、幼儿园建筑设计规范》中的规定："幼儿园必须设置各班专用的室外游戏场地。每班的游戏场地面积不应小于60 m^2……"班级活动空间虽然面积不大，但是其重要性是不可忽略的。为培养幼儿团队精神以及自尊、自主的性格，班级活动空间的存在是不可缺少的。很多时候幼儿园用地紧张导致很多幼儿园不得不放弃设置班级游戏场地，或多个班共用一个班级游戏场地。为了在有限的空间里，尽可能多地为幼儿创造室外游戏空间，设计师可以把策略放到竖向设计上，在竖向上发展空中班级活动场地。

1. 班级活动场地的布局

室外活动场地的设置样式跟建筑物的排布有密切关系。根据建筑物的排布及场地的情况可以将班级活动场地的设置形式分为五种，分别是屋面式、毗连式、集中式、枝状式、分散式五种。①

（1）屋面式

屋面式是指利用建筑的屋顶平台作为班级室外活动场地。《建筑设计防火规范》（GB50016-2006）规定，一二级防火级别的幼儿园幼儿活动场所最多不可超过三层，不能修建在第四层上。三级耐火级别的幼儿园活动场所最多不可超过两层修建，不能修建在三层及三层以上。在用地紧张的情况下，为满足每个班级都能有自己的室外活动场地，屋面式班级活动场地是解决这一矛盾的有效方法。根据所设计的幼儿园的耐火等级，及实际情况可通过建筑退台式处理，给楼上班级的幼儿创造快捷的班级室外活动场地。减少楼层上的幼儿为到班级游戏场地游戏，需要上下攀爬楼梯的麻烦。同时也减轻了教师的管理负担。

在设置屋面活动场所时，室外活动场地最好能与活动室相邻。可考虑以下两种设置方式：退台式、挑台式。

① 退台式。退台式是指通过建筑退台的方式给幼儿营造班级活动场地如下图所示。

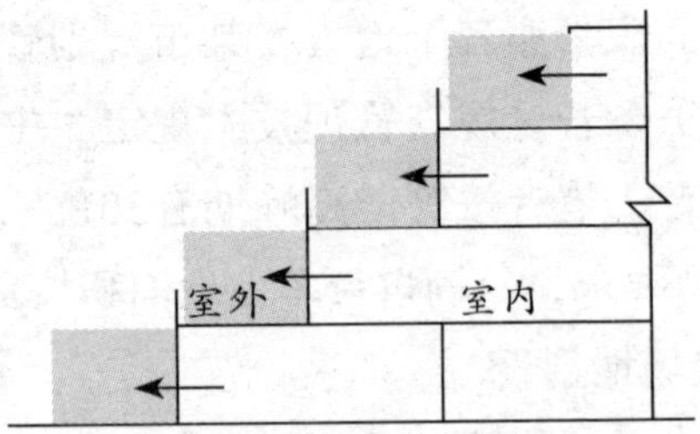

退台式班级活动场地示意图

① 付瑶.幼儿园建筑设计［M］.北京：建筑工业出版社，2007.

② 挑台式。挑台式是指建筑通过挑台营造班级活动场地。挑台活动场地较为灵活，可以设计出不同的外立面造型效果，并且可以为挑台下的活动场地营造遮阳避雨的灰空间（见下图）。但在设计挑台活动场地时应根据项目所处的具体位置及建筑物的朝向来决定挑台进深，不得盲目追求挑台面积而影响到其他室内采光的要求。

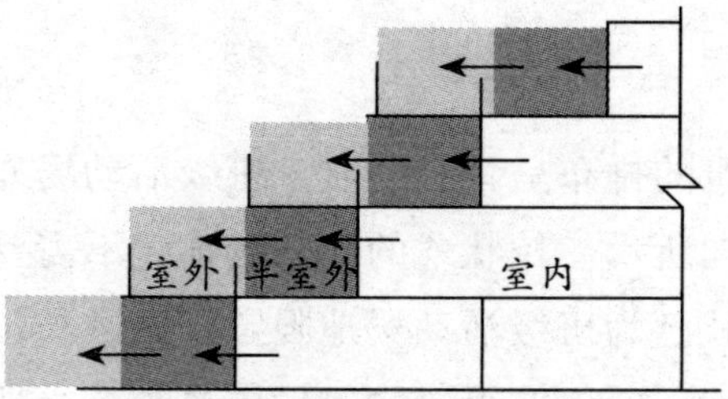

挑台式班级活动场地示意图

（2）毗连式

毗连式是指班级活动场地与班级活动室相连接，且与其他班级的活动场地相邻，如下图所示。毗连式班级活动场地应注意领域性的表达。围合分隔是有效保证领域性的手段。这种类型的班级游戏场地能很好地与活动室相连，方便幼儿活动。

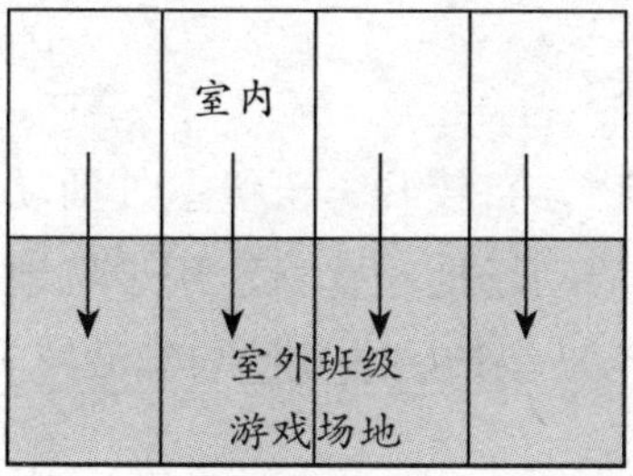

毗连式班级活动场地示意图

（3）集中式

集中式是指邻近建筑物处无法设置班级活动场地，把班级活动场地集中在一个区域，与班级有一定距离，如下图所示。在设置集中式班级活动场地时应注意活动场地之间的划分并保证每个班级的活动场地的独立性。在设置通道时，应秉承快捷的理念，让幼儿能在最短时间内到达自己班级所在的班级活动场地。

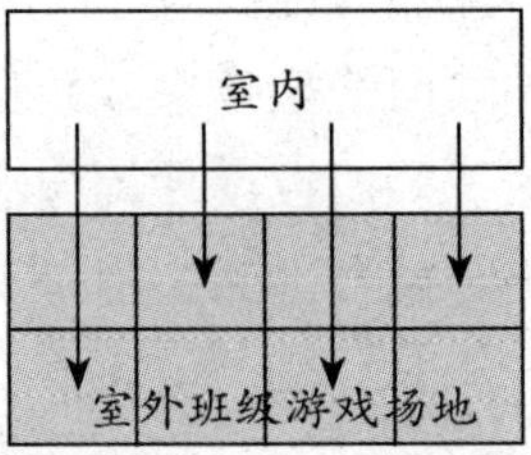

集中式班级活动场地示意图

（4）枝状式

枝状式是指当建筑的排布呈鱼骨型时，班级活动场地随建筑呈枝状排列在半围合空间中，如下图所示。枝状式的活动场地，不需要特意地围合营造班级活动场地，建筑自身就已为班级活动场地限定了区域与位置。由于该游戏场地是设置在两栋建筑之间，所以在设置的时候应该结合当地经纬度以及建筑高度及朝向对场地的影响，应充分满足场地的日照要求。

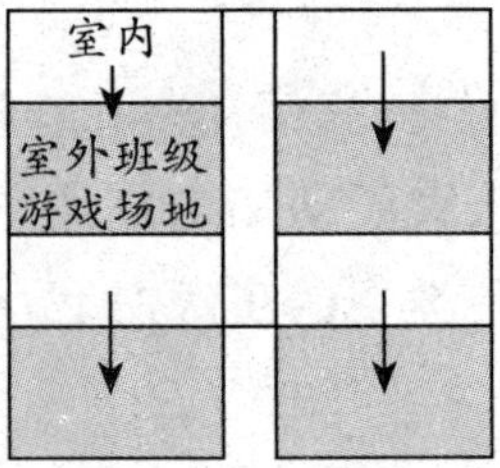

枝状班级活动场地示意图

（5）分散式

分散式排列是指建筑物分布较开，班级室外活动室随班级教室分散设置，如下图所示。分散式班级活动场地布置只适用于场地宽裕的情况。这种布置方式能更好地保证每个班级活动场地的独立性与领域感。

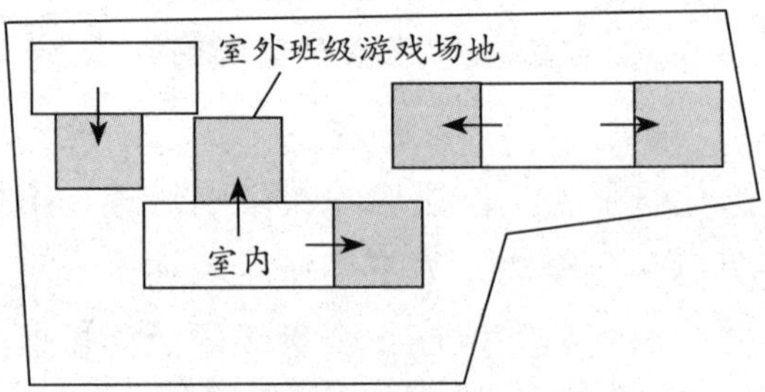

分散式班级活动场地示意图

班级室外活动空间在设置时最好能靠近班级活动室。班级室外活动空间与班级活动室之间最好有一个半开敞的过渡空间（见下图）。在遇到如下雨、烈日等不适合幼儿外出游戏的天气时，因为班级活动室的面积有限，无法满足幼儿的活动半径，这时半室外游戏场地就派上用场了。在设计时，可以把活动室与半室外活动场地之间的高差用缓坡代替，且活动室的门可以完全打开。这样在遇到恶劣天气时，把活动室的门全部打开，与半室外活动空间形成整体，把室外引入室内。

班级室外活动室在设计时应当考虑到不同年级的幼儿在行为以及心理上的特征，来布置相应符合他们特点的活动场地。班级活动场地应注意其多样性与可自主选择性。

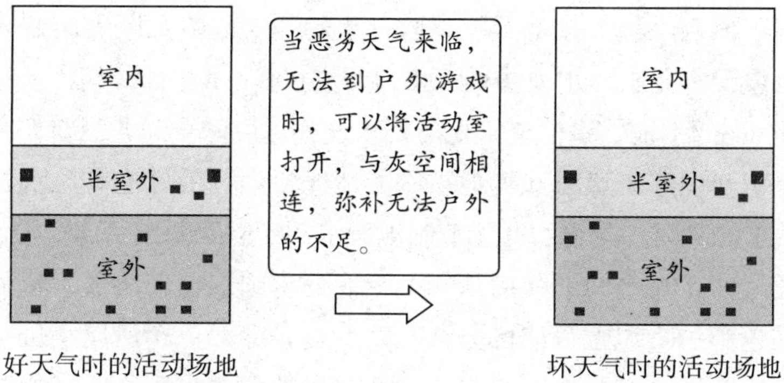

天气变化时室外活动场地灵活设计示意图

2. 托班班级室外活动场地

托班2~3岁的幼儿在心理上属于强烈的以自我为中心，基本不会考虑他人，在活动上表现出来就是独自游戏以及平行游戏。同时这时期的幼儿有极强的恋母情结，对老师的依赖较为显著，他们在行为上表现出喜欢和老师在一起。由于游戏能力及经验不足，所以常由老师带领着玩集体游戏。这就决定了整体性好的大游戏场地更适合小班幼儿，狭小隐蔽的空间应尽量避免存在。

2~3岁的幼儿还未完全脱离唇齿期，他们还会把地上或其他能捡到的物品往口里塞，所以在室外游戏场地设计时应注意场地的整洁、不宜出现有毛、尖锐、容易被咽下的物件。铺地材料最好采用防滑、不易起尘、硬度较低的材料，如木板。

托班幼儿的意识形态发展尚不够完善，无法进行思维度较高的游戏。因而只适合一些如玩物游戏、听故事等较为简单、安静的游戏。由于2~3岁幼儿具有皮肤娇嫩、活动量小，恋母情结，综合这些因素可以为他们在室外设计一个类似于榻榻米的平台。平台上可布置软坐垫、小玩具等营造温馨场所感。平台上可以做支架种植葡萄或其他蔓藤植物，可以提供自然遮阴的同时也能让幼儿近距离接触自然环境。托班幼儿较喜欢玩捉迷藏的游戏，在场地上可设置一些高度在900 mm左右、允许幼儿参与其中的遮挡物，遮挡物上可以有不同大小、高低的几何形孔洞出现，用来增加游戏的趣味性。

2~3岁幼儿的大脑及小脑还未发育完善，所以在对“危险性”与自己能力的估计误差很大，经常由于过度忽视危险及过于夸大自己的能力而导致受伤。并且2~3岁的幼儿空间知觉能力较差，不能分辨空间中存在的较小差异，所以在班级游戏场地高差处理时最好采用缓坡或高度在90 ~ 110 mm的台阶。托班级游戏场地中最好不出现小溪、水池等，以防托班幼儿对危险判断失误跌入水中。若需用水，可设置水龙头，水龙头的高度可设在600 mm左右，其正下端应有高度在100 ~ 150 mm的水池，水池连接地下排水设施，以防止幼儿没有用完水后关闭水龙头的意识而引起班级游戏场地被淹的情况发生。最好能有总水阀，教师可以管理开关水的时间，避免幼儿无节制地玩水弄湿衣服及浪费水资源。

由于托班幼儿在空间形状的认知上只能分辨圆形、三角形，特征较为明显的水果，在色彩的辨识上只能区分红、黄、蓝、绿四色，所以小班室外游戏场地的图案可以圆形、三角形、水果、童话主角的形式出现，色彩的选择最好是以红、黄、蓝、绿四色为主。

在班级游戏场地的四周可以用木栅栏、植物、带孔的围墙等对班级游戏场地进行空间限定，其高度可控制在（该年龄段幼儿平均最高视点高度）825 mm左右。若需设置通向外面的出入口，可以采用门洞的形式对空间进行限定。小班班级游戏场地中的绿化选择应选择无刺、无粉、无毛、无毒的植物。在花种的选择上最好采用植株偏矮、花色艳丽、纯度较高的花，如茶花，这样更容易引起幼儿的注意。树木在选择上可以选择树叶差别较大的落叶树及非落叶树。

室外游戏储藏区域可设置在人员流动频率少的场地角落里，结合教室墙面或围墙面而建。储藏架不应过高，高度不宜超过幼儿900 mm（幼儿的平均举高）。储藏架最好能以小匣子的形式存在，因为小班幼儿的空间感及视线还不够灵敏，且储物的能力也不够完善，小匣子的形式方便幼儿看清物品，方便他们整齐有序地取放物品，养成物归原处的好习惯，且长条形的储物架还能用作空间的隔断。

3. 小班班级室外活动场地

在经历了托班生活后，进入小班学习的3～4岁幼儿，在游戏能力上有所提升。这一阶段的幼儿以平行游戏及合作游戏为主，独自游戏有存在，但不像托班时那样常见。这时的幼儿会有小团体倾向，游戏也朝着小团体游戏发展。不同性格如好动或好静的幼儿在游戏行为中初步开始体现，但不明显。对老师的依恋有所减少，开始有要表现自己的欲望。这些特征决定了小班室外游戏场地主要以小空间加大空间的形式存在。

3~4岁的幼儿已普遍脱离唇齿期，不会再捡地面上的东西吃。这个时期的幼儿的运动量较托班幼儿要大许多，游戏种类的差别比较明显。地面可考虑根据规划游戏类型采用多种材料共同铺设。如玩球类游戏的场地可考虑铺设人行道彩砖、橡胶地面，而玩过家家等假扮游戏的地面可考虑采用吸水性较好的素土、细沙垫层等。

小班3~4岁的幼儿智力及空间想象力都有进一步发展，且兴趣爱好开始有所差异，并开始对艺术类游戏感兴趣。在设计班级室外游戏场地中的小游戏场地时，可以考虑地面画板、墙壁画板区。绘画区域，可采用硬度较高，摩擦较小的材质，这样方便幼儿上色，同时也方便幼儿清理抹去自己不满意的作品。

这时期的幼儿情感及想象力、动手能力的发展，确保了他们有能力开始用假扮游戏的方式重复练习日常生活中自己看到地了解到的生活场景。所以可以在中班班级游戏场地上为小班幼儿设置独立的假扮游戏区。假扮游戏区最好设置在场地边缘，靠近储物柜的地方，这样可以保证假扮游戏区的独立性、领域性及私密性。假扮游戏区应该分区设置，一般一个场地设置两到三个小的独立的假扮游戏区较为合适。这样能满足不同幼儿对不同假扮游戏的需要。在假扮游戏区氛围的营造上可选择较为模糊仿真性不强的游戏道具。这样可以引发幼儿对游戏空间及游戏氛围的幻想，例如一个圆木树桩幼儿可根据自己游戏的内容把它想象成一张桌子、一辆汽车、一台钢琴、一个人等。对于幼儿来说，模糊的玩具可以经过大脑思考加工出各种东西；由于幼儿在游戏时总是受自己生活经验的限制，在假扮游戏中总是往返于现实与想象中，仿真性强的游戏器具会禁锢幼儿的思维，例如一个仿真汽车在幼儿手里就只能是汽车，它就无法被看作是一件事物、一个人。

3~4岁的幼儿对“危险性”与自己能力的估计较之托班的幼儿有一定的准确性，所以在场地设计上可以处理部分较为明显的高差，地面也允许有少量不明显的凸起及凹坑。班级游戏场地中可以有小溪、水池、小鱼等的出现。小溪的深度一般设置在300~400 mm，水深控制在250~300 mm。溪床可选用卵石制成，这样，即使在枯水季节溪床也能给幼儿带来身体感受上的刺激。若有水池出现，水池里可放置假山、景观树、荷花、睡莲、观赏鱼等，但水池四周务必设置杆件中间距离小于等于110 mm，高度大于等于700 mm的安全围栏。同托班一样若需用水，可设置有教师管理总水阀的水龙头，水龙头的高度可设在600 mm左右，其正下端应有高度在100~150 mm的水池，水池连接地下排水设施。

小班室外游戏场地可选择较为复杂的图案，如五角形、三角形、弯月形，或这个年龄段喜爱的动画人物造型或者真实水果的造型。在场地空间造型中可出现几何图形，从而增强幼儿的空间感受。色彩可选择以四原色为基础的差异较大的混合色，少量出现色相相近的颜色。

在班级游戏场地的四周可以用木栅栏、植物、带孔的围墙等对班级游戏场地进行空间限定，其高度设置在950mm左右，刚好可以遮挡幼儿的视线。若需设置通向外面的出入口，可以采用门洞的形式对空间进行限定。中班班级游戏场地中的绿化可选择带钝刺、结果、无毒的植物。在花种的选择上最好采用植株偏矮、花色丰富、艳丽的花。树木可选择多种叶形的落叶和非落叶乔木。

室外游戏储藏区域可设置在人员流动频率少的场地角落里，结合教室墙面或围墙面而建。储藏架不应过高，高度不应超过幼儿1050 mm（幼儿的平均举高）。储藏架最好能以格子的形式存在，因为中班幼儿的空间感及视线还不够灵敏，且储物的能力较完善，格子式的储物架方便幼儿看清物品。

4.中大班班级室外活动场地

中大班的幼儿的空间感知、距离感知、视觉感知、空间想象力、动手能力等都比小班的幼儿有很大的提高。在游戏方面也向运动量大、智力水平、社会水平更高一级别的游戏发展，且这时期的幼儿个性差异明显影响了他们在游戏方面的倾向。比如说抑郁型的幼儿喜欢安静、独处以及观察；胆汁型的幼儿好动，喜欢肌肉型运动；多血质的幼儿喜欢展示自己吸引大家的注意，在游戏的选择上更喜欢玩智力游戏、展示自己艺术才能的艺术游戏等；而黏液型的幼儿喜欢群体合作等。这时期的幼儿几乎不再依赖老师。在班级游戏场地设计时对个性化、游戏类型的差异化要求更为突出。班级游戏场地可以做多个平等游戏区域划分。对游戏场地个性化、多样性设计的需求在大班游戏场地中表现得最为明显。

中大班班级游戏区域可划分为艺术区、认知区、假扮区、智力区、冒险区、体能区。在各个区域规划设计中应注意动静分区合理。艺术区可设置在场地较为显眼的地方，用以满足期望得到关注的幼儿的心理；认知区为安静游戏区，最好设置在人员流动较小的角落，认知区可种植多种植物、花草，及铺设能招引小昆虫的木屑；假扮区同样最好能设置在人员较少、较安静的位置，同时，假扮区的场地布置还应注意空间的细密性及领域性；智力区可以放在与噪声较大及较小的区域之间，其中游戏多以地面游戏、组装拆卸游戏为主，地面宜采用硬度较高的材质；冒险游戏区可设置一张攀爬网、梅花桩等，冒险游戏对面积的要求不大；体能游戏区可设置在场地的边缘靠近对噪音等要求不大的游戏区域，体能游戏区应注意地面缓冲材料的铺设。班级活动场地游戏由于面积有限不能每个游戏区都做得丰富，设计者在设计时，需考虑实际情况进行大班室外班级游戏场的布置。在布置中应该注意游戏类型的多样化及个性化。同时，由于大班幼儿的体能及协调能力都发育得比较好，所以，在班级游戏场地的设计中可以考虑高差较大竖向游戏场地设置。这样可以更好地为中大班幼儿提供多样的空间感受。

场地铺地的选择可根据游戏种类合理地选择适宜材质铺面，并应注意铺面材质的多样性。例如，素土沙土适合铺设在认知游戏区及假扮游戏区，缓冲力较好的塑料草皮、橡胶铺面适合铺设在冒险游戏区，而橡胶铺面、人行道彩砖等硬度适中的材料适合铺设在体能游戏区，而艺术区可按设计需要铺设任何的铺面。

中大班班级室外游戏场地中的图案，可以选择复杂度高变化多的几何图形、童话主角等，而场地内部的色彩可以选择同一色系或色相的色彩为主。

随着幼儿年龄的增长，幼儿对领域的要求更为强烈，所以，班级游戏场地的领域感设置应受到设计者高度重视。在班级游戏场地的四周可以用木栅栏、植物、带孔的围墙等对班级游戏场地进行空间限定，其高度可控制在1100 mm（该年龄段幼儿平均最高视点高度）左右。若需设置通向外面的出入口，可以采用栅栏门的形式对空间进行限定。

中大班班级游戏场地中的绿化可选择有钝刺、无毛、无毒的植物。在花种的选择上可以选择高矮搭配、色彩缤纷的花种。同时在大班班级游戏场地中可以种植几棵树叶形状相似的落叶树。因为这时期的幼儿能观察出事物的微小差别，并乐于寻找差异。

（三）集体室外游戏场地创设

集体室外游戏场地是幼儿室外游戏三大空间中游戏场地最为丰富、面积最大的游戏场地。其面积根据班级不同而变化，按照《托儿所、幼儿园建筑设计规范》中的规定，集体室外共用游戏场地面积（m^2）=18+20（N–1）［其中18、20、1为常数、N为班数（乳儿班不计）］。集体室外游戏场地中应该设计有一条长30米4条道的跑道，以及一个班的幼儿做集体游戏的空地。30米跑道两端缓冲区域各2.5米长，左右两边保护区各宽1米，即（30 m+2.5 m+2.5 m）×（4 m+1 m+1 m）=210 m^2，如下图所示。

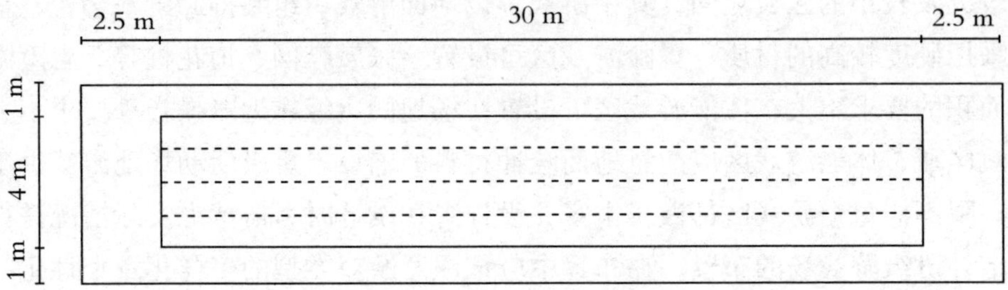

30 m跑道示意图

幼儿做班级集体游戏时每个幼儿打直手臂围成圆圈，每个幼儿臂宽约取1.1 m，所围成的圆圈的直径为13 m。其中按每个班35人算，指尖距离为0.1 m，圆圈外侧一周设置2m缓冲保护带，其面积应为（13 m+2 m+2 m）×（13 m+2 m+2 m）=289 m^2，[①]如下图所示。在室外游戏场地紧张的情况下可以把上述两种空间重叠。

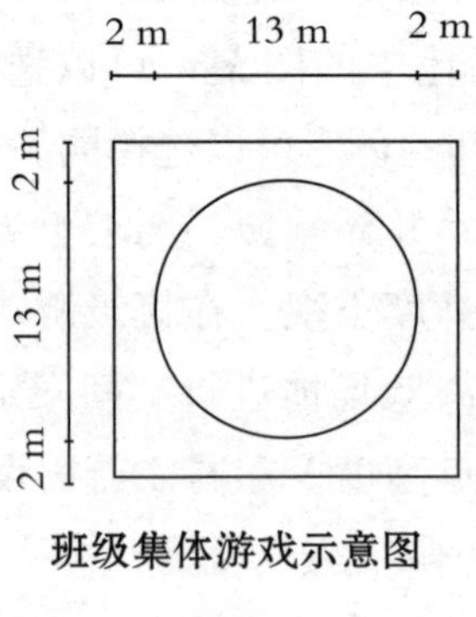

班级集体游戏示意图

从《幼儿教育指导纲要》的要求出发，结合幼儿游戏的种类，笔者把集体游戏场地按游戏种类分为：益智游戏场地、体能游戏场地、冒险游戏区、艺术

① 面积计算数据来源：付瑶.幼儿园建筑设计.建筑工业出版社.2007年第54页.

游戏场地、假扮游戏场地。

在进行游戏区域划分时应注意动静分区并确保它该具备前文总结出的基于幼儿游戏心理的游戏场地的四项特征：具有领域感私密性、能提供多种类型的游戏及足够多的游戏选择机会、具有连续易变的游戏路径以及具有感官吸引及刺激。

其中体能游戏、艺术游戏以及冒险游戏的噪声都较大而属于动区游戏，而在假扮游戏与益智游戏中幼儿发出的噪声较小属于静区游戏。在布置游戏区域时，应注意动静分区，避免由于分区不明显或杂糅带来的噪声影响。在布置这些游戏场地时树、绿篱、草地、道路及矮坡等可以作为灵活分隔围合空间的手段。接下来将分别介绍各个游戏场地的设计要点。

1. 益智游戏场地

科学益智游戏场地的中的游戏能帮助幼儿增长空间知觉能力、动手能力、想象力及开拓思维。其中的游戏包括自然认知、动手制作、拆卸、搭建、挪地面棋、观察识别物体大小数量色彩等一类游戏。

（1）动植物园设计

在植物园里幼儿可以自己动手给蔬菜、花、果播种、浇水、施肥、捉虫，观察记录其每天的成长。这对培养幼儿的爱心、耐心、责任心以及增长科普知识有很大帮助。同时，植物园内还会引来各种小昆虫与蝴蝶，具有生命力的小动物比画在纸上或在电视里播放的更具吸引力和魅力。自然就是一本有趣生动的教材，幼儿通过自己观察自然在自然中学习知识，比在课堂里听老师讲要生动有趣得多。

每个班的植物园最好能有栅栏围合，并能标示该班名称，增加植物园的领域感，同时也能增加幼儿的责任心与集体荣誉感。栅栏的高度不宜高于幼儿的肚脐处但不宜低于幼儿膝盖处，其高度大概在245~550 mm。栅栏过高可能会遮挡幼儿的视线，不便于幼儿在无老师的情况下观察植物及里面的小动物；过低就不能起防止幼儿随意进入园区对植物进行“破坏”的作用。植物园宜设计分垄，在垄与垄之间应该预留一条宽约0.9 m的过道，方便在两组幼儿蹲下观看植物或动物时，其他幼儿还能顺利通过（如下图所示）。垄的四周应该设置一条带铁篦子盖的排水沟，可以避免幼儿过多洒水后水流到过道上。过道可以设置碎石道、植草砖等沥水材料。植物园应该设置水管及水龙头。在水龙头下设置一个高约300 mm的水池，水池可以防止接水时溢出的水四处流。水池宜与地下排水沟相连接。视植物园的面积大小而定水龙头的数量与位置。若需设置多个水龙头时应注意植物园每一处到水龙头的距离的均匀性。

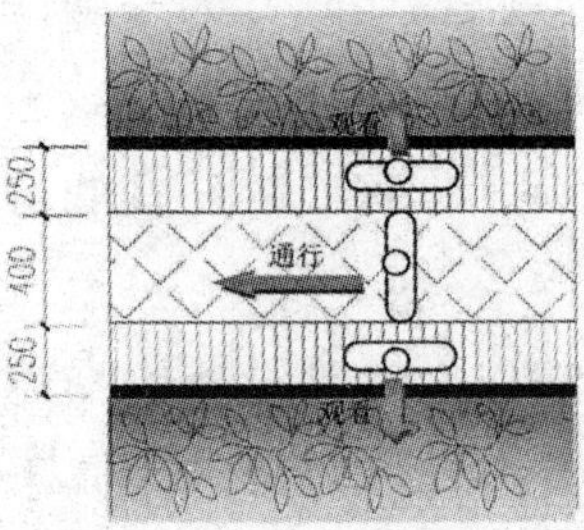

植物园内道路宽度设计示意图

植物的认知也并不仅仅局限在种植园，幼儿园内的花坛、树林一样是幼儿认知自然的重要去处。城市的幼儿接近动物的机会不多，幼儿园可以为幼儿提供一个观看饲养小动物的动物园区。若是有条件，动物园区够大的话，可允许幼儿进入到动物之中，喂食、照顾。由于动物身上有寄生虫，及动物粪便有细菌及异味，所以在设置动物园区时，应考虑设置在幼儿园下风方向远离幼儿教室及寝室。

（2）拆卸搭建类游戏场地设置

拆卸搭建类游戏场地分两种：一种是沙坑，另一种是用零件组装搭配。沙坑应该设置在距离室内较远的地方，且室内通往沙坑的道路可以设计成为草地加石板，或是植草砖。这样能有效防止把幼儿身上沾的沙带到教室里。沙坑的四周最好是草地加围栏，这个围栏可以是圆木栏也可以是埋进土里一半的轮胎。沙坑边要注意排水，避免由于下雨致使沙坑内的沙随雨水四处漂流。

湿沙的造型功能是很强的，所以，水对玩沙是很重要的游戏材料。在距离沙坑不远处可设置一排水龙头以及洗手台，方便幼儿玩沙取水以及玩沙后清洗手和脸。洗手台的高度宜设为550 mm左右，最高不超过610 mm。沙坑应该设置在遮阴效果较好但一定能直接被阳光照射的地方。需要遮阴是出于以下几方面的考虑，首先遮阴可以让幼儿在阳光强烈时也能到沙坑玩沙；其次是沙坑需要保湿，太干的沙容易被风吹走，可能会吹进附近玩耍的幼儿的眼、耳、口、鼻里；最后沙的吸热系数很高，长时间被太阳照射会吸收大量的热，导致沙坑长时间不能被使用。而需要阳光直射是因为紫外线可以给沙消毒。

幼儿的快乐不单来自于成功，也来自毁坏。幼儿的快乐总是在毁坏与建造的过程中延续。幼儿有建造与毁掉的爱好，那在室外游戏区域中，更应该考虑可以给他们提供自由组装、自由破坏的游戏机会。木板、树干、坏掉的板凳、大块的泡沫等生活中废弃的材料，都可以用来做幼儿组装游戏的材料（如下图所示）。幼儿在该区域搭建作品，需要地面具有一定硬度与平整性，所以地面材料可采用混凝土、橡胶地面、人行道彩砖等。

室外搭建游戏（图片来源网络）

虽然幼儿喜欢毁坏重建，但他们不希望自己的劳动成果由他人毁坏，所以，在自由组装的游戏场地应该有很好的领域性与独立性，要防止其他幼儿误入毁坏正在进行组装的作品。游戏边界的限定宜采用绿化带、构筑物等不宜翻越但不阻挡视线的隔离手段。拆卸搭建所需材料与工具宜就近放置在该游戏场地边的储物区里。这样方便幼儿在教师的监督下自主地拿、储材料。自己动手选择材料锻炼了幼儿的独立性与自信心，同时玩完后自己收纳游戏器具能培养幼儿的责任心，同时也减少了教师为幼儿长距离搬运材料的麻烦以及教师收捡的工作量。储物区最好是能以货架的形式存在，发展竖向储物既节约空间又有条理，方便取放。货架的高度最好是在1.1 m左右保证幼儿能正常存取。储物区的样式可以设计成坡屋顶型或可攀爬的矩形，或是不规则的斜面形。储物区的设计应尽量童趣化。

（3）拓展思维及想象力的游戏场地设置

在益智游戏场地中，设计者可以为幼儿提供开发大脑思维及空间想象力的游戏场地。游戏场地可提供不同的几何形状构筑物、几何形状的空间以及不同的色彩。几何形状的存在可以是立体的，如大小不一形状各异的建筑小品林，也可以是单独的地面图案或几何形状的空间。这里所说的建筑小品林是一个类似于树阵的游戏场地，其中的“树桩”可以是一面有镂空几何图案的墙面，也可以是一个立体几何体块，也可以是立体几何造型的墙，它们高度不一，围合出多种几何空间造型。幼儿可以在其中玩捉迷藏，坐在上面休息，认识形状、颜色及数量等活动。这个游戏场地对地面要求不高，可以是硬质地面，也可以是软质地面。在色彩的选择上，考虑到每个年龄段的幼儿都会到这里游戏，所以色彩可以采用多种色系和多种色相搭配。

智力游戏场地所提供的材料及游戏器具都应该是模糊的、灵活的没有特别明确的使用方法及游戏方法。它放在那里，等着幼儿开动脑筋自己寻找游戏的方法。

2. 体能游戏场地

凡肌肉运动的游戏都是属于体能游戏场地的游戏，如攀、爬、跳、跑、拔河、骑车、球类、跳绳等。这个空间比较吵闹而且对周边的噪声要求不是很高，所以这个空间可以设置在靠近马路的一侧。同时，幼儿游戏的声音也在向社会传递一种健康快乐的信息。体能游戏场地是幼儿发生事故最多的一个游戏场地。磕、碰、摔、擦在这里是很常见的，但是设计师不能因为惧怕担心这些事故的发生而采用消极的处理手段，比如说把整个游戏场地做平整，上面全铺上塑料草皮。在幼儿的成长过程中，摔倒、磕碰都在所难免，这些都是成长必须经历的痛，对于幼儿来说这些都是健康的挫折体验。不能因为成年人的爱子之心而剥夺幼儿们感受痛与挫折的权利。在体能游戏场地的设计中，应根据具体游戏类型选择合适的软、硬质铺地材料。设计师可以通过专业设计手法为幼儿创造出有趣且安全系数高的游戏环境。

（1）攀爬场地设计

攀爬空间若能在竖向及横向中同时进行是一种独特的体验。在设计中可以把竖向及横向攀爬空间结合，同时应考虑到幼儿的体能问题，在一定高度或横向节点上应该设置休息空间。这个休息空间宜足够宽敞，能容下一至两个幼儿休息，且不影响其他幼儿通行、活动。休息的幼儿可以选择坐下来观察周围的景色。从不同高度往外望去是一种很具有吸引力的活动。每个休息空间最好能有两种及以上活动方向的选择，因为在游戏的过程中，有幼儿可能会因为兴趣不稳定突然觉得这个游戏没意思了，想换其他游戏；或者是当下的高度及难度超过了自身的接受能力而感到害怕想退缩的情况发生，当任何一个情况发生时，有一个中转休息台可以便于幼儿自然转身而不被察觉及嘲笑，保护其自尊心不受伤害。

攀爬空间应该注意临空处的维护，及地面的弹性。地面弹性材料可选择细沙、橡胶、塑料草皮、天然草皮、碎木屑等。每种材料的铺设厚度可根据被防护危险点的高度及材料自身弹性决定。具体垫层埋深可参见厂家所给系数。

（2）跑跳滚场地设计

跑跳的空间可以完美结合。同样，跑跳空间在竖向上做定向处理得到的效果将会非常有趣味。跑跳空间中应注意地面上没有能让幼儿磕到的凸起物，且在跳的空间中应注意地面的缓冲力度，最好是把高空跳的地面处理成沙地或木屑地面，这样能减少幼儿摔伤的可能性。关于跑的空间，实验证明一个开阔的方形或者是圆形空间不如矩形或者是具有引导性路面的空间有意思。幼儿更偏向于在有引导性的空间里追逐。

（3）骑车场地设计

骑车是大小幼儿都喜欢的活动。年龄较小的幼儿喜欢骑三轮车而稍大者更喜欢骑脚踏车。滑板、滑车也是幼儿喜爱的体能游戏器械。骑车的空间应该与其他体能运动的空间有明显的隔断。这样是为了减少骑车或滑滑板的幼儿与其他奔跑或活动的幼儿相互发生碰撞。骑车区域最好能有引导，地面应较为平整可以出现较浅的坑洼，这样颠簸可以为骑车者提供快乐的感受。骑车场地的地面应注意地面排水、防滑。地面铺设材料可采用沥青、人行道彩砖、橡胶颗粒等。骑车空间的路线可以设计得随意一些，路线可弯、直结合，在转弯处的转弯半径应大于等于6 m。坡度在设计时应考虑到幼儿的体力，坡度可以控制在0~15° 。若场地不充裕时，骑车场地可结合幼儿跑道实施。

（4）球类场地设计

玩皮球和跳绳这类游戏可设置在开敞性较好，视野宽阔的场地。场地的地面可采用硬质材料铺地。球类收纳箱最好能靠近球场设置，这样方便幼儿游戏前取球及游戏后放球。

3. 冒险游戏场地

冒险游戏总是深深地吸引着幼儿，在冒险游戏区，总是能看到幼儿在挑战成功后的喜悦与不断失败不断尝试的坚韧与耐力。在冒险游戏区场地设计时，可以用形象的处理手法把自然景观及现象营造到游戏场地中。例如，可以用素土做大台阶象征梯田，在护坡上做窄小的梯段象征山路，在步行路两边竖立高大石块象征大峡谷，等等，给幼儿营造类似自然的现象。这些现象可能从书本或电视上有看过，但未亲身体验过。模仿自然的景物具有很大的魅力，能带给幼儿无限遐想。在冒险游戏场地中，迷宫、树屋、梅花桩、平衡木、哈哈镜等是常见的游戏种类。

（1）迷 宫

迷宫，在设计时可选择绿篱、塑料管、虚实结合的墙体、木板等材料做围合物。围合物的高度可设计在800~900 mm。这个高度刚好能让置身其中的幼儿可以相互看到对方，但又不能翻越。迷宫局部可以做高，完全遮挡幼儿，高度设置在1100~1400 mm之间。这可增加游戏的趣味性与神秘感，但又不妨碍老师监督的视线。若迷宫隔墙采用非绿篱的情况下，还可在隔墙上开较为隐蔽的通向其他迷宫道的隐蔽门洞。在迷宫里可以设置一些相互贯通的管道，这些管道局部冒出地面可以当作讲话筒与听话筒。幼儿可以在迷宫里和未知的幼儿对话，这样可以给迷宫营造一种神秘、有趣的气氛。迷宫的地面可用自然草坪、素土、沙土、木屑等自然材料。

（2）树 屋

树屋的设计是游戏场地竖向设计的一种类型。树屋的魅力在于它给幼儿提供了一个领域感和私密感非常强的空间。这个空间的尺度刚好与生活中有所不同，它是根据幼儿的生理尺度打造的，所以幼儿进入这个空间会感觉分外得舒适。同时这个空间可为幼儿提供与平时不同的视点，让幼儿观看平时无法观看的景象（如下图所示）。在有条件的幼儿园里可以增设树屋。选做树屋的大树应该有着强有力的枝干，且枝干的分枝距离地面较低。例如法国梧桐就是做树屋的最好选择。树屋下面最好能种植草坪或者是沙层铺地作为缓冲区域，防止幼儿从树上坠落。同样。树屋下及其周围10米远的区域都不应该有幼儿集中游戏的设施，这样能防止从树屋上抛下的东西碰到下面玩耍的幼儿。

冒险树屋（图片来源：网络）

（3）梅花桩、平衡木

梅花桩、平衡木同样也是冒险游戏的挑战。在设计时应当注意其高度的变化。同时，梅花桩在设计时应有意识地在某些地方加宽两个桩之间的距离，这样可以增加挑战难度。距离加宽的桩之间不适合高度过高，低矮但是间隔较宽的桩可以减少幼儿失足落下的危险。距离较近在幼儿跨距范围内的梅花桩可以设置得高一点，这样能从高度上增加颤巍巍的心理感受（如下图所示）。平衡木属于难度较低的冒险游戏，但也可以利用高度及平衡木的宽度来增加颤巍巍的刺激感。高度较高的平衡木，木头的直径可以大一些，高度较低的平衡木，木头直径可以小一些。

高低、粗细不同的梅花桩

（4）光影装置

光线的明暗变化及空间的高低宽窄变化，同样能为幼儿提供冒险游戏的机会（如下图所示）。在设计光影冒险场地时，可以考虑把宇宙现象一起营造在场地中。在同一个装置中营造白天、黑夜、星空、太阳、风、山洞等。此游戏装置是一个高低变化、蜿蜒曲折、上下起伏的管道与攀爬网的组合。管道内可营造黑夜、星空等自然现象；攀爬网设置在两段管道之间象征着黑夜—白昼—黑夜的循环；高低起伏的管道可象征山洞险道；利用气压变化产生风的原理，管道自身高低宽窄结合连接两个管道的攀爬网，可以使管道内部产生风压。光影装置在空中的高低起伏，同时也给装置下部空间营造出多种高低及不同围合度的空间，供幼儿玩耍。

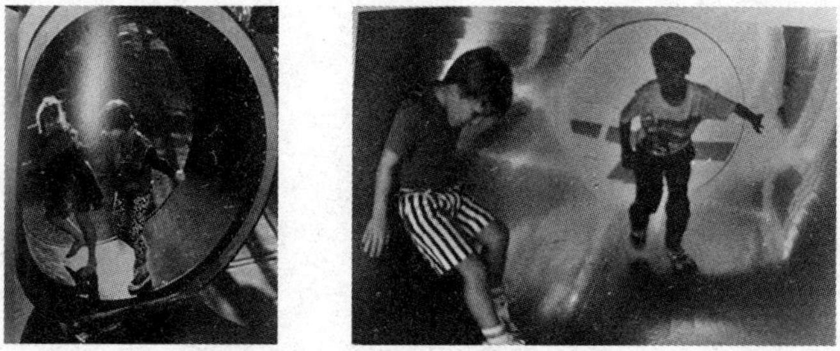

提供探索光影变化的冒险空间

4. 艺术游戏场地

幼儿园现在对幼儿艺术培养较为重视。室外展现艺术的形式可以是绘画、敲击音乐、舞台表现。

（1）绘画场地设置

首先以绘画来说，大地作画目前在国外很流行，我们不妨效仿国外的做法，把纸上的绘画搬到室外地面上。室外地面绘画空间要求地面光滑容易上色且易擦洗。墙面同样是可利用的资源，墙面可以利用白色讲课板来制作，这种板材易上色、易擦洗。其高度从地面开始算起大约可以有1.3m。幼儿可以在自己的身高范围内使用画笔在墙上画任何自己喜欢画的图案。同时，1.3m的绘画墙可以为幼儿提供蹲着画、半蹲着画、站着画、踮起脚画、踩在凳子上画的各种绘画姿势与体验。

（2）音乐场地设置

音乐体验也一样可以搬出室内，进入到室外。乐器可以是专门制作的鼓墙，也可以是单独的鼓、枯空树干、钢管、空瓶子、碗、碟等可以敲击出声音的器具，如下图所示。同时，围合空间的立管也可以选择发音较好的钢管，达到一物多用的效果。还有一些声音的装置比如说回音墙、通话管道等可以放置在露天收集声音与音乐。敲击不同的物件会有不同的音乐感受，让幼儿在生活中找到音乐的感觉，培养幼儿对音乐的敏感性与兴趣。

音乐墙示意图

（3）舞台设置

舞台是幼儿展现自己才能的平台。幼儿可以在舞台上唱歌、跳舞、讲故事，尽情地展现自己。关于舞台可根据场地的大小来设置，场地比较宽裕时，可以设置下沉式舞台及阶梯座席区；当场地不够宽裕时一个凸起的小圆台或方台就是舞台，或者一个比周边高的空地就是舞台。观众席可设置为光滑的大理石地面，方便幼儿席地而坐，舞台的设置可采用塑料草皮或地毯一类较软的材料。

5. 假扮游戏场地

假扮游戏场地，更多的是对生活场景的模拟。在集体游戏场地中，空间较大，所以假扮游戏场地的故事情节氛围可以营造得更浓烈、更贴近自然。角色扮演游戏属于安静游戏且游戏对场地的领域性及私密性要求较高。所以角色扮演游戏场地可设置在远离体能游戏场地的地方。

在主题氛围营造上可选择多主题、多区域、多形式，以满足幼儿的不同假扮游戏的需要。在主题及所给材料上，可选择有特色但较软的材料。模糊的道具能够给幼儿足够多的想象空间，他们可以根据自己的生活经验，在自己的脑海里把这些水、砖、木板等材料想象成生活中的形象。不必用文字或标题去限定这个块场地的性质，留给幼儿做更多的自由发挥的机会。又如，家庭生活类假扮游戏，可以为幼儿提供一间或多间小木屋，木屋可建在土地上，也可建在木板平台上，如下图所示。在木屋的周围可散落一些石块、竹片、落叶等，幼儿可自己寻找游戏道具，经过想象加工赋予这些道具生命及意义。

人工环境下与自然环境下角色扮演游戏场地对比

假扮游戏区环境营造示意图

假扮游戏中多数会用到水，所以在假扮游戏场地的角落可放置一个自来水管，或者是手动抽水管。为了防止幼儿在运水的过程中水洒出造成地面湿滑，所以最好在水管与游戏屋或游戏台之间铺设碎石类的小路。碎石小路沥水的功能很强，水溅到路上后立刻排到地下去。

在假扮游戏这个可以教授生活经验及常识的游戏中，可以试图把“火”这个重要的生活要素加入其中。让幼儿在老师的带领下接触火，了解其用途及危险性，同时还可以教给幼儿如何灭火的技能。在“火”游戏场地设计上，可先选择一片空地，并保证空地周围无任何易燃易爆物品，用石头堆积一个灶台，同时在不远处堆放灭火用的湿沙、卵石或在附近设置一条小溪或水龙头。平时幼儿可在此自由想象发挥玩假扮游戏。在植物园丰收的季节老师可以带着幼儿采玉米、土豆，在此用火烤土豆或玉米。游戏完后，老师带领幼儿一起灭火。

小空间、小洞穴因为具有强烈的领域感及私密性，且符合幼儿的身心尺度，所以对于幼儿是最有吸引力的。小空间、小洞穴的营造形式可多样，但出现的频率不应该过高，而且最好能集中。若洞穴过多且分散的话，会增加老师的管理工作量，且容易发生事故。小空间的造型可以尽量童趣些，比如一个苹果小屋、木质小城堡、圆球小屋等。

（四）游戏场地的边界创设

每个游戏场地都应该是相对独立而有边界的。相对独立的游戏场地可以满足幼儿的领域性，而游戏模糊道具赋予他们日常见的工具的样子及特征。例如，建筑师角，可以在素土地上为幼儿准备些区域的完整性与领域性道具，避免出现混杂的现象。但同时也要满足游戏区与游戏区的连续贯通性。

游戏场地的边界的处理形式视周围环境而定。

1. 安静游戏区与安静游戏区

一般在场地规划时安静游戏区都会设置在远离活动室及城市道路的地方。由于同属于安静游戏区，所以在两个区域的边界处理上可以采用柔和一点的处理方式，比如说用一小块草地绿化带或是一条小路就能划分两个区域的空间。有时也可以借用场地内的围合遮蔽安静游戏场地的道具来划分空间。

2. 安静游戏区与较吵闹游戏区或吵闹游戏区与较吵闹游戏区

较为吵闹的游戏区域一般会作为过渡空间介于安静游戏区域与吵闹游戏区之间。在边界的处理上可以使用具有一定屏障功能的绿篱，造型有趣的游戏墙面等。既能遮挡一部分声音与视线，又不影响整个游戏区域的完整性与连贯性。

3. 安静游戏区与吵闹游戏区

一般来说在游戏场地规划时都会把安静游戏区域与吵闹游戏区隔开。若确实没办法只能相邻，可以用较为宽阔的绿化带，或是有起伏的小山来划分空间，或是在竖向上划分安静和吵闹游戏区，比如说把安静游戏区的标高较之吵闹区下降，利用草坡、台阶来划分两个区域。

4. 吵闹或较吵闹游戏区与城市接壤处

幼儿园与城市接壤之处所安排的游戏区一般都是对噪声要求不太高的游戏区。与城市接壤处用于分隔的界面一般有三种：一种是实墙，一种是栅栏还有一种是栅栏与攀爬藤类植物的结合。

若相邻的道路是城市主干道，最好是用实墙围合，并且实墙周围还应该种植枝叶繁茂的乔木。这样可以减少城市的噪声及尾气对幼儿园的污染。由于使用实墙处理，所以在幼儿园内部的墙面应该尽量的美化，如做墙壁画，或有色浮雕故事墙等。

若相邻的是小区内部或城市步行道时，可以采用通透性较好的栅栏。通透性好的栅栏可以给幼儿及城市提供一个互动互看的平台，对城市对幼儿都是积极的。

若相邻的是城市次要干道，行车与行人都同样多时，可以采用栅栏与攀爬藤类植物结合的方式。攀爬藤既可以吸收城市排放的尾气，又能遮挡一部分灰尘，同时闪烁的缝隙更是给幼儿及市民带来相互观望的窗口。

第三节　材料投放

一、材料概述

（一）概念界定

1. 户外活动区材料

户外活动区材料，在文献中也有其他说法，比如体育玩具、运动玩具、运动材料、游戏材料。邱学青将游戏材料定义为："是儿童用来玩的玩具和材料，它既是游戏的物质支柱，同时对游戏的性质、内容等产生影响。"[①]华爱华认为材料是"被用于幼儿游戏的一切物品，包括专门为幼儿游戏而制作的玩具，以及任何日常物品或自然材料"。[②]本研究中的材料泛指教师根据教学内容在户外活动区域中有目的为幼儿提供的各类物体和游戏材料。

2. 活动区域

陈虹认为活动区是指充分考虑学前儿童的年龄特点，以游戏的情景，提供多样化的材料，满足儿童操作的不同兴趣，使儿童通过游戏活动，获得认知、情感、身体等方面发展的区域。[③]幼儿园通常将其划分为户外体育活动区、自然区、建筑区、美工区等。本文研究的是在室外的体育活动区，主要观察在此区域的体育教学、户外体育活动、课内外自由活动。

3. 材料投放方式

材料投放方式指教师根据幼儿发展和教育的需要，有目的有意识地按照一定的依据对材料进行投放。本文中材料投放方式是从样本园户外活动区材料使用现状的角度出发，把投放方式分为以下三类：

---

① 邱学青.学前儿童游戏［M］.南京：江苏教育出版社，2005.

② 华爱华.活动区材料的投放方式与幼儿行为及发展的关系［D］.上海：华东师范大学学前教育与特殊教育学院，2008.

③ 陈虹.幼儿园活动区创设初探［J］.中华女子学院学报，1998，（1）：60-65.

第一种是不同数量材料的投放方式，在本研究中，笔者投放的材料是呼啦圈，通过改变投放材料的数量来观察幼儿的游戏行为。

第二种是跨学科领域材料搭配的投放方式，是指将日常投放在不同学科领域里的个别材料，进行跨学科领域重新搭配，观察两者结合后幼儿游戏行为的变化情况。

第三种是单色材料和彩色材料（由红、黄、蓝、绿、粉五种颜色组成并混合投放，每种颜色材料数量基本相等）的投放方式，在笔者投放了同种颜色的拍拍球，和彩色的拍拍球后，观察这两种投放方式下，幼儿游戏行为的变化。

（二）价值分析

1. 游戏材料比“玩”更重要

正如我国著名的儿童教育家陈鹤琴先生所说：“玩固然重要，玩具更为重要，必须有许多玩的东西来帮助，才能玩得起来，才能满足玩的欲望。”华爱华认为玩具作为游戏的有机构成，一方面有工具的作用，另一方面对游戏的内容和性质产生影响，因此，从玩具的变化看游戏的变化，进而看它对幼儿人格发展的影响，应是一条顺理成章的思路。很明显，材料的使用在幼儿游戏中起着重要的作用。游戏是儿童在一定环境中根据自己的兴趣和需要，以快乐和满足为目的，自由选择、自主展开、自发交流的积极主动的“玩”的过程。

从某种意义上说，爬、跳、攀、跑、投之类的游戏活动，都要借助于活动材料，让单调的体育活动变得丰富多彩，增强幼儿身体的灵活性、平衡性及协调性。因此，在幼儿园户外活动过程中根据幼儿游戏行为的变化探讨如何使用游戏材料，有利于促进幼儿身心发展。用充满乐趣，并能吸引孩子注意力的材料代替复杂的现实世界。

2. 材料有利于促进幼儿的认知发展

幼儿游戏行为大都是通过游戏材料这一物质载体体现的。材料将真实的世界浓缩，使孩子们在材料构建的虚拟世界中预见将要发生的事情，使情感得到正确的抒发，让学龄前儿童在玩具和材料世界中能够学习现实世界中的事物。学龄前儿童因其认知发展的特性，在游戏过程中通常进行象征性游戏，他们通过借助活动材料及环境条件，在游戏中重现自己在真实世界中发生的能够引起自己兴趣的事件。另一位心理学家维果茨基认为：“幼儿在游戏中以物代物是具体思维向抽象思维发展的过渡环节，正是以物代物促进了具体思维向抽象思维的过渡。”[①]这与皮亚杰“以物代物”理论相近，是指用充满乐趣，并能吸引孩子注意力的游戏材料代替复杂的现实世界。通过摆弄材料，让他们认识游戏材料的性能、特点、用法，从而促进幼儿观察力、注意力、思维、记忆等各方面认知水平的发展。

3. 活动区材料在幼儿社会行为方面的作用

在游戏过程中学龄前儿童构建了最初的社会交往关系，如在角色扮演游戏中儿童交往能力可以得到提升。在游戏中，孩子常为了扮演某一角色而发生争执，原因无非是角色所拥有的材料数量、颜色、形状等问题吸引了孩子的注意力。如何化解争执？通过正确引导孩子进行合理的角色认识及材料分配就能化解这一矛盾，并能使角色得到更具创造力的发展。与此同时，游戏结束后将材料收齐并摆放好也训练了孩子们的责任感，同时在此过程中，学龄前儿童能够潜移默化形成一些品德，如礼貌、谦让、协商、合作及分享等品质，通过材料帮助孩子建立良好的行为习惯，为幼儿品质性格的形成提供条件。

4. 活动区材料有利于引导学龄前儿童的情感发展

游戏体现了幼儿的部分语言，作为一种积极的情感交往方式，有利于引导幼儿各种情感的产生。而游戏材料在此过程中扮演着重要的角色，牵动着学龄前儿童的情感发展，是幼儿调整情绪的媒介。儿童的情感从出生那刻就已经开始萌芽，而到了学龄前阶段，儿童的情感随着认知不断发展，这些都体现在游戏的过程中，孩子们通过游戏材料将情感进行表达。孩子们和材料在一起，能忘记那些不愉快的事情，消除不利于成长的情绪，同样的，游戏材料也能帮助孩子平静地应对比较激烈的事情，如去学校上学、去医院打针、安抚幼儿过激的情绪等。

5. 活动区材料的使用对提高儿童运动技能的作用

AyresA.J在1972年的时候提出了感觉统合理论，他认为幼儿需要外界的刺激来增强统合能力[②]。卡尔森认为儿童早期发展阶段发现和探索运动能力对于他们的学习意义深远。幼儿的基本身体管理能力必须在游戏和娱乐活动中获得，过早地让孩子参与适当的练习活动，能够开发其神经系统，促进其各领域发展，

---

① 曹艳萍.以物代物.快乐游戏［J］.家庭教育，2004，（1）：22.

② Ayres A J.Sensory integration and learning disorder［M］.Los Angeles：Western Psychological Services，1972.

如认知、社交、情绪属性。慕尼黑大学教授Rolf Oerte博士表示："运动对儿童很重要，尤其是知识的建构和感知觉的发展，这会在以后的发展过程中表现出来。"①在户外活动区幼儿通过一些如钻、平衡、跳、跑、投等基本活动能提高幼儿大动作和精细动作的能力，同时通过游戏材料的刺激幼儿精细感觉和外界刺激分析的综合能力也能得到提高。查阅文献可发现一些大型、小型和自制活动材料也能发展学前儿童大动作能力。幼儿通过游戏进行反复练习活动，儿童的大动作能力将得到提高，他们身体活动的速度、灵活性也将提高，柔韧性、目测力、平衡力、力量和耐力也可以得到不同程度的增强。著名体育学者大卫·伽利豪教授（David L Gallahue）在书中指出体育教育强调动作技能的认知和增强体育能力，且体育教育的发展是建立在开展所有儿童体育教育的基础之上的，②因此活动材料作为幼儿与游戏的媒介，在幼儿体育教育中起着重要的作用，应予以重视。

6. 材料能激发儿童游戏的兴趣，丰富游戏内容

根据调查发现沈阳市部分幼儿园教师只追求游戏形式，把游戏材料当作糊弄儿童的"玩意儿"，而忽视了材料的价值。这样的教育只能给儿童背上沉重的负担，是有悖于培养全面发展、和谐平衡的完整儿童的目标的。游戏材料作为一个媒介可以将儿童与游戏相连接，可以将游戏价值与教育相连接。幼儿往往需要借助一些事物，才能在感知现实中展开思维活动。材料是学前儿童游戏必不可少的"道具"，没有游戏材料的辅助，幼儿游戏的内容就会显得比较单一，他们注意力也不容易集中，而一旦有了活动材料，游戏的内容就丰富了，游戏的情节、形式也都会随之发生变化。在教育目标引导下，材料可以发挥其文化内涵中的教育因素，实现社会对人的发展需求。但玩具教育能动性的发挥离不开其主体"人"、客体"物"及交互方式"玩"三方的选择和联系。

（三）理论依据

1. 维果茨基的"最近发展区"理论

维果茨基的研究表明：教育对儿童的发展能起到主导作用和促进作用，但

---

① 费丽，海月.德国重视改进幼儿体育活动机会和安全［R］.上海：上海市学前教育访德代表团，2001.

② David L Gallahue.Developmental Physical Education for All Children［M］.Illinois：Human Kinetics，2007.

需要确定儿童发展的两种水平：一种是已经达到的发展水平；另一种是儿童可能达到的发展水平，表现为“儿童还不能独立地完成任务，但在成人的帮助下，在集体活动中，通过模仿，却能够完成这些任务”。这两种水平之间的距离就是“最近发展区”。“最近发展区”理论揭示了儿童发展的可能性区域，无论提供给幼儿低于其操作能力区域的活动材料还是高于其操作能力区域的材料，对幼儿而言都是一种时间与精力的浪费，因此要给予幼儿可操作性程度在其基本能力的基础上又可以有所挑战的活动材料。以此来选择适合幼儿玩耍的活动材料。这个理论为我们合理的运用活动材料提供了有益的启示。

2. 杜威的“做中学”理论

杜威认为，学生的兴趣主要是活动，“从做中学”是学生的真正兴趣所在。学生需要一种足以引起活动的刺激，他们对有助于生长和发展的活动有着真正的浓厚的兴趣，而且会保持长久的注意倾向直到问题得到解决。随着学生的心智在能力和知识上的生长，这种活动不仅作为一种愉快的事情，而且越来越成为理解事物的媒介。他甚至这样说：“儿童无数自发的活动，游戏，运动，模仿行动，甚至幼儿的显然无意义的动作，都具有教育价值，乃是教育方法的基石。”活动材料具有作为生活的模拟物的特性，也是儿童成长经验里离不开的“工具”。根据杜威的“做中学”理论，活动材料必定蕴含着教育功能，尤其体现在基于活动材料的活动经验里。

3. 布鲁纳课程论

布鲁纳是继杜威之后美国又一著名教育家，他发展了杜威调动学生学习主动性，通过发现、探索活动促进学生学习的教学论。布鲁纳认为“学科的教育应该尽可能早地开始，而且应该同儿童的思想方式相符。学习的最好刺激，乃是对所学材料的兴趣，而不是诸如等级或往后的竞争便利等外来目标”。它为学前教育，学龄初期教育的研究和改革提供了依据。布鲁纳还认为，课程的编制方式应采取“螺旋式课程”。课程设计及教材编排不仅要依据儿童认知发展的程序和特点，而且还要遵循每门学科基本概念或原理的连续性，儿童学习的构成应该是连续的、循序渐进的、小步骤进行的。

二、投放原则

1. 在材料的投放数量上要适宜

Frost和Dempsey的研究指出，过多地提供活动材料，会让儿童的社会交往行为减少。那么投入少量的活动材料，幼儿的游戏行为又将如何变化，又或者说，在活动中投入多少数量的活动材料对幼儿的发展有利？为了探究材料数量与幼儿游戏行为变化的关系，周兰与幼儿园教师设定了一系列的活动方案，研究了材料数量与亲社会行为的关系、材料数量与破坏行为的关系、材料数量与退缩行为的关系等。研究结果表明：当每个幼儿都拥有一个活动材料时，大、中班幼儿的退缩行为频次将会增加，达不到活动效果，对于幼儿而言是一种时间和精力上的浪费。根据预调查发现在投入同一数量活动材料时，幼儿的游戏行为，受到教师教学方法新颖度、活动材料颜色、材料的特征、材料的新旧程度、幼儿对材料可操控性等的影响。但是活动材料的数量变化占据了主导地位，从幼儿出现亲社会行为和退缩行为的频次考虑，户外活动区材料数量与人数的最佳比例为1∶3；为了减少破坏行为的出现户外活动区材料数量与人数的最佳比例为3∶2。户外活动区材料数量与人数的比例为1∶1时，幼儿出现的退缩行为频次最高，材料的使用频率和运动强度最低，因此不建议选择此投放方式。教师要慎重选择活动材料数量，不要过多地依赖于经验，要根据游戏内容，科学合理地投放活动材料。

2. 跨学科投放游戏材料

关于跨学科教学尚没有一个普遍接受的定义。舒梅克将跨学科教学定义为：跨越学科界限，把课程的各个方面组合在一起，建立有意义的联系，从而在广阔的领域中学习的教学。Almqvist（1994年）提出，不同的游戏材料会引发儿童的不同行为。国外对于跨学科领域教学早有研究，如下图所示。

与科学领域相结合的户外活动

与社会领域相结合的户外活动

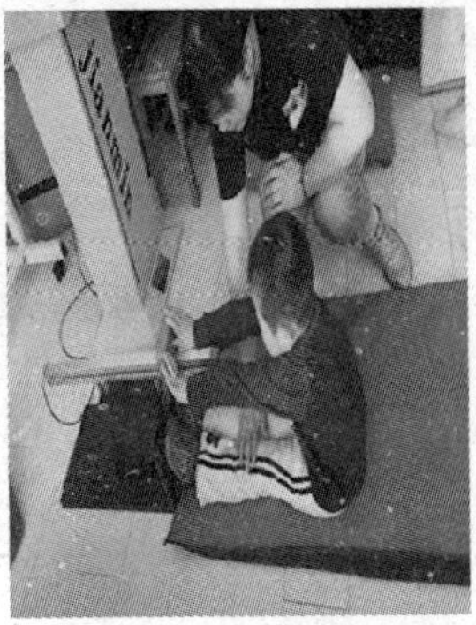

坐位体前屈测试

网球掷远

中国“十五”规划课题将幼儿科学与艺术相结合来探讨幼儿创造力，取得了显著的效果。那么，将不同学科领域内容与健康领域相整合，幼儿的游戏行为会有怎样的变化。周兰等研究表明：在常规活动和跨学科领域材料搭配后，大中班幼儿的亲社会行为呈明显增长趋势。根据观察发现，幼儿在主题活动中的亲社会行为频次频率高，当我们将活动材料进行搭配后，幼儿的那种求知、愉悦的需要，探究、体验的需要很快就被激发，幼儿主动想要知道我们做的这个主题活动与其他活动有什么不同。当孩子真正参与到活动中时，幼儿之间的相互交流，合作行为在增加。同时，开展主题活动前后，中大班幼儿的破坏行为频次都有所下降。此外，材料搭配后大中班幼儿的退缩行为频次都有所减少。

3. 投放材料的颜色建议以单色为主

研究表明大中班幼儿在活动中投入单色材料时出现的亲社会行为频率要比投入彩色材料时高；当投入单色材料时，大中班的破坏行为要远低于投入彩色材料时；在单色材料情况下大中班幼儿的退缩行为频率要比投入彩色材料的要少。单色材料的投放让幼儿大部分时间都运用到游戏玩法的创作上，而不会在材料本身上花费太多精力。单色材料通往教育目标的途径更加直接，干扰因素少，而且幼儿不会因为颜色问题将自己喜欢的材料占据起来，从而影响同伴互动。

第三章 室外学习环境应用

“幼儿园室外学习环境应用”的内涵就是在幼儿园室外，学习主体使用环境材料的过程。我们认为幼儿园室外环境应用的主体以幼儿为主，也包括幼儿园其他教育者、家庭，或者延伸到更大的空间——社区或社会。所以应用的过程，既包括幼儿自主与环境互动引发的生态体验活动、游戏操作活动、文化规则活动，也包括幼儿园教育者利用室外环境材料组织的学习活动（其中有以班级为单位进行的，也有以年级为单位进行的，还有以幼儿园整体为单位进行的）。那么本书中的应用层面主要从学习者在室外应用环境材料开展的各类学习活动角度展开。

第一节　低结构学习活动

室外低结构学习活动是幼儿在室外自主发起的学习活动，学习的主体是幼儿，学习的发起者和组织者也是幼儿。教师或其他幼儿园教育者在这类学习活动中起的作用主要是：第一，安全的保障者。关注安全问题，为幼儿健康安全的室外学习活动做好预防、准备以及应急处理工作。第二，环境材料更替者。关注幼儿在室外学习活动中材料的使用情况，及时做好材料的更替，激发幼儿深入持续的学习活动。第三，观察者。关注幼儿在室外的学习状态，使用适宜的工具进行观察记录，为幼儿发展评价或幼儿成长档案收集资料。第四，支持者。关注幼儿的学习过程，在幼儿遇到困难与挑战时适度干预。

幼儿在室外发起的自主学习活动根据幼儿与之互动的环境资源类型不同，在本书中主要分为三种类型：第一，生态体验活动；第二，游戏操作活动；第三，文化规则活动。下面将一一展开介绍。

一、生态体验

幼儿自主发起的第一类室外学习活动，我们称之为生态体验活动。这类活动是幼儿应用自然物质环境发起的学习活动。幼儿在这类活动中体验生命的生长、生物之间的关系；体验生态循环等现象；体验大自然的奥妙。这类活动在幼儿园室外主要表现为种植活动、喂养活动等。

在《辞海》中，对“体验”一词没有专门的定义，而是将其等同于“经验”一词，“经验：经历，体验。”并引用了《红楼梦》第四十二回的一段话：“虽然住了两三天，日子却不多，把古往今来没见过的，没吃过的，没听过的，都经验过了。”[①]在《现代汉语小词典》中对“体验”一词是这样定义的：通过实践来认识周围的事物；亲身经历。而在威廉里兹主编的《宗教哲学辞典》中是这样对“体验”进行解释的：体验（Erlebnis）这个词是从拉丁语得来的，意为去证明（toprove）或是去验证（totest），通常是指从感觉而非推理得来的信息，直到19世纪末20世纪初这个词才有了广泛的运用。可见在词典中，“体验”一词都含有亲身经历的意思。[②]那什么是体验呢？体验与经验是两个既相区别又相联系的概念。“经验常指客观世界在人的头脑中留下的印象或形成的知识。”也就是说，一个人在社会生活中经历的事，产生的见闻，获得的知识和技能都属于经验的范畴。而体验则是在经验的基础上产生的，是对经验的升华和超越，是经验的特殊形态，带有“以身体之，以心验之”的特点。[③]

体验是狄尔泰等人的生命哲学、胡塞尔的现象学、海德格尔的存在论、人本主义心理学等哲学或心理学流派中有关“经验”的一个重要概念。20世纪90年代初，体验主要是心理学、美学以及情感教育理论中的概念；90年代中后期，体验教学进入实践探索阶段，理论界对“体验”的理解主要来源于哲学、心理学、美学的视野。以张华的《经验课程论》（上、中、下）一文为标志，“体验”获得了教育学的研究方法，被赋予了教育学范畴的独特意义，并形成了两种理解取向的体验教学：第一，注重实践，强调亲身经历或原始体验；第二，偏重体验的内在形式，强调自我意识及生命意义。[④]沿着两种理解取向，以体验教学的实践探索为基础，理论界对体验教学的特点与实施策略、性质、过程与机制等做了较深入的探讨，基本形成了一个独立的

① 辞海.缩印本［M］.上海：辞书出版社，2000.

② Willian L Reese.Dictionary of philosophy and religion［M］.New Jersery：Humanities Press，1980.

③ 赵联.体验与教育：体验的教育学意蕴初探［D］.南昌：江西师范大学，2004.

④ 张华.体验课程论——一种整体主义的课程观［J］.教育理论与实践，1999，（10-12）：26-31，30-33，38-44.

教学理论体系。[①]

总的来看，体验教学理论比发现教学、问题解决教学等所涉及的教学领域更广泛，但由于二者都是具有强烈实践色彩的教学理论，经验性总结的研究居多，理论界的研究也多热衷于应用性层面，因此没有形成相应的教学哲学体系。

生态包括自然生态、类生态和内生态三重生态关系及其结构与功能。在此基础上，刘惊铎教授给生态体验的定义为“人置身于一定的生态关系及生态情境之中，在生态互摄的状态下全息感受、理解和领悟三重生态关系及其结构与功能的生态生灭之道，经历内心感动，诱发和生成生态智慧、生态意识和生态能力的一种过程和境界。”[②]在生态体验中，作为感性个体的人在其生态阅历的基础上，唤醒和发展其生态潜能，不断领悟自己内部世界与外部世界之间错综复杂的矛盾关系，人类及其个体与自然界、人类社会和文化精神保持多样性的内在之道，自觉调整和优化自己的生存态度与生存方式，以求得新的生态和谐，达成新的道德境界。老子曾说：“人法地，地法天，天法道，道法自然”。生态体验是体验者在自然之境中的体验，生态不仅仅是朴素意义上“生物与其居所的关系”，而是经过浅层生态到深层生态的发展，[③]它侧重于对人与大自然之间关系的领悟。

（一）支持策略

生态体验类活动既需要教师提供物质材料的支持，也需要教师提供时间、空间以及行为上的支持。

首先，关于物质材料的支持：教师要为幼儿提供自然物质材料，尤其是生命物质材料，比如一些动植物、土壤、水、泥巴、沙石。

其次，关于时间与空间上的支持：教师至少每天保障幼儿1小时左右的户外自由探索时间；教师还要为幼儿开辟一块生态体验的空间，如目前常见的种植角、喂养区等。

---

① 张华龙.基于经验的教学本源、进展与反思［J］.教育理论与实践，2007，（6）：36.

② 刘惊铎.生态体验：道德教育的新模式［J］.教育研究，2006，（11）：65.

③ 刘惊铎.生态体验：道德教育的新模式［J］.教育研究，2006，（11）：67

最后，关于教师行为上的支持。虽然生态体验活动属于幼儿自主游戏活动，教师应该减少干预与组织，但是教师也需要适时提供行为或语言上的支持，比如引导幼儿珍视生命的价值，观察幼儿、鼓励幼儿大胆尝试，鼓励幼儿同伴间的互动与合作，等等。

（二）活动案例

捡落叶拾果子

——深圳实验幼儿园小一班室外生态体验活动

深圳实验幼儿园室外场地安排实行一周包干制，也就说每周都会把一块特定的场地留给同一个班级，这样孩子们就会很熟悉自己的室外活动场地，可以充分地在这里与周围的环境互动。

这个星期小一班的孩子们分到了一片大树下。他们可开心了，因为他们这段时间正迷恋于对叶子的探索。户外活动时间，他们到室外的第一件事就是捡树上掉落的叶子与果子。

他们发现叶子的形状各异，他们拿着叶子想象着可以发挥什么作用。有的小朋友拿起叶子说："这个叶子像兔子耳朵。"于是放在自己头上学兔子跳一跳，对着同伴说："快来看，我现在是小兔子啦。"有的小朋友说："这个叶子像话筒。"于是他拿着叶子对着嘴巴就开始唱歌。有的小朋友说："这个叶子像把伞。"于是他跑到老师身边，把叶子遮在老师的头上，说："老师，我帮你打伞吧。"

突然有个小朋友开心地跑到老师身边，大声说："快看呀，我捡到了杨桃。"他拿着自己捡的宝贝开心地摆了个造型，老师为他拍照留念。这时小伙伴们也跑来看他捡到的杨桃。"这个果子为什么会从树上掉下来了？"孩子们很好奇，因为他们只知道叶子会自己掉落，果子一般都是我们从树上摘下来的。他们发现果子身上有个小洞，是小虫子在里面驻了窝。老师回应说："那可能是小虫子吸收了杨桃的营养，杨桃没了营养就从大树上掉下来了。"讲到这个孩子们都很可怜这个杨桃。而且他们感觉失去营养是件可怕的事情。

老师趁机引导他们思考：怎样才能增加营养呢？孩子们都开始七嘴八舌地议论起来。有的说要好好吃饭；有的说不能挑食；有的说吃有营养的食物。午饭时光，有个从来不吃青菜的小朋友，为了给自己增加营养，强忍着自己对青菜味道的排斥，努力吃着青菜。老师看到这一幕，好感动：原来孩子们都会将自己学到的知识带进生活。赶紧拍下了这一幕，并为他写了一篇学习故事，希望他能够永远记住自己今天的勇敢，自己挑战自我的力量。

生态体验活动就是要为孩子们提供与大自然生物互动的机会，孩子们就会自然地从中吸收知识、增加对生活的理解。

二、游戏操作

幼儿自主发起的第二类室外学习活动，我们称之为游戏操作活动。这类活动是幼儿应用人文物质环境开展的学习活动，主要是幼儿使用成人投放在室外的玩教具以及其他操作材料进行的游戏活动。这类活动在幼儿园室外比较常见，比如利用滑梯、攀爬网等进行的体育游戏活动；利用角色扮演材料进行的角色游戏活动；利用积木等进行的建构游戏活动；利用艺术工具进行的艺术表征活动；等等。

这里的游戏操作活动是指幼儿自发的，以玩、娱乐、游戏为目的的自主游戏活动。教师的作用在于为孩子们提供丰富的游戏环境，让幼儿按照自己的意愿自主选择游戏，促进幼儿自主性、独立性和创造性的发展。

（一）支持策略

这类活动虽然是幼儿自主开展的游戏活动，但是也需要教师的介入与支持。具体支持行为与策略可以关注这样几点。

1. 关于环境材料的支持

（1）联合家庭、园所为幼儿室外自主游戏活动搜集环境材料。

（2）布置室外环境，创设环境材料丰富、有序的室外活动空间。

（3）合理安排时间，组织幼儿年级或混龄的室外自主游戏活动。

2. 关于教师介入的策略

（1）教师对介入游戏时机的把握

在游戏的过程中，教师的引导作用很重要，教师在不同的时机介入幼儿的游戏会产生两种完全不同的效果。时机掌握得准确能促进游戏的正常进行，并增加儿童的游戏兴趣；时机掌握得不准确则会导致儿童游戏的积极性极大地削弱。因此教师要对幼儿的游戏行为进行仔细的观察与分析，在此基础上准确把握介入时机。在一次大班幼儿户外游戏中，李萌扮演的是小吃店的营业员，她刚开始兴致勃勃，穿好工作服站在店里，等待着为客人们服务，可是过了好久一个客人也没有，于是她就渐渐灰心泄气了。这时候，老师就走过去扮演买东西的顾客，李萌瞬间露出了喜悦的笑容，很激动很开心地接待了老师。老师问她："今天店里的生意怎么样，好不好啊？"她很沮丧地摇摇头。老师说："可能是因为你们这家店是新开的，小伙伴都还不知道，不如你跟小伙伴们宣传宣传，问问他们要不要买些好吃的。"李萌突然明白了什么似的，开始向孩子们推销她店里的商品。

（2）教师在幼儿游戏出现安全隐患时介入

幼儿年龄还比较小，精力也很难集中很长时间，控制能力也把握不好，游戏过程中很容易出现一些不安全的因素。当出现这种情形时，需要教师及时介入，帮助孩子们解决问题。在一次游戏中，豪豪扮演警察的角色，在取款机前站岗，以守护安全、维护秩序。但是过了好一会儿，可能没什么人来取钱，豪豪自己也感觉烦了，就开始在走廊上跑来跑去，其他几个小朋友也跟着跑起来，游戏的秩序就被扰乱了。孩子们也已经忘记了自己扮演的身份和应有的责任。这时候教师走到他们跟前，很焦急地对他们说："警察你好，娃娃家好像发生了激烈的争吵，你赶快过去查一下吧。"豪豪这时候才想起来自己警察的身份，赶忙去了娃娃家。

（3）幼儿游戏出现消极内容时教师介入

孩子们每天都会受到各种各样环境的影响，不管是学校、家庭还是社会都会影响孩子的观念，但是如果幼儿在户外游戏过程中出现消极的表现时，教师该怎样巧妙地介入并引导孩子们向正面发展呢？孩子们这次分别扮演家庭成员，在扮演的过程中娃娃家的爸爸、妈妈可能因为一点儿小事发生争执，妈妈生气地说："我们离婚吧！"旁边扮演哥哥姐姐的小朋友也跟着起哄说："离婚。"教师看见这种情形，立刻介入游戏，"娃娃的爸爸妈妈，你们吵得这么厉害，娃娃都被你们吓哭了，娃娃最喜欢你们相亲相爱了，你们这么吵，娃娃怎么办呢？"听老师这么一说，孩子们似乎都理解了，开始心平气和地一块儿说话，继续扮演自己的角色。出现这种情况，教师必须及时介入，改正孩子们的观念，告诉他们一个家庭要和睦相处。

（4）教师介入过程中要正确使用语言

幼儿进行户外自主游戏，是幼儿自主发起的游戏，教师不会成为游戏的主导者。虽然教师不直接控制游戏内容，但是教师可以用语言启发幼儿思考，支持幼儿的游戏行为。幼儿们自发地组织了一个关于新闻小记者的游戏，一部分学生扮演普通人，一部分人扮演小记者。但是这个游戏是第一次玩，孩子们只是看见电视上有记者采访，但对自己的工作职责还是摸不着头脑，不知道该采访什么，该怎么采访。这个时候，教师就可以启发性地引导："你们可以采访一个零食铺，今天卖了多少东西出去，卖的都是什么？”等孩子们采访回来后，教师可以引导地问：“你们采访了那么多内容啊，但是忘记了怎么办呢？”孩子们自然会想到用笔记下来。“但是你们还不会写字啊，怎么办呢？”一个幼儿接着回答：“我们可以画下来啊。”在这个游戏的过程中，孩子们既了解了小记者该做什么事儿，又发挥了自己的脑力来解决问题，这都归功于教师的语言介入。

总之，在幼儿自主游戏活动中教师的介入很有必要，教师可以起到很好的启发与引导作用。教师的介入，既要发挥幼儿自身的主动性与积极性，又要合理地介入，把孩子引向正确的方向。

（二）组织与实施

室外自主游戏活动顾名思义就是孩子们在室外自主地进行游戏操作活动，游戏的类型涉及攀爬游戏、建构游戏、角色游戏、创作游戏、沙/水游戏、挖掘游戏、骑行游戏、大运动游戏、小器械游戏等。

1. 游戏预期目标（见下表）

幼儿在各类室外游戏活动中获得的认知经验

<table>
<tr><th>游戏类型</th><th>认知经验</th><th>活动准备</th><th>材料准备</th></tr>
<tr><td>角色游戏</td><td>1.在室外扮演生活中的角色；
2.在室外扮演故事中的角色</td><td rowspan="3">以室外涂鸦活动为例：
1.组织孩子们用夹子等工具将卷纸固定在桌子或长椅上；
2.组织孩子们分头挑选、存储、修理涂色颜料和工具（如刷子）；
3.组织孩子们用水桶、刷子、辊子假装在墙上或栅栏上涂画；
4.提供写字板和纸，让孩子们制作个人作品</td><td rowspan="3">以室外涂鸦活动为例：
1.墙纸、卷纸；
2.用可以喷射的容器装颜料，例如洗手液的瓶子；
3.各种尺寸的刷子、辊筒（辊子）、水桶；
4.大钢夹；
5.带夹子的写字板</td></tr>
<tr><td>建构游戏</td><td>1.获得数学能力和实验活动的相关经验；
2.获得想象、思维和沟通相关的经验</td></tr>
<tr><td>园艺游戏</td><td>1.在户外开展实验活动；
2.用各种感官自由探究；
3.爱护植物，为它们除草、浇水；
4.获得植物随时间生长变化的经验</td></tr>
</table>

续 表

游戏类型	认知经验	活动准备	材料准备
创作游戏	1.在户外进行涂色探究； 2.在户外进行绘画探究； 3.在户外进行废物利用探究； 4.在户外进行重击声探究； 5.在户外进行轻轻敲打声探究； 6.在户外进行“吹”的声音探究； 7.在户外进行“刮”的声音探究； 8.在户外进行“点击”声的探究； 9.在户外进行喷洒声的探究； 10.在户外进行歌唱声或韵律声的探究	5.感受用泼洒方式涂抹悬挂着的床单或其他物品的快乐； 6.帮助孩子们将作品过胶或装裱，并陈列展示出来； 7.通过混合颜料制作需要的渐变色； 8.为模型涂色； 9.利用手印制作身高图	6.精挑细选的不同尺寸的纸张； 7.罐子； 8.过胶机； 9.涂鸦画册； 10.大尺寸的布
沙/水游戏	1.获得玩干/湿沙或泥土的经验； 2.获得玩水的经验		
大运动游戏	1.获得击球的经验； 2.获得跑的经验； 3.获得跳的经验		
小器械游戏	1.获得比赛的经验； 2.获得扔、接以及瞄准的经验		
攀爬游戏	获得“爬”的经验		
骑行游戏	1.体验身体协调性的发展以及安全意识的形成； 2.服从指令； 3.获得数学经验； 4.获得技术性经验； 5.获得想象、思考、交流的经验； 6.发展想象力、认识周围的环境		

2. 游戏组织流程

（1）带领孩子熟悉幼儿园各区域户外场地，了解不同场地的规则与玩法（见下表）。

整体户外场地的规划

自主性户外活动场地规划表（2014年10月施行）

序号	场地名称	适宜年龄段	运动器械	游戏项目	负责人
1	大型玩具	3~6岁	溜溜布、绳子等	寻宝、捉迷藏	C班
2	交通游戏区1	4~6岁	公主车、红绿灯、快慢车道等	交通角色游戏、角色游戏	丹、嘉
3	交通游戏区2	4~6岁	三轮车、红绿灯	交通角色游戏、角色游戏	珂、媚
4	勇敢者之路	4~6岁	轮胎、地垫、梅花桩	小童军野战训练、角色扮演等	C班
5	大操场	2.5~6岁	足球、球门、篮球、篮筐	足球比赛、篮球比赛、运球游戏	A班
6	沙池（粗、细）	2.5~6岁	攀爬网、悬垂杆	攀爬、过山车、爬高、荡秋千、练习跳远等	B班
7	体能厅	2.5~6岁	滑板车、羊角球、大笼球	感觉统合游戏	李
8	野外体验区	4~6岁	帐篷	钻山洞、网小鱼、跳格子等	旷
9	凉亭石子区	4~6岁	雪糕桶、藏宝	走石子路触觉练习、运石子、爬坡等	叶
10	宝宝乐园	3~6岁	寻宝道具	角色扮演、寻宝游戏	和、陈
11	种植区	4~6岁	种植植物	角色扮演、浇水	谢

备注：①游戏项目的负责人负责定期更换游戏项目。②周一、周三自主性户外活动场地开放。③班级负责项目由主班老师分配责任到人。大型玩具、勇敢者之路指定教师站位看护。④夏时至上午9点20分摆好道具；冬时至上午10点25分摆好材料。

分场地的规划

时间	游戏内容	所需材料清单	备注
3月	指导游戏 大班：乌龟 中班：数字组合 小班：5颗多芬玩具创意组合	多芬玩具及相关的示范图	各种图形见多芬指导手册
4月	指导游戏 大班：花的组合 中班：英文字母组合 小班：6颗多芬玩具创意组合	多芬玩具及相关的示范图	各种图形见多芬指导手册
5月	指导游戏 大班：骆驼 中班：人的组合 小班：7颗多芬玩具创意组合	多芬玩具及相关的示范图	各种图形见多芬指导手册
6月	解难游戏 大班：轮船、车组合 中班：各种形状的蛇 小班：糖葫芦	多芬玩具及相关的示范图	各种图形见多芬指导手册
7月	解难游戏 大班：恐龙组合 中班：人的组合（创作） 小班：房子	多芬玩具及相关的示范图	各种图形见多芬指导手册

细节分析记录表

时间 功能室	星期一	星期二	星期三	星期四	星期五	管理班级
美术室 一、三自主户外雨季管理员						××年级
棋牌活动室 一、三自主户外雨季管理员						××年级
国际儿童思维馆 一、三自主户外雨季管理员						××年级
宝宝乐园 一、三自主户外雨季管理员						

（2）分小组由班级教师带领进行不同区域的户外活动。

小中班：可以分成2~3组，由教师带领去不同的户外场地活动，对幼儿园的场地逐步熟悉。

大班：可以以小集体或大集体的形式去熟悉场地。

（3）尝试小范围的放手，临近几个户外场地的自主性活动。

（4）制订户外场地示意图，进行短时间的自主性户外活动。

（5）做好安全保障，进行完全自主性的户外活动。

第二节　高结构学习活动

室外高结构学习活动是教师组织发起的室外学习活动，学习的主体是幼儿，但是学习的发起者、组织者是教师或幼儿园其他教育工作者。目前幼儿园室外主要的活动形式要么是幼儿自主进行的游戏活动，要么是教师组织的体育学习活动，可以说形式比较单一。Helen Bilton（海伦·比尔顿）认为室外也是一种教与学的环境，成人应该具有室外环境使用的把控权（引自《户外游戏在早期学习中的原则》）。因此幼儿园也需要在室外开展多元化的教学活动（也就是教师组织的学习活动）。由于这种活动形式多是以小组或集体形式开展的，在活动开始前，教师会进行详细的组织与策划，活动的结构性较幼儿自己发起的活动要强，因此我们就把这类活动称为高结构学习活动。

针对这类学习活动，幼儿园教育工作者会按照教育目标、发展目标等指引，提前进行活动设计。依据参与室外学习活动主体的范围不同，本书将这类活动分为三类：第一类，班级学习活动；第二类，年级学习活动（混班学习活动）；第三类，园级学习活动（混龄学习活动）。

注意：这类活动的主体也是幼儿，因此在活动设计与组织时要时刻引发幼儿学习的主动性，让幼儿在动手、动脑、动心的学习体验中收获丰富的认知与情感经验。

下面将对每一类活动具体展开阐述。

一、班级活动

室外班级学习活动是教师组织发起的针对本班幼儿开展的室外学习活动。活动组织形式可以小组进行，也可以集体进行，可以主题形式开展，也可以领域形式开展。目前大部分幼儿园在室外开展的学习活动都是以体育活动为主，然而室外可以开展的活动应该是多元的。

（一）案例一

【活动名称】

沙中寻蛋（小班）

【活动设计】

陈兰芳（深圳实验幼儿园）

【组织形式】

小组

【设计意图】

本人是深圳市福田区室外环境特色教师工作室的成员，如何开发幼儿园室外学习环境，并有效地利用它开展教学活动，促进幼儿发展是我们的工作要点。沙池是我园的室外设施之一，是孩子们百玩不厌的乐园，它是个大的自然课堂，当中潜藏着宝贵的教育资源。本人尝试利用这个自然环境，为孩子们创造自由探索的空间，从而使幼儿构建经验，提升能力，培养幼儿良好的品质，促进幼儿身心和谐发展。

【预定目标】

（1）探索找蛋和藏蛋的方法，体验探索游戏带来的乐趣。

（2）理解和表述“里外”“上下”等方位，发展幼儿的空间知觉。

【重点及难点】

重点：理解和表述“里外”“上下”等方位。

难点：探索发现找蛋和藏蛋的方法，积极想办法解决问题。

【活动准备】

提前布置场地：用纸皮做的屏风把沙池分隔成1号沙池和2号沙池，并插上“1”和“2”的标记牌。若干个玩具鸭蛋藏在1号沙池：藏鸭蛋的位置与花架子、圆凳、花朵、弯管、房子等物体相关；沙池边的部分轮胎贴上10以内的数字。

幼儿人手一份：一把塑料铲子和一个小筐子、一张小凳子。

【预定程序】

1. 创设情境，激发兴趣

指导语：小鸭子，我是你们的妈妈。我告诉你们一件很重要的事情，前几天妈妈下了许多鸭蛋，还来不及孵鸭宝宝，为了保护好鸭蛋，妈妈先把蛋藏在1号沙池里，请你们帮鸭妈妈把蛋找出来好吗?

2. 寻蛋游戏，分享经验

提问：1号沙池上摆放了什么东西?

猜猜鸭妈妈可能把蛋藏在什么位置?

指导：根据孩子的已有经验来确定是否给予语言提示，如鸭妈妈说曾经去过花架子、向日葵、轮胎、弯管、房子、凳子这些东西的附近藏蛋。

探索：请每个幼儿拿一个小筐子和一把塑料铲子，进入1号沙池找蛋，把蛋放在小筐里（见下图）。

提问：你在什么位置找到鸭蛋的？（引导幼儿完整表述，比如：我在____的里面找到鸭蛋的）

你是怎样发现这里藏着鸭蛋的？

小结：找到鸭蛋的经验，对幼儿在找蛋过程中表现出来的良好品质给予鼓励和肯定。

3. 藏蛋寻蛋，提升经验

（1）讨论：藏蛋的时候，怎样做不会让别人看见你的蛋藏在哪里？

用什么办法记得你的蛋藏在什么位置？

当你遇到困难时该怎么办？

（2）藏蛋游戏：女孩子把蛋宝宝藏在1号沙池，男孩子把蛋宝宝藏在2号沙池。

分享交流：鼓励小鸭告诉妈妈把蛋藏在什么位置，让鸭妈妈放心！（我把蛋藏在____的上面）

（3）找蛋游戏：女孩子到2号沙池找男孩子藏的蛋，男孩子到1号沙池找女孩子藏的蛋（见下图）。

指导：观察幼儿，根据实际情况对有需要的孩子给予引导和启发。

（4）分享交流：你在什么位置找到几个蛋？（我在____找到__个蛋）

在藏蛋和找蛋的时候，你还发现什么问题？后来怎样解决的？

指导：如果有个别孩子在老师的启发引导下没找到蛋，关注他的情绪和想法，适当鼓励和帮助（见下图）。

4. 整理工具，洗手回班

幼儿一起整理场地，收拾工具，把鞋子里的沙子倒出来，卷起袖子，到水池边洗手，回班级。

【活动反思】

2014年3月20日上午，本人对福田区室外环境工作室的同行开放了科学活动“沙中找蛋”。来宾们对活动给予了高度评价，突出表现在：

（1）活动目标定位准确：突出重点（理解和表述“里外”“上下”等方位），突破难点（探索发现找蛋和藏蛋的方法，初步学习合作解决问题）。

（2）活动游戏化和趣味化：结合小班的年龄特点，创设了鸭妈妈与小鸭子的角色情境，游戏贯穿活动的始终。孩子们很投入，对本次活动很感兴趣，在游戏中享受到成功的快乐。

（3）为幼儿搭建合适的支架：教师结合幼儿的已有经验和能力，给幼儿提供探究的机会，循序渐进地提出要求，鼓励幼儿独立解决问题。在寻蛋找蛋的过程中，教师与幼儿一对一交流的机会多。从情感入手，激发幼儿表达的愿望，培养幼儿完整的表述能力。比如，提醒小鸭子找到蛋之后记得告诉鸭妈妈在什么位置找到了蛋，让妈妈知道蛋是安全的，可以放心。幼儿自然地表达“我在____找到了__个蛋”。

（4）关注幼儿的心理健康：尊重幼儿的想法，当幼儿需要教师帮助时才介入，给予适当的引导和帮助。在最后的环节，当个别幼儿找不到蛋的时候，教师聆听他们的想法，理解孩子的感受，及时疏导，鼓励小伙伴之间要互相帮助。

老师们还给本人提出了宝贵建议。

（1）“上面”的方位不够明显，可以提供小树、与幼儿视线高度相近的箱子等，把蛋藏在“上面”位置，让幼儿能把从“上面”找到蛋表述出来。

（2）与个别孩子交流时可以拉近距离。

（二）案例二

【活动名称】

寻宝（中班）

【活动设计】

赖方方（深圳实验幼儿园）

【组织形式】

小组

【预定目标】

（1）通过寻宝图进行寻宝活动，培养幼儿空间方位识别的能力。

（2）在活动中与同伴共同合作完成寻宝任务，并与他人分享活动的经验。

（3）结合幼儿园的环境特点，激发幼儿的探索欲望。

【活动准备】

两张A3寻宝图，一张大的寻宝图，跳棋两盒，塑料小鱼一串，九把椅子。

【预定程序】

1. 读本“寻宝”引出课题

（1）幼儿回忆大书的内容。

（2）寻找宝物需要什么？（寻宝图）

（3）师生共同讨论：寻宝图上有什么？（标志、路线、箭头的方向）

指导语：今天，我也带了一张寻宝图，你们想不想看一看，并找到其中的宝贝？

2. 观看中间庭院地图

（1）你看到寻宝图上有什么？（树有几棵？桥下有什么？水池什么形状？路是什么样的？一块块石板也是路，是石板路。还看到了什么？SZSY的英文字母，表示“深圳实验”）

（2）这是什么地方？（对了，就是我们的中间庭院）

（3）请幼儿根据这张图找一找图中的位置在哪里。（桥、小树、弯弯的路、大树、SZSY等）

3. 师生一起寻宝

（1）这张寻宝图和刚才的那张图哪里一样？哪里不一样？

（2）这是一张寻宝图。①你知道入口在哪里了吗？②寻宝图的路线中用箭头指的方向是什么？③我们找到了第一个爱心，它指的是什么？是指这个地方有宝物，也是第一站，就像坐公共汽车一样，到了一个站台，这个有爱心的地方有我们要找的宝物。④看看我们要经过几个爱心。⑤如果爱心上只有一个宝物，我们该怎么办？（我们不用抢，因为，寻宝到最后每个人都会有宝物）⑥在寻宝过程中，可能会看到没有我们爱心的地方，但又看到了有宝物，我们能拿走吗？（是的，我们不能去拿哟。因为，这是寻宝图的宝物，我们不能拿走。）最后，到了笑脸的地方，就找到了所有的宝物。我们的寻宝任务就完成了。

（3）好，我们一起出发寻宝去吧！教师与幼儿根据寻宝图一起寻宝。在途中，教师认真引导仔细观看路线和标志物。

（4）小结：如何才能找到宝物？（看路线，要认真、要团结，还有看标志物等）

4. 分两组独立寻宝

（1）讨论注意事项。

① 一定要按照路线进行寻宝。

② 如果在寻宝过程中看到不是你的宝物，能不能取?

③ 如果只有一个宝物，该怎么办?

④ 比赛哪个组先找到所有的宝贝。

（2）幼儿分组进行寻宝，并选出一名队长。每组有一位教师陪同。

（3）幼儿通过摆棋盘，检测寻宝的结果。

（4）教师与全体幼儿再根据寻宝图，检查一下是不是全部宝物都找到了。

5. 交流分享寻宝的方法

找到了宝物，你们开心吗？你能给客人老师们介绍自己的寻宝方法吗？或介绍你在寻宝中遇到了什么问题。

附寻宝图：教师和幼儿可以在图上随意地设计标明寻宝的路线。（见下图）

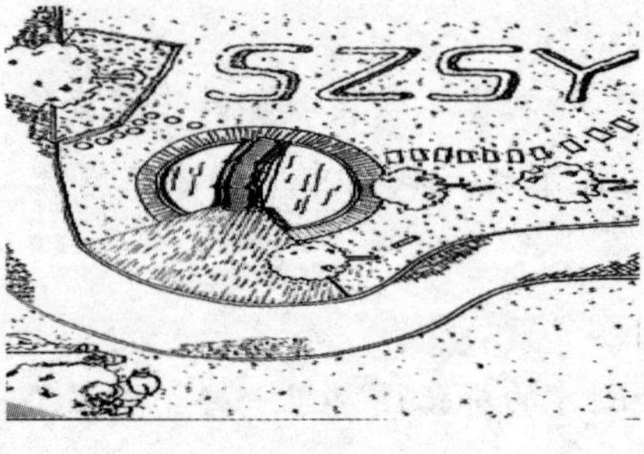

【活动反思】

这是一个从阅读活动延伸出来的综合活动，教师灵活地结合本园环境——中间庭院的复杂地形，给幼儿提供讨巧的材料（跳棋与棋盘），让幼儿从师生合作到生生合作的过程，通过一些标志进行有目标、有计划、有合作也有分工的寻宝活动，最后，各队的幼儿通过摆棋盘来检验自已的寻宝结果。两队的幼儿还交换寻宝图来帮助对方检验是否完成了寻宝任务，互帮互助的氛围感动了前来观摩的老师。幼儿在活动中一直陶醉在寻宝的乐趣中，整个活动中教师充分调动幼儿的兴趣，尊重幼儿，相信幼儿，让幼儿在活动的不断探索中得到肯定。教师充分挖掘幼儿园环境的教育功能，让环境为教学服务，这是一个很有创意的教学活动，能让幼儿在丰富的环境中得到更好的发展。

（三）案例三

【活动名称】

蚂蚁的秘密（大班）

【活动设计】

宁晓微（深圳长城幼儿园）

【组织形式】

小组

【设计意图】

在“动物”主题活动的开展过程中，孩子们对动物产生了浓厚的兴趣。蚂蚁是孩子们在园里最易见到的动物。操场的某个角落里、大树下、草地上……孩子们时常都能发现排成长队的蚂蚁、运食物的蚂蚁、相互碰撞触角的蚂蚁……这些场景引起了孩子们浓厚的兴趣，激发了孩子们强烈的探索欲。近几天的户外活动时间里，孩子们总是三五成群地簇拥在一起紧紧追随着蚂蚁的行踪。

经过几天的自由观察，班级里的部分孩子对蚂蚁的外形特征、行进方式、搬运方法……有了初步的了解。但蚂蚁身上更多的秘密强烈地刺激着孩子们的好奇心，晨间活动中，孩子们的问题主要集中于以下三个：蚂蚁能搬动多重的东西？蚂蚁是用什么方式找到回家的路的？蚂蚁的家在哪儿？……为了帮孩子们解开心中迷雾，我结合园所户外场地的环境设计了活动“蚂蚁的秘密”，引导幼儿通过观察、思考、讨论、实地操作等方法来探索、寻找问题的答案。

活动的重点是了解蚂蚁的搬运、识路、洞穴地等特点。难点是以小组讨论探究方案的方式寻找到有效解决问题的探究方法。

【预定目标】

（1）了解蚂蚁的搬运、识路、洞穴地等特点。

（2）锻炼幼儿的观察力、小组讨论解决问题的能力。

（3）培养幼儿团结协作的能力，增强幼儿的集体荣誉感。

【活动准备】

（1）教师使用材料：探索卡。

（2）幼儿使用材料：记录板、记录纸、记录笔。

【预定程序】

1. 抽签确定探索任务

（1）分组：幼儿自由组合成3组，每组5人。各组分别推举一名组长、一名记录员、代言人。

（2）小组代表到老师处抽“探索卡”，确定小组探索任务。

附：探索卡内容：

（1）蚂蚁能搬动多重的东西?

（2）蚂蚁是用什么方式找到回家的路的?

（3）蚂蚁的家在哪儿?

指导：告知幼儿组长权责是带领组员、做决定的人。记录员的职责是做记录。

小结：接下来的整个探索过程中，各小组组员听从组长安排，需要做记录的内容及时告诉记录员，记录员认真做好记录。

2. 小组讨论探索方法

（1）组长带领小组讨论解决“探索卡”上的问题，说出3种左右探索方案。

（2）记录员做各探索方案的记录。

指导：巡视各小组讨论的方案。

（1）引导幼儿将几种方法按预设结果排序，最有效的方法排最前。

（2）通过问题引导有需要的小组制订有效的探索方案。

小结：各小组在组长的带领下，轮流用讨论出的探索方案实地操作，记录员做探索过程、探索结果的记录。

3. 各小组幼儿按记录员记录的方案排列顺序，依次实地操作

指导：如果方案一就顺利找到了问题答案，可以不进行后面几个方案的尝试。

小结：三组记录员依次汇报自己小组进行了几种方案的尝试，有没有成功探索出问题答案。

4. 讨论与分享

各小组幼儿总结探索经验、探索结果。

指导：各小组代言人汇报小组探索结果，做小组探索经验分享。

小结：

第一小组：

（1）探索卡问题：蚂蚁能搬动多重的东西?

（2）探索结果：蚂蚁能搬动比自己大很多、重很多的东西。我们暂时还不知道蚂蚁究竟能搬动多重的东西。

（3）经验分享：我们不断地增大投放给蚂蚁的搬运物的体积和重量，直到实验结束，我们投放的搬运物蚂蚁都能搬动。

第二小组：

（1）探索卡问题：蚂蚁是用什么方式找到回家的路的?

（2）探索结果：蚂蚁是用闻味道的方式找到回家的路的。

（3）经验分享：我们组先通过观察，发现蚂蚁不用碰同伴的触角也能找到自己的家。我们排除了问路找家的回家方式。

接着我们小组各成员仔细在蚂蚁行进的路线中寻找蚂蚁有没留下什么记号，也没有任何发现。我们又排除了留记号找家的回家方式。

最后我们用树枝把蚂蚁回家的路线从中划断，蚂蚁们到处乱爬，找不到回家的路了。我们小组成功地发现：蚂蚁是通过闻气味的方式找到回家的路的。

第三小组：

（1）探索卡问题：蚂蚁的家在哪儿?

（2）探索结果：蚂蚁的家在地底下。

（3）经验分享：我们选用的是固定跟踪一只蚂蚁的方法，可我们跟踪了一只蚂蚁很久它一直在树下转来转去就是不回家。后来××小朋友建议我们找一只搬运食物的蚂蚁跟踪，大家都认可找到食物后的蚂蚁会更快回家，组长更改了跟踪方案：每人找一只搬运着食物的蚂蚁跟踪。大家一致发现，蚂蚁搬着食物爬到地底下去了，从地洞里出来的蚂蚁，都是没有搬运食物的。我们组非常顺利地找到了蚂蚁的家，它们的家就在地底下的洞里。

【活动反思】

活动设计能合理结合园里户外环境。活动过程中，所有问题的提出、探究方式、解决方案、小组成员组合……都充分体现了孩子的自主性。教师引导幼儿通过观察、思考、讨论、实地操作等方法来探索、寻找问题的答案。

分组解惑的方式，无形中激发了幼儿潜在的竞争情绪。整个活动过程中，幼儿情绪高涨、讨论热烈、积极主动又不失认真细致。各组幼儿在组长的带领下，有序地开展探索活动，充分体现了个体在集体中的作用，增强了幼儿的集体荣誉感。

园里蚂蚁数量不多，活动过程中有出现小组间争抢蚂蚁的现象，可通过活动前投放蚂蚁的方法解决。

二、年级活动

室外年级学习活动是由某个年级教师共同联合组织策划发起的学习活动。教师会根据这个年级孩子们的年龄特点策划此类活动。

大班级小山坡玩法策划案

一、活动背景

本次开展活动的对象为大班级的幼儿，组织部门为大班级教师。为了让幼儿充分发挥想象力，让他们探索如何进行小山坡游戏，地点选择在本园小后院的小山坡上。小山坡地势陡峭，能充分考验幼儿的应变能力以及探索能力，能让孩子们融入大自然，充分感受大自然的美和乐趣。

二、活动目标

鼓励幼儿进行钻爬、攀登、平衡、滚等活动，发展幼儿的上下肢力量，动作的协调性和灵活性。

三、活动开展

游戏名称：蜘蛛爬（见下图）

玩法一：幼儿膝盖不着地，从小山坡下面爬到上面，看谁爬得快，锻炼幼儿上下肢协调性与下肢力量。

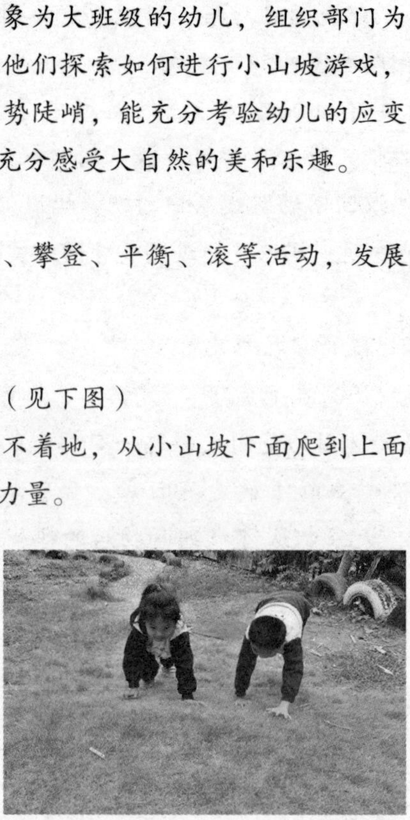

游戏名称：攀爬（见下图）

玩法二：教师分别拿几根绳子站在小山坡上面，幼儿从下面拿着绳子往上攀爬，锻炼幼儿上肢力量。

游戏名称：滑草地（见下图）

玩法三：幼儿坐在纸皮上当小车，从小山坡上滑下来，锻炼幼儿平衡能力与协调力。

游戏名称：车轮滚滚（见下图）

玩法四：幼儿钻到纸箱里面，从小山坡上滚下来，锻炼幼儿平衡能力与协调力。

游戏名称：木头人（见下图）

玩法五：请一名幼儿当“大灰狼”去抓其他幼儿，当幼儿快要被抓到的时候，喊“木头人”，站立不动，“大灰狼”就不能把他抓走，只能转移目标。当“大灰狼”走了，“木头人”就可以自由活动了。锻炼幼儿的自我控制能力。

游戏名称：穿越火线（见下图）

玩法六：在终点放个目标，在小山坡途中设置障碍物，幼儿要拿到终点目标需穿越障碍物（根据年龄特点设置障碍物的难度），才能到达目的地。锻炼幼儿灵敏度。

游戏名称：过河（见下图）

玩法七：给幼儿设计一个情景故事，在前往小山坡的途中会遇到一条小河，河边只有一座独木桥（小地垫搭桥），要到达目的地，必须从独木桥上过去，锻炼幼儿的平衡能力。

中班级小山坡玩法策划案

一、活动背景

本次开展活动的对象为中班级的幼儿，组织部门为中班级教师。为了让幼儿充分发挥想象力，让他们探索如何进行小山坡游戏，地点选择在本园小后院的小山坡上。小山坡地势陡峭，能充分地考验幼儿的应变能力以及探索能力。

二、活动目标

让幼儿自由探索小山坡的玩法，充分的发挥想象力，锻炼幼儿四肢的协调性。

三、活动开展

游戏名称：插红旗（见下图）

玩法一：可让幼儿自行观察小山坡周围的环境，回来告诉教师如何玩小山坡游戏，并引导幼儿利用四肢攀爬小山坡。在攀爬的过程中，教师可以设置障碍物，让幼儿开动脑筋，自己想办法完成这次活动，到达山顶后，摘下山上插的旗子，然后跑下来。

游戏名称：捡球（见下图）

玩法二：准备塑料小球，放在小山坡底下，让幼儿排成一列队伍，一个幼儿接一个幼儿地拿球往小山坡上使劲扔，扔完后迅速跑向山顶把球捡起来，并拿上放置在小山坡的纸皮，坐在纸皮上面滑下来。

游戏名称：寻宝藏（见下图）

玩法三：让幼儿匍匐前进地爬上小山坡，爬的过程中会有钻的动作，到达山顶后，利用放置的铁锹开始寻找宝藏，找到宝藏数量多的为胜者，限时2分钟。

游戏名称：接滚球（见下图）

玩法四：幼儿分两组，一组在小山坡的上面拿着球滚下来，下面的幼儿接住，之后从下面抛给上面的幼儿。

游戏名称：打高尔夫（见下图）

玩法五：幼儿分为两组，人手一副高尔夫球和球杆，让两组幼儿比赛，看谁的球先进洞，就为胜利者。

游戏名称：丢沙包（见下图）

玩法六：分为两组竞赛，比一比，看谁的沙包投掷得远，能够丢到最高的的山顶上，就闯关成功。

小班级小山坡玩法策划案

一、活动背景

本次开展活动的对象为小班级的幼儿，组织部门为小班级教师。小班幼儿的特点是好奇心较强。我们参加了室外课题组，为了将更好的资源利用起来，为了让幼儿充分发挥想象力，我们将带孩子们探索小山坡的玩法，地点选择在小后院的小山坡上。小山坡地势险峻，给了幼儿一个展示的空间。

二、活动目标

让幼儿自由探索小山坡的玩法，充分发挥想象力，在玩中学习户外的技能，锻炼幼儿四肢的协调性。

三、活动开展

游戏名称：营救小动物（见下图）

玩法一：幼儿分成三组，手、膝着地爬上小山坡，营救小动物后送小动物回家。依次轮流游戏。

游戏名称：滚球（见下图）

玩法二：幼儿分成三组，各自抱着球跑到山坡上，然后迅速把球滚下山坡。依次轮流游戏。

游戏名称：火车过隧道（见下图）

玩法三：幼儿分成两组，一组扶住呼啦圈当隧道，一组变成小火车，从下往上过隧道，再拐弯从上往下过隧道，最后到达车站。

游戏名称：炸弹（见下图）

玩法四：在小山坡上交错地放置若干橄榄球，幼儿变成小小解放军，匍匐攀爬，躲避炸弹（橄榄球），躲避成功后，人手一个橄榄球，进行投掷，把炸弹扔掉，胜利。

三、园级活动

室外园级学习活动是由园方发起，统一组织教师与幼儿（甚至家长）共同参与开展的室外学习体验活动。活动通常以主题形式开展，围绕一个特定的主题，各班级教师、幼儿分工合作呈现形式多样的活动类型。

"喜迎中国年，欢乐在银鹰"

——2014年银鹰二幼新年庙会策划案

【活动主题】

喜迎中国年，欢乐在银鹰

辞旧迎新闹迎春，银鹰庙会乐团圆

【活动宗旨】

快乐、创意、体验、动手、参与

【活动时间】

2017年元月18日上午9：30—12：00

【活动地点】

银鹰第二幼儿园

【活动目标】

（1）了解中国新年的各种不同形式；感受中国庙会的特色文化底蕴。

（2）让孩子感受小社会中的买卖关系，体验自主游戏的氛围。

（3）在社会实践活动中，让孩子克服胆怯心理，大胆表达和表现自己。

【活动准备】

1. 场地的准备

（1）在大操场四周扎好帐篷，中间留出空地，每个帐篷底下放5张桌子（一边两张）。由智慧年级和快乐年级提供桌子，由智慧年级A、B班提供帐篷底下的椅子（负责人：各班班长）；17日下午摆好桌子。

风味小吃：6把伞，每把伞下有4~5个摊位，每个摊位5张桌子，5把椅子。智慧A、B、C、D、快乐A、快乐B桌子共30张，每个班级5张；各班级自己负责。

休闲水吧：3把伞，每把伞下2~3个摊位，9张桌子，9张椅子。英语教室+亲子教室9张桌子。（后勤负责搬运）

有奖灯谜：1把伞，伞下放6张桌子，4把椅子。阳光A班负责搬桌子，6张桌子中4张放有奖灯谜，两张放音响。

地摊一条街：大操场中间空地。（场地划分）

（2）红色跑道：魔幻小屋。（只需划分场地：8块）

（3）升旗台T台秀舞台布置、幼儿园大环境规划以及装饰。（和春婷负责）（4~2个）

雪孩子背景，添加过年的材料，竹篓加福包金边；玉米、稻穗、辣椒。标题：小小明星T台秀（中班级承办）；环境布置：小和、肖肖加后勤。

（4）游泳池到沙池跑道，提供10张桌子，环境布置由阳光年级提供。（负责人：小余）

阳光B、快乐C班各5张桌子。

（5）大型滑梯到停车场，每个班级负责一个游戏项目，由国际思维馆门前开始划分：智慧A、B、C、D；快乐A、B、C；阳光A、B、C、温馨A。各班根据自己班级的游戏项目内容自行布置场地（可以家长自行应征项目，也可以班级组织），中大班每个班级可以出一个收费游戏项目，阳光C搬6张桌子、温馨A搬5张桌子。（负责人：梅子）

（6）移动音箱——旷应昌负责，2名后勤协助搬运。

（7）四个对讲机：杨园长、谢园长、吕助理、音响师。（小旷负责）

（8）材料准备：

① 许愿树：红布包身，红色的布条、黄色缎带400个，另外购买小塑料礼品袋400个。

② 红色塑料绳5卷，每个场地一卷。（艺术空间、游艺一条街、魔法屋、大操场挂灯笼）

③ 礼物。分年级装上礼品袋，16日完成。（负责人：肖肖）

④ 礼品券——380张，16日前完成。（小和设计，叶凤坚复印、下发）

分两部分：对联+礼物。（要注明）

⑤ 对联——361副，提前准备一部分。（小余负责）

⑥ 书画需要的笔、墨、龙、大鼓、许愿树的物品（黄色绸带、红布条、马克笔）。曹大虎、部分家长。（肖肖负责）

2. 人员安排

（1）活动总负责人：杨园长、吕助理

（2）活动现场调度：余少鹏、肖肖、梅子、李羚

（3）主持人：李淑群、小旷（服装要求喜庆）

（4）所有的场地布置在17号上午前完成，每个班级出1个人，由各年级组

长负责。（包括：雨篷、桌椅、标语、场地划分、区域标识等）

（5）18日上午7时30分全体教师到园吃早餐，7时50分各部门开始准备工作。全体教职员工穿绿色毛衣、戴绿色丝巾。如果天气冷，可以把棉衣穿在外面。

主要是纸制品：鞭炮、福字、春挂饰、对联

大班：鞭炮+小灯笼+许愿树。（李羚负责）

中班：对鱼、中国结、春挂饰。（梅子负责）

小班：艺术空间对联、纸盘福字、吉利挂饰。（小余负责）

大环境：T台、大灯笼。（小和+后勤+杨中怡+许景霞+王昱君负责）

（6）15号上午、16号上午演出部分进行彩排：

舞狮子——王昱君、邓慧花负责

儿童节目——李羚、赵丽芬负责

鼓乐队——李羚负责

鼓舞——梅子、王慧负责

欢喜迎春——龚丽负责

3. 音乐准备

开场前陈老师准备新年喜庆的歌曲，节目音乐14号下班前发给陈老师。

4. 环境创设

（1）"迎春庙会"立体大门，负责人：小和；材料：纸壳箱。

对联：喜迎中国年，欢乐在银鹰，横批：迎春庙会。

（2）四个大班"福禄寿喜"，一个班级一个。

金童玉女：中班负责，自己租服装，整个场地走动，可以收费0.5~1元。

（3）游泳池到沙池"艺术空间"：盘子剪窗花、卡纸福字。（小余负责）

（4）大操场：以灯笼为主，垂吊大灯笼，教学楼到舞台小灯笼装饰（每个班按班级人数提供小灯笼）；环境：小和、肖肖配合后勤。

（5）红色跑道：鞭炮20串、春节挂饰16个。（大班花花负责）

（6）许愿树：垂吊灯笼装饰（大班负责）、黄色绸带、红布条。

（7）大型玩具前活动场：中国结、年年有鱼、拉花、春字。（中班梅子负责）

（8）大环境。（小和负责，许锦霞协助准备，后勤帮忙布置）

① 场地布置：后勤在17日下午把10把大伞安装完毕。

② 灯笼一个一个穿好，10米一根，6~8根。（以升旗台为准）

③ 四楼悬挂下来4串大灯笼，每串8个灯笼共32个，每个灯笼上都有字：小体验，大发现，感受体验促成长。

小世界，大智慧，家园共庆欢乐年。

（小和负责）

④ 体育器械室门口挂两个红色大灯笼。（后勤负责）

⑤ 设计标牌——风味一条街、休闲水吧、购物一条街、艺术空间、有奖灯谜、精彩一刻、魔法小屋、游艺一条街、许愿树、跳蚤市场。

打字：医务处、垃圾桶、饮水区、礼品处字样。（负责人：小和）

⑥ 许愿树的装饰——红布围大树树身。

（9）接电线。（负责人：史德成、王军）

① 智慧C班门前——风味小吃街。

② 体能厅接出来——休闲水吧。

【活动具体安排】

1. 上午9点“迎新送福”

杨园长、谢园长在门口迎接大小朋友。（礼仪：王昱君）

2. 演出部分

（1）鼓乐队表演——智慧A班。（负责人：李羚）

（2）园长致辞并宣布庙会开始。

（3）大鼓表演。（负责人：梅子、王慧）

（4）欢庆新春——狮子表演。（负责人：王昱君）

（5）兴趣班舞蹈。（负责人：李羚）

（6）教师舞蹈。（负责人：龚丽）

3. 庙会部分

（1）风味小吃。（场地：大操场，以各种美食小吃为主，需要用电的靠近智慧年级这边，小吃摊位共27个）

（2）休闲水吧。（场地：体能厅窗外，以各种果汁、饮料为主；摊位：8个摊位分两个场地）

（3）购物一条街。（场地：红色跑道，以小朋友宠爱的小东西为主，如小汽车、芭比娃娃、小公仔、挂饰、贴纸、卡片等共有摊位18个；备注：卖家自己布置自己的摊位）

（4）艺术空间。（场地：沙池到游泳池之间，以手工艺品、幼儿自己动手制作、绘画为主，摊主需要给客人准备材料；摊位10个）

（5）游艺一条街。（场地：大门口—大型玩具—停车场，以街边游戏为主，如捞鱼、套圈游戏、投镖游戏、投球游戏等，此摊位由中大班老师主要负

责，可以承包给班级的其中一个家庭负责10个摊位）

（6）T台秀。（场地：操场舞台，孩子通过摊主提供的服装、道具，装扮自己，以走秀的形式展现自我，摊位：4个。备注：摊主提供服装和道具，四个摊主共用一个走秀场地，客人只需要付租用服装、道具的费用）

（7）魔法屋。（场地：红色跑道，以神秘帐篷为主，一个帐篷里面会有一个主题，如：恐怖的鬼屋、可爱的KT世界、星空世界等，摊主提供环境，好奇的人们就自己花钱去看个究竟吧！摊位8个分别在两个场地）

（8）精彩一刻。（场地：一楼门厅前，摄影室内提供各种装扮道具和不同的布景，大朋友和小朋友可以在这里留下新年的快乐亲子合影，摊位一个，能提供立得拍的摊主优先考虑）

（9）有奖灯谜。（场地：操场凉亭前大伞下，摊主提供各式各样的灯谜，灯谜可以挂在某一件物品上，买家买物品送灯谜，猜中有奖；摊位：4个）

（10）跳蚤市场：上午10：30—11：00进行。（地点：体能厅，大家可以带上自己家闲置的玩具、书籍、各式物品，以地摊的形式进行交换。备注：可以带多样物品进行交换）

（11）新年许愿树：幼儿园承办，可以将自己的新年愿望写在祝福卡上，投上许愿树，祝福大家新年大吉。（此项目免费）

（12）礼品区：面向舞台左手边，大家可以拿礼品券进行换取。（负责人：谢园长、陈总、沈艳丽、杨萍、梁霞英）

（13）医务处：李丽娟、陈霖菁。

活动具体要求：

（1）本次活动摊位向全园家庭招募，不分年级、班级，网上跟帖报名，先到先得！

（2）要求凡参加摆摊者自己制作海报，并提前到场布置自己的摊位场地，活动结束后协助收拾场地；注意环境卫生；

（3）凡是能体现幼儿自己劳动的物品应特别注明；作为购买者的家长应引导孩子特别关注这些商品，并赞扬卖主所做的努力；

（4）活动应体现儿童的主体性，家长应鼓励儿童大胆、清晰表达自己的诉求，正确面对可能出现的心理落差；

（5）跳蚤市场是一个环保、节约并能很好体现孩子的社交能力的环节，希望大家都能积极地参加；

（6）要鼓励幼儿坚持到最后。活动结束后，和孩子共同回忆“新年庙会”

活动，以绘画、日记的方式记录下来。

给孩子一次体会成长、自主游戏的机会，赶快行动吧！期待大家的积极参与！

庙会摊位名称以及数量

名称	风味小吃	休闲水吧	购物一条街	艺术空间	游艺一条街	T台秀	魔法屋	精彩一刻	有奖猜谜	跳蚤市场
数量	27	10	18	10	10	4	8	1	4	不限

共92个摊位。

深圳银鹰第二幼儿园

2013年12月29日

第三节　跨界学习活动

前两节的学习活动，不管是低结构的幼儿自主学习活动，还是高结构的教师策划学习活动都是在幼儿园环境范围内进行的。但是在当今大教育观理念倡导下，我们需要突破幼儿园学习的边界限制，将室外概念进行延伸，与家庭教育、社区教育、社会教育连接在一起。本节内容，我们拓展了室外学习活动的范围，将幼儿在园学习经验与园外的经验进行整合，因此我们称这类学习为跨界进行的室外学习活动。

根据跨界连接的经验类型不同，我们将这类学习活动分为三类：第一类为亲子学习活动，将幼儿在园学习经验与家庭学习进行链接；第二类为社区学习活动，将幼儿在园学习经验与社区学习进行链接；第三类为社会学习活动，将幼儿在园学习经验与幼儿在其他社会环境的学习进行链接。

下面将一一展开阐述：

一、亲子活动

亲子活动是幼儿园教育与家庭教育的整合。

放飞梦想友爱护航

——亲子同乐莲花山活动

（一）时间、地点及要求

（1）活动时间：2016年10月29日（周六）上午8：30—11：30

（2）活动地点：莲花山

（3）集合地点：莲花山东南门（关山月美术馆北边）

（4）活动人员：见附表（汇总参与人员名单）

（5）活动服装：大小朋友统一白色上衣、休闲裤

（二）交通方式

（1）自驾：莲花山东南门有停车场

（2）地铁：少年宫站下车，B出口出

（3）公交：关山月美术馆站

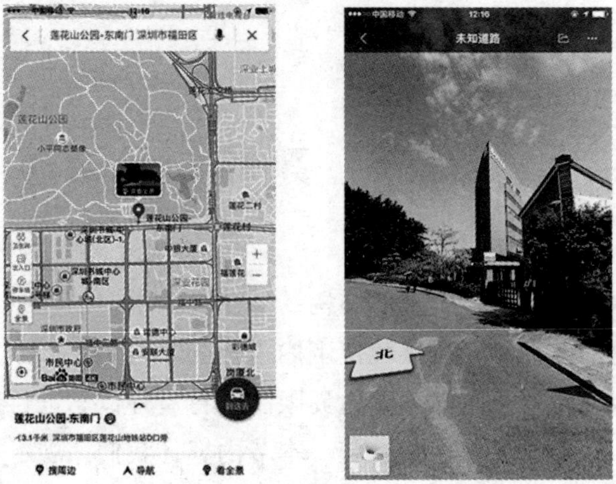

交通示意图

（三）活动具体流程

（1）8：00相关组织人员布置现场。

（2）8：30—9：00集合签到，小朋友们领礼物。（面具）

（3）9：00亲子活动正式开始。

① 热身操。（约10分钟）

② 以小组为单位，大朋友带领小朋友出场亮相。各组喊出口号，摆出造型，拍照。（约20分钟）

③ 拍班级大合照。（约10分钟）

④ 游戏活动。（3~4个）（约60分钟）

（4）11：00自由活动，野餐时间。

（5）11：30活动结束。

（四）活动组织

1. 主持人交代注意事项

（1）安全第一，玩乐第二。

（2）我们每次出来活动，代表的是实验幼儿园的集体形象，请离开时一定要互相帮忙把周围的垃圾、纸屑收拾一下，还公共场所一个干净环境，给孩子们做一个表率。

2. 游戏项目

（1）丢手绢

四个组分组进行，由嘉诚妈妈、熙域妈妈、辰一妈妈、欣儒妈妈组织。

准备：手绢4条，贴纸若干，糖果。

玩法：孩子和大人围成一圈，由一个大朋友带着小朋友先丢手绢，谁接到手绢就要马上起身，拿着手绢去追赶丢手绢的家长和孩子，被抓住的或者没有抓住的一方，要到圆圈的中间做一个自我介绍。勇敢参与游戏的小朋友奖励贴纸一张，每个孩子都上台后，游戏结束。

（2）过河拆桥

两组同时进行，另外两组休息观战，一轮游戏结束，双方交换位置。

准备：呼啦圈四个，贴纸若干。

玩法：分两组，分别由家长和孩子合作。

孩子站在呼啦圈里，口令起，家长把呼啦圈拿起，绕过孩子的头再放到前面的地上，孩子往前跳，依次这样，先到终点组获胜。

（3）抬花轿

两组同时进行，另外两组休息观战，一轮游戏结束，双方交换位置。

玩法：分两组接力，口令起，父母迅速把手搭成“品”字状，孩子坐在“轿子”上跑到对面家庭接力，快者为胜。

裁判：小敏老师，Lily老师。

备注：

① 本着重在参与的原则，我们会给每个小朋友都准备奖品。

② 游戏一定要注意安全。

3. 活动负责团队成员

总负责：李明鸿妈妈

活动场地考察：李明鸿妈妈、胡毅杰妈妈、嘉诚妈妈

活动主持人：吴梦涵妈妈

游戏负责人：嘉诚妈妈、王熙域妈妈、孟辰一妈妈、欣儒妈妈

横幅和组牌制作：嘉诚妈妈

签到及发放礼物负责人：刘玙彻妈妈、申灏玥妈妈

摄影负责人：嘉诚妈妈

后勤医药负责人：胡毅杰妈妈

海报制作负责人：刘轩翮妈妈、邹贝嘉妈妈

环境卫生负责人：刘玙彻妈妈、申灏玥妈妈

财务负责人：嘉诚妈妈

礼品等购买负责人：吴梦涵妈妈

音响设备及游戏道具负责人：刘轩翮妈妈、邹贝嘉妈妈

（五）准备事项

（1）活动音响、麦克风、U盘拷贝播放的音乐。

（2）主持人随身麦。（小蜜蜂一个，备用）

（3）活动纪念品35份、卡通贴纸若干。

（4）呼啦圈4个、手绢4条。

（5）签到表、签到礼物。（面具35个）

（6）活动横幅：放飞梦想，友爱护航。

（7）小组名牌。（苹果组、葡萄组、西瓜组、草莓组各一个）

（8）急救箱一个，大的垃圾袋若干。

（9）单反相机一个。

（六）安全预案

1. 安全隐患

缺乏安全意识：提前安全教育。（在安全责任书中强调，让家长有针对性地对孩子进行事前教育）公园人多，孩子容易到处跑。

2. 具体措施

该活动由小一班苹果组组织和安排，制订了详细的活动方案，具体活动环节经与老师协商一致通过。

提前告知家长管理好自己的孩子，听指挥、不乱跑。

要求家委会组织和研究活动内容和游戏项目，确保无安全隐患。

活动期间，一切行动听指挥，家长照顾好自己孩子的安全，上厕所由家长带领。胡毅杰妈妈、哈哈妈妈负责准备好医药包，包括创可贴、消毒药水、烫伤膏等常备用药。

3. 发生安全事故时的处置预案

（1）意外受伤

表皮轻伤：由胡毅杰妈妈负责清理受伤部位，做好安抚工作。

重伤：吴梦涵爸爸、依依爸爸拨打120救护电话，及时送去医院，然后通知园领导刘凌、杨梅、董玉玲，告知此事。家委会成员及教师做好其他孩子安抚工作。

（2）意外伤害

家委会成员及教师有序指挥现场人员逃生，拨打火警电话119、匪警电话110，再通知园领导。

以上未尽事宜请家长们多多提醒!

感谢小朋友与大朋友的积极参与，让我们期待这一次快乐的相聚!

小一班：苹果组

2016年10月29日

二、社区活动

社区活动是幼儿园教育与社区教育的整合。

（一）案例一

幼儿园公园游戏活动

——室外环境工作室阶段性成果展示活动

2012年11月6日我工作室借梅林公园文化节之机，以深圳市第三幼儿园为平台开展了一次面对深圳市民的大型公园游戏活动。

活动中孩子、家长、教师都成为学习与游戏的主体，充分参与到活动中来。可以说这次活动是我工作室研究的一次延伸与拓展性活动。

活动结束后，工作室成员就这一活动形式展开了讨论，感觉这种形式可以更好地体现室外学习环境的价值与优势。同时这种形式还将社区资源充分地利用起来。虽然我工作室研究的主题为幼儿园室外学习环境，这一界定主要集中在幼儿园范围内，但是园外的社区资源也是幼儿园室外环境中不可缺少的一部分。因此这种拓展性的研修活动也是我工作室阶段性成果的一种展示，让更多人看到室外环境在儿童学习与发展中的重要作用。

（文/钟华珍）

梅林公园文化节暨三幼冬季亲子游园会演出活动方案

2012—2013年度第一学期

一、活动目的

（1）培养幼儿热爱体育运动，积极参加集体活动的兴趣和习惯。

（2）开展丰富多彩的集会活动，鼓励全民健身，强身健体。

（3）配合深圳市公园文化节，加强本园良好口碑的树立。

二、活动时间及联系人

2012年11月6日星期二上午9：30

联系人：朱莹部长——83507362、13622328846

李韶辉——83507391、13622390552

三、活动地点

梅林公园

舞台尺寸：15 m（长）×8 m（深）

背板：4 m（高）×15 m（长）

四、启动仪式节目表（节目共9个，大约1小时10分钟）

主持——张贝贝、一名男家长；大班级两名幼儿（5分钟）

（1）邱园长致辞（5分钟）

（2）张园长宣布开幕（10分钟）（放礼炮，2个。李异、邓恩平负责）

（3）幼儿园舞蹈队舞蹈《大眼睛》（5分钟）（负责老师：李霄鹏）

（4）打击乐《拉德斯基进行曲》（5分钟）（负责老师：奥尔夫音乐兴趣班）

（5）中班级舞蹈《跳跃的小精灵》（5分钟）（负责老师：张建军；协助老师待定）

（6）小班级节目《小动物的比赛》（5分钟）（负责老师：谭海英；协助：彭邓天仪）

（7）教师舞蹈《Super Girl》（6分钟）（节目名称待定，快节奏，现代。负责老师：李霄鹏）

（8）中班级舞蹈《彩虹的微笑》（5分钟）（负责老师：蔡湾；协助：李静、张贝贝）

（9）舞蹈《精国小英雄》（5分钟）（负责老师：星河艺术培训公司）

（10）大班级舞蹈《妞妞！扭扭！》（5分钟）（负责老师：黄小花；协

助：张东莺、周敏）

（11）大班级舞蹈《拳击宝贝》（5分钟）（负责老师：刘洁；协助：张莉、梁丽芳）

五、节目审核完善程序

节目名称与内容敲定：9月14日（李霄鹏的节目除外）

初审：9月27日—9月28日

第二次审：10月12日

在本园内联排：10月15日—10月19日（音乐提前2天给郭瑞萍老师刻碟）

第二次联排：10月22日—10月26日

彩排：10月29日—11月2日

六、活动准备及分工

（1）舞台场地布置（背景等）：孙园长、钟会鹏

（2）音响：郭瑞萍；录像：蔡庆斌；拍照：钟会鹏

（3）礼炮、矿泉水购置（钟园长、刘权恩）

（4）场地安全（钟园长、孙园长）

安全责任书

梅林一村星河艺术培训有限公司：

你公司__老师编排的____节目《________》将于11月6日上午9：00—10：40在梅林公园参加演出。下列幼儿将参加演出：

梅林一村星河艺术培训有限公司签名：

深圳市第三幼儿园盖章：

（二）案例二

大班项目合作学习活动（社区资源利用部分）

深圳实验幼儿园　沈 敏

1.“辛苦”的赚钱之路

（1）主题来源

有了知识的积累、一定的实践经验，孩子们开始聊关于赚钱的问题。

（2）团体讨论

在最开始对钱的认识阶段，孩子们能总结出钱的得来都是“劳动所得”，没有不劳而获的事情，如何开始赚钱呢？孩子们开始七嘴八舌地讨论开了，最多的办法是在家做家务赚取劳动的费用。

（3）探索发现：微信调查

我将孩子们的想法在班级微信群里进行了分享，家长们非常支持这个活动，希望让孩子体会赚钱的不易，大家纷纷献计献策，通过热烈的讨论，他们决定了三种赚钱的方法：做家务、卖废品、跳蚤市场。

（4）合作分享

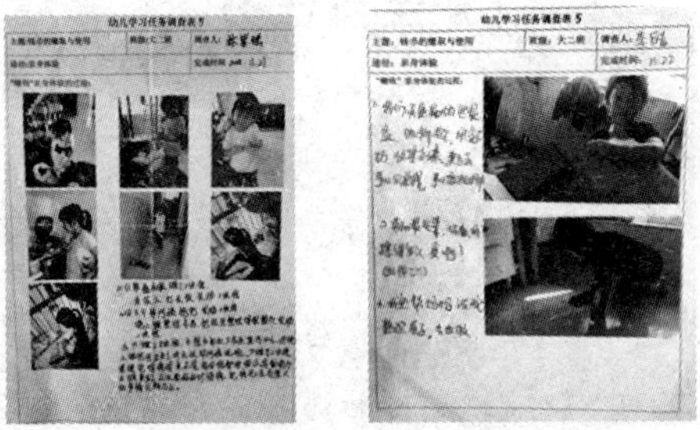

打工赚钱

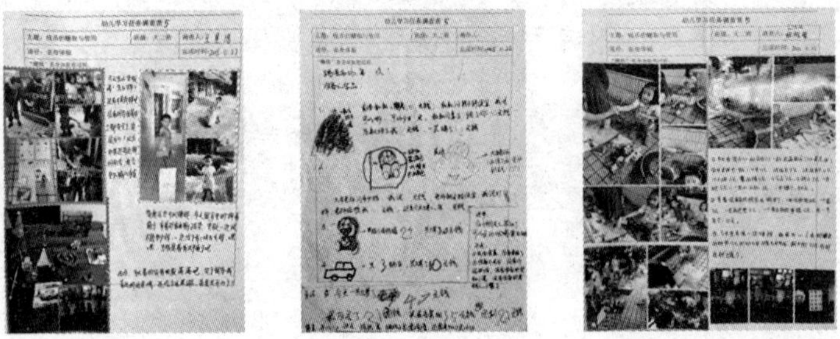

卖废品、跳蚤市场

（5）项目展示：“跳蚤市场”活动

在众多赚钱方案中“跳蚤市场”这个方案得到了许多人的支持认可。家长们说干就干报名参与跳蚤市场的活动。有的开始联系场地，有的翻箱倒柜地找玩具，有的去玩具批发市场进货，还有的亲手制作手工作品，等等。家长们提供了很多资源支持。

“跳蚤市场”的场地选择在人气很旺的百花社区。星期天下午孩子们在家长的协助下开始在路边摆摊。大家一个接一个地铺上垫子，有顺序地摆放商品，还不忘标上价格……一长串的摊位吸引了许多围观的群众。如何做成第一笔生意成了首要的问题。胆大的孩子们开始主动出击了，吆喝叫卖是最直接的方法，有人带头示范大家都开始效仿起来，琳琅满目的商品、此起彼伏的叫卖声，围观群众就开始蠢蠢欲动了，当然其中也包括我。第一笔生意的成交大大鼓励了孩子们。孩子和家长都激动地向我展示了那来之不易的2块钱。细心的孩子发现隔壁小伙伴生意还没开张，便开始主动去帮衬，一来一往不但买到了自己心仪的东西，还有实在的收入。在熟悉了买卖的环节后，孩子们开始大力推销、讨价还价，因为我设定的10元目标，孩子们知道还需要继续努力，他们又开始调整销售策略，打折、买一送一等方案也就自然而然地出现了，很快大部分的商品都销售一空，没有卖完的也都内部消化了。在这个愉快的下午，孩子们亲身体验了赚钱的“艰辛”，有的孩子说嗓子都喊哑了，但最重要的是体验到了劳动快乐的同时也得到了社会实践的锻炼。尽管有的孩子商品总价值200元实际才卖出了47元，有的赚了20元却又买了40元的商品，有的赚了点小钱一高兴买了个2.5元的冰淇淋反倒还丢了20元……这些都是宝贵的第一手经验，我看到了孩子们投入活动的热情、伙伴之间的互帮互助、遇到困难的不舍不弃，特别是那第一次叫卖时的勇气，太值得纪念了。全程参与的家长更是感受颇深，纷纷在微信里感叹孩子的进步，收获、惊喜、感动、兴奋、高兴是使用最多的关键词。

2. 我们也是shopping狂

（1）主题来源

完成了10元的赚钱计划自然就要制订10元的消费计划，这是孩子们最为兴奋的环节，这是通过自己努力赚到钱的自豪感，也是急于自己消费的满足感。

（2）团体讨论

孩子毕竟是孩子，一说可以买东西最想买的就是零食和玩具，为了让这10元钱花得物超所值，我组织了一次以举办“分享会”为目的商定如何消费的团体讨论。在讨论的过程中孩子们学会了概括分类，如在讨论买什么东西时，孩子们分别想到了玩具文具类、食品类、水果类；在购买物品的过程中认识标签、称货打价、结算买单……在讨论如何买卖时，孩子们提到了买这个商品超过了10元钱不够怎么办？孩子们的策略是：放弃、借别人的钱、与别人一起合买……通过一系列的团体讨论过程，孩子们得到了很多的策略和方法，为我们实地操作打下了基础，减少了盲目性。

（3）探索发现：实践体验

根据孩子们的团体讨论，我们确定了三个消费场所（通家乐超市、丁当达书店、华润万家），并通过自愿选择的方式成立了三个小组分批去购买适合的商品。孩子们步行来到校园外的公共场所，不激动是假的，但是孩子们还是有一定的自控力的。事先能跟随老师一起先熟悉环境，了解货品的分类摆放、认清标签等，孩子们再找到一个小伙伴两人一组保证有商有量，在整个过程中孩子们从观察商品的种类到思考买什么，从挑选商品到计算总价格，从商品的价格超出金额到与同伴协商合作，等等，这一切都是孩子自主进行的，无论从人际交往能力、社会适应能力、沟通表达能力、思维方式、解决问题能力等方面都得到了发展。

（4）合作分享

能够用自己劳动赚取的钱体验消费是一件多么让人兴奋的事，特别是可以选择自己最喜欢的东西，但是我们应该让孩子们体会到比获得更开心的应该是分享，所以我提出了以举办分享会为前提的购物体验。孩子们要将自己精心挑选的商品放到班级一起分享，大家一起分享购物时的好玩经历，一起品尝甜美的糖果，一起开心地玩着各式各样的玩具。

三、社会活动

社会活动是幼儿园教育与社会教育的整合。社会活动需要整合社会资源来提升幼儿的认知经验，所以场面比较宏大，需要教师更加细致地组织与安排。下面就以深圳实验幼儿园288世界大型童话剧活动为例来看看这类活动的特点。

童话剧《宝宝回家》方案

一、演出目的

在深圳改革开放30周年之际，深圳实验幼儿园隆重推出大型六幕童话剧《宝宝回家》，以此展现深圳美丽的红树林中所发生的现代童话，寄托深圳人民对大自然的向往与珍惜；展示实验幼儿园二十多年来在综合艺术教育方面所取得的丰硕成果，并为288个孩子提供人人参与、展示自我、充满情感、个性的大舞台；扩大社会影响，巩固实验品牌，促进幼儿园向世界一流幼儿园进一步迈进，为深圳人民献上一份厚礼。

二、演出时间

2011年12月13日—12月19日

三、演出地点

深圳电视台演播厅

四、组织机构

总策划：刘凌

剧本创作：陈慧中（深圳市剧作家协会理事）

导演：傅丽华（国家一级导演）

副导演：陈箭箭

舞美设计：周上华

灯光设计：沈倩

执行：杨梅、晏定萍、文晓明

核心组成员：吴培、邓腊梅、宋彩琴、董玉玲、刘彦、孙维求、刘羿岚、尹捍红、欧阳玲、赖芳芳、匡欣、陈兰芳、何晓东

协调组：

组长：晏定萍

组员：各部门主管、年级主任

主要任务：

（1）制订童话剧计划、日程安排等。

（2）童话剧各项合同签订。

（3）童话剧部分服装、小道具采购制作。

（4）负责联系上海来的道具搬运车辆以及搬运人员。

（5）配合导演联系童话剧所需相关人员。

排练组：

组长：杨梅

副组长：文晓明

组员：董玉玲、夏敏、刘彦、席敏、孙维求、秦贝宁、刘羿岚、吴松蕾、尹捍红、蓝淑荣、欧阳玲、王佳吟、赖芳芳、豆翠莹、李云艳、刘娅琳、匡欣、沈敏、尤俊涛、吴涛、李戴维、刘长娥、蒋亚男、刘应兰、陈怀凤、周跃红、温玉、杨洪文、杨秀红、汤万琼

主要工作：

（1）协助导演排练童话剧、参与管理排练的孩子。

（2）配合导演协调、安排好每周的排练时间、地点。

（3）负责安排各舞台口负责老师的岗位及个别演员需要接送的负责老师。

宣传组：

组长：邓腊梅

组员：宋彩琴、钮路丝、陈国芩、郑春娟、沈雪娟、家委会成员

主要工作：

（1）负责宣传画册方案的制订。

（2）落实摄影、摄像、媒体报道、宣传策划、文化渲染等工作。

（3）负责童话剧《宝宝回家》宣传画册制作。

（4）负责活动的社会推广，包括广告、音像书籍出品等宣传。

（5）及时向市宣传文化基金网上传童话剧排练图片，报道排练进度。

票务组：

组长：吴培

组员：全体教师及教辅部门员工

主要工作：

（1）负责票务推广计划的制订。

（2）负责票务推广、来宾的落实，请柬、门票的发放，来宾接待等工作。

（3）安排、组织演出当天家长、来宾的座位，进场、退场的先后顺序、路线和秩序。

环境组：

组长：文晓明

组员：董玉玲、刘彦、孙维求、刘羿岚、尹捍红、欧阳玲、赖芳芳、李云艳、匡欣、陈兰芳、李晓宜、王峥、谢丽敏、于楠、教辅部门员工

主要工作：负责幼儿园环境布置和童话剧演出剧场的环境布置。

资源组：

组长：文晓明、董玉玲、匡欣

组员：夏敏、刘彦、席敏、孙维求、秦贝宁、吴松蕾、尹捍红、蓝淑荣、欧阳玲、王佳吟、赖芳芳、豆翠莹、李云艳、刘娅琳、沈敏、家委会成员

主要工作：负责发动家长积极参与活动，收集家长及社会资源。

保障组：

组长：邓新梅

组员：张桂芳、彭春兰、唐基福、周自辉、彭天虹、曾昭利、陈秀芳、王云、刘长娥、蒋亚男、刘应兰、陈怀凤、周跃红、温玉、杨洪文、杨秀红、汤万琼

主要工作：

（1）负责教师、孩子的物质供给，饮食、健康工作。

（2）负责幼儿演出服装的统计、发放。

（3）负责孩子的礼物和奖品采购、发放。

安全组：

组长：何晓东

副组长：彭春兰

组员：李玉建、彭天红、曾昭利、陈秀芳、王云、官正文、李关炎、唐基福、周自辉、各班级保育教师

主要工作：

（1）负责安全预案的制订。

（2）负责联系、安排接送孩子的车辆。

（3）负责排练期间和演出期间全体师生的安全保卫工作。

（4）负责维护会场秩序。

财务组：

组长：宋彩琴

组员：黄梓君爸爸

主要工作：负责整个活动的经费预算，监督，结算各项经费的开支工作。

五、各项目执行计划

时　间	任　务	责任人	完成情况
第2周 8月9日—12日	1.落实演出剧场	刘凌、晏定萍	
	2.配合傅导挑选童话剧主要演员	晏定萍	
	3.挑选参加舞蹈演出演员	文晓明	
	4.家委会落实任务	杨梅、年级主任	
	5.福田区剧场挑选可使用道具	晏定萍	
	6.统计童话剧服装报设计师	邓新梅	
	7.童话剧领导小组第一次会议	晏定萍	
第3—5周 9月13日—30日	1.联系有关部门落实资金	刘凌、杨梅、班主任、家委会	
	2.童话剧语言部分进入舞台调度基本排练	各幕负责人	
	3.童话剧舞蹈部分进入基本动作排练	文晓明	
	4.童话剧宣传册进入构思	邓腊梅	
	5.落实服装制作	晏定萍	
	6.落实道具制作	傅丽华	
	7.童话剧领导小组第二次会议	晏定萍	
第7—9周 10月11日—30日	1.进入全剧排练，教会、完成演员准确细致的语言和舞蹈动作	杨梅、各节目负责人	
	2.检查语言、舞蹈部分排练情况	傅丽华	

续 表

时　间	任　务	责任人	完成情况
第10—18周 11月1日—28日	1.进入全剧联排阶段： 1日：第1、2场联排 2日：第1、2、3场联排 3—5日：第4、5、6场联排 8—12日：第1至第5场联排 15—19日：第1至第6场联排，并查出各节目弱点分头排 22—30日：进入全剧联排阶段	各幕负责老师	
	2.童话剧领导小组第三次会议	晏定萍	
	3.完成剧照及幼儿大头像的拍摄	邓腊梅	
	4.童话剧宣传册、邀请函等设计初稿成型	邓腊梅、吴培	
	5.完成演出服装、道具制作	晏定萍	
	6.完成宣传画册印刷	邓腊梅	
	7.完成邀请函印刷或购买、票务推广	吴培	
	8.联系各大媒体，做好新闻宣传	邓腊梅	
第19、20周 12月1日—19日	1.12月1日—11日童话剧细排，加紧舞蹈、表演弱的地方；发邀请函及入场券	节目负责人、吴培	
	2.12月12日、13日代用剧场排练，景、灯光设备进入剧场	傅丽华	
	3.12月14日—16日舞美、灯光装台，服装、道具、化妆试装	傅丽华、杨梅、节目负责人	
	4.12月17日上午舞美、灯光合成，下午穿服装，主要演员化妆走台	杨梅、晏定萍、节目负责人	
	5.12月18日上午穿服装彩排，下午第一场正式演出	杨梅、晏定萍、节目负责人	
	6.12月19日上午第二场演出，下午第三场演出	杨梅、晏定萍、节目负责人	

深圳实验幼儿园

××××年××月

《宝宝回家》童话剧首演幕后与现场感受

小二班旺旺妈妈

12月18号，《宝宝回家》首场演出十分成功！场面震撼、华美！宝贝们倾情演出，是我见过中国最好的童话剧！

早上送孩子来到教室后，一部分家长赶紧帮着给孩子们涂润肤油，抹粉，等等，孩子们都乖乖坐着在看动画片，看到好玩的地方，还哈哈笑呢。

按照要求不让拍照、摄像，所以我这里就没有演出现场的照片了。不过，由于参加了啦啦队，我在第一排就座，近距离地观赏整场演出，真的是非常过瘾！一开场，灯光和舞台就让人觉得很震撼，场面十分唯美，好看极了，仿佛能嗅到树叶和花草的芳香。孩子们的表现流畅、传神，舞姿优美，声音清晰悦耳，简直就是一场视觉和听觉的盛宴！剧情的设计十分紧凑，通过野味餐厅的几种野生动物被不同的人买去，依顺序展开故事情节。在不同的兴趣班上，野生动物热带鱼、琵嘴鹭、青蛙、乌龟等和兴趣班的孩子们之间发生了不同的故事，但是最后的结果都是野生动物受伤了。送野生动物去医院后，故事在这里有了转折，琵嘴鹭动情地用树叶来演奏悠扬的音乐，大家都被感动了，终于意识到保护环境、保护珍稀动物是一件美好的事。野生动物们最后都被送回红树林，回到了大自然的家。我们看见无数的鹭鸟们自由地生活在红树林。

我注意到，在红树林，野味餐厅，美术兴趣班，武术兴趣班，音乐兴趣班，医院，小汽车场景等处，舞台背景和道具都迅速变换好了，背景全部由升降机快速起降，背景都不是单一的平面背景，而是设计了层次感非常强的立体背景，的确令人感到十分震撼！

灯光和舞美那就不用说了，简直太炫了！我有时想，就让时间在那一刻定格吧，不愿让美丽的瞬间溜走。

每次孩子们出场，现场就响起一片热烈的掌声，我们啦啦队更是不遗余力地鼓掌，献给我们实验幼儿园这些可爱的孩子们。

演出结束了，导演和刘凌园长、其他主创人员上场，大家纷纷将最热烈的掌声献给他们。台上的鹭鸟宝宝们十分壮观，我们这些妈妈们还都在仔细用眼睛寻找自己的孩子。我还认错了孩子，以为前面的一个鹭鸟宝宝是旺旺，结果仔细看看又不是，后来听旁边的妈妈说看到旺旺了，我才看见了。鹭鸟宝宝们化妆后就很难分辨了，但是我们作为一个群众演员，也感到很高兴，很骄傲和自豪，我们实验幼儿园的孩子能够演出这么优秀的童话剧！

演出结束后，在出口处看见教师组织孩子们有序地离开广电集团。看看忙碌的教师们，还有戴维老师手里拿着的一大堆衣服，真的感觉教师们很辛苦，为《宝宝回家》儿童剧付出了很多。更遗憾的是，老师们由于都在后台工作，4场演出，都无法看到现场。真想去替一下老师，让她们也看看现场。

我一回家赶紧将这些记录下来，留待以后再慢慢回忆，孩子们出演如此精彩的童话剧，实在是非常幸运，令人难忘！

第四章 研究与反思

第一节　研与思

一、调查研究

（一）幼儿园室外环境资源开发情况的调查

1. 调查表的编制

尊敬的园长，为了考核幼儿园室外学习环境资源的开发情况，我室外学习环境工作室特编制此调查表。请您根据本园的现实情况填写，我们会将分析结果反馈于贵园。

幼儿园名称：＿＿＿＿＿　所在地：＿＿＿＿＿　气候类型：＿＿＿＿

1.幼儿园室外场地面积是：＿＿＿平方米。

2.幼儿园室外可分为＿＿类功能区域，分别是：＿＿＿＿（各占地面积）。

3.幼儿园室外铺地有＿＿类，分别是：＿＿＿＿＿＿＿＿＿＿＿。

4.幼儿园有＿＿类边界介质，分别是：＿＿＿＿＿＿＿＿＿＿＿。

5.幼儿园有＿＿种植被，分别是：＿＿＿＿；照顾人：＿＿＿。

6.幼儿园有＿＿种植被，分别是：＿＿＿＿；照顾人：＿＿＿。

7.幼儿园室外设施设备有：＿＿＿＿。

8.幼儿园室外景观小品有：＿＿＿＿。代表的文化内涵：＿＿＿＿。

9.幼儿园室外标识指引有：＿＿＿＿。分别传递哪些意图：＿＿＿。

10.幼儿园室外游戏材料：＿＿＿＿＿＿。采用何种方式收纳：＿＿＿＿。

11.幼儿园墙面是否作为学习资源：＿＿＿。开发的方式：＿＿＿＿＿＿。

12.您感觉本园还有哪些开发方面的不足？如何优化？

＿＿＿＿＿＿＿＿＿＿＿＿＿＿＿＿＿＿＿＿＿＿＿＿＿＿＿＿＿＿＿＿＿＿

＿＿＿＿＿＿＿＿＿＿＿＿＿＿＿＿＿＿＿＿＿＿＿＿＿＿＿＿＿＿＿＿＿＿

13.为了使室外环境更具学习化（更能与幼儿互动）你做了哪些工作？

＿＿＿＿＿＿＿＿＿＿＿＿＿＿＿＿＿＿＿＿＿＿＿＿＿＿＿＿＿＿＿＿＿＿

＿＿＿＿＿＿＿＿＿＿＿＿＿＿＿＿＿＿＿＿＿＿＿＿＿＿＿＿＿＿＿＿＿＿

14.你觉得可以投放在室外的学习材料包含哪些类别？与室外学习材料有无

区别？有哪些区别？

____

____

2. 调查计划

第一步，选择样本园（考虑人力物力的方便，选择研究者所在的片区为样本园）。

第二步，实施调查（调查园长、教学行政人员、班级教师、幼儿、家长等不同层面的人员，以全面了解幼儿园的基本情况）。

第三步，回收调查表。

第四步，整理调查表，做编码处理。

第五步，进行数据统计与处理。

第六步，分析调查结果，形成解释、反馈，给出建议。

（二）幼儿园室外环境资源利用情况的调查

1. 调查表的编制

尊敬的园长，为了考核幼儿园室外学习环境资源的应用情况，我室外学习环境工作室特编制此调查表。请您根据本园的现实情况填写，我们会将分析结果反馈于贵园。

幼儿园名称：__________　所在地：__________　气候类型：________

1.幼儿园室外学习活动时间：__________________________。

分别在哪些时间段：__________________________。

2.幼儿园室外学习活动内容：

____

3.幼儿园室外以幼儿自主进行的游戏活动时间：

____

4.幼儿园室外以教师组织策划开展的活动内容与时间：

____

5.幼儿园室外亲子活动内容列举：

____

6.幼儿园有无组织过社区活动，内容列举：

____

7.幼儿园有无组织过面向社会的大型活动，内容列举：

____

8.幼儿何时与室外的植物互动？教师如何指导？

9.幼儿何时与室外动物互动？教师如何指导？

10.幼儿何时与室外游戏材料互动？教师如何指导？

11.幼儿何时与室外景观小品及标识指引等人文非物质环境互动？教师如何指导？

12.您认为室外学习环境的主要应用者是谁？（最多时间与室外环境自主互动的人员）

13.如果幼儿是室外学习环境的应用者，您认为在室外活动组织与安排上还要做哪些调整？

14.您认为室外学习活动的组织与室内学习活动组织的区别在哪里？

15.列举您最满意的一次室外学习活动。

2. 调查计划

第一步，选择样本园（考虑人力物力的方便，选择研究者所在的片区为样本园）。

第二步，实施调查（调查园长、教学行政人员、班级教师、幼儿、家长等不同层面的人员，以全面了解幼儿园的基本情况）。

第三步，回收调查表。

第四步，整理调查表，做编码处理。

第五步，进行数据统计与处理。

第六步，分析调查结果，形成解释、反馈，给出建议。

二、实践考察

走进巴蜀，学习、反思、共进

——刘凌、杨梅室外学习环境工作室赴成都考察学习之行

2015年1月15日—17日，刘凌、杨梅室外学习环境工作室应邀前往成都参观学习。学习之前工作室成员商讨方案，布置学习任务；学习过程中，大家及时记录、拍照，与各园所园长、教师积极互动，探讨室外学习环境的创设途径及策略。成都十六幼的游戏活动、玉泉幼儿园的户外体能研究、金苹果幼儿园的生活教育、乐山幼儿园的自制玩教具、华德福幼儿园的生态环境……给了大家不同角度的启迪，对于室外学习环境的创设有了新的思考；参观学习后，工作室成员两人一组整理观摩笔记与报道、整理学习照片、积极撰写学习心得，将此行的学习收获及时归纳和总结，并在自己的园所进行分享交流，充分发挥工作室的辐射和带动作用。

成都第十六幼儿园——用丰富的游戏回应童年的呼唤

十六幼的环境创设突出巧妙、精致、适合幼儿需求的特点

倚墙而建的缩小版小人国

沙、水、石头、草屋巧妙设计

创造性的户外游戏

成都玉泉幼儿园——“马背上的摇篮”之培育健康幼儿的摇篮

“多元、创新、健康”为特色的快乐体育教育

“勇敢、自信、友爱”

富有野趣、军事训练特色的户外操场的打造

充满童趣与温馨的活动室

成都“金苹果新蒙特梭利幼稚园”——让生活教育无处不在

“智慧生活，健康生活，快乐生活”

在园区里处处有体现孩子参与生活的痕迹

教育无处不在，在生活中收获着爱的教育

乐山市中区实验幼儿园——创新、智慧，孩子幸福成长的乐园

迎面可见充满新年气氛的民间走廊，张贴了年画、对联

楼梯墙面随处可见教师们利用废旧材料制作的装饰画，给予孩子美的感受

走廊里有幼儿可以与之互动的操作性墙面，让幼儿的教育无处不在

教师自制的玩教具精致而富有童趣，兼顾操作性和教育性，专业且独特……

成都市华德福学校——一草一木，返璞归真的世界

返璞归真的校园环境

一草一木皆是孩子们探索的源泉

形式多样的四季桌

各种自制的羊绒娃娃

多彩丰富的蜂蜡画

流动变化的湿水彩

实践考察感悟：

在参观学习中，我们领略了每个园所室外环境的独特创设，也深深感知幼教同行们的教育思考以及所有幼教同仁的教育理想，在探索中追随，在探索中学习、反思、共进！

（一）成都十六幼考察记

用丰富的游戏回应童年的呼唤

——刘凌、杨梅室外学习环境工作室成都第十六幼儿园考察学习之行

2015年1月15日上午，刘凌、杨梅室外学习环境工作室成员一行来到成都市第十六幼儿园参观考察，十六幼的余琳园长携其领导班子成员给予了热情接待。

成都市第十六幼儿园是成都市示范性幼儿园，坚持“培养身体健康、情绪愉快、爱动脑、会玩耍、好交往的儿童”的教育目标，丰富而有创意的游戏活动是该园课程亮点之一。

十六幼教学园长杨晓春首先为工作室成员做了题为“用丰富的游戏回应童年的呼唤”的报告。报告针对游戏的重要性、如何建立幼儿园游戏管理规范、定位幼儿园各类游戏价值、如何提升幼儿首席玩伴专业水平、本园游戏活动特色等方面进行了详尽的介绍，为我们呈现了十六幼探索幼儿游戏活动的历程和成果。

报告结束后工作室成员参观了园舍环境，十六幼的环境创设突出巧妙、精致、适合幼儿需求的特点。倚墙而建的缩小版小人国成为孩子独享的乐园；

沙、水、石头、草屋巧妙结合的设计让孩子们一年四季都可以在这里尽情游戏；孩子们自主创造、合作共建、创造性游戏在大操场的建构活动中体现得淋漓尽致；室内结合幼儿生活经验设置的各区角活动让孩子们在游戏中丰富其各领域的发展。

观摩中工作室成员就室外环境创设和室外活动组织策略等问题与十六幼的领导、教师进行了交流，主要针对如何有效利用室外空间，创设幼儿喜爱、满足幼儿发展需要的活动场所；开展室外活动的指导策略等问题进行互动。

通过对十六幼的观摩考察，工作室成员们对室外游戏环境的开发利用有了更深入的了解，对如何创设室外游戏环境、指导室外游戏策略有了新的认识，大家都表示此行受益匪浅，将把学习成果带回到各自园里加以学习运用。

文/范朝霞　盛侃

（二）成都玉泉幼儿园考察记

“马背上的摇篮”之培育健康幼儿的摇篮

——刘凌、杨梅室外学习环境工作室成都玉泉幼儿园考察学习之行

2015年1月15日上午，刘凌、杨梅室外学习环境工作室成员一行来到成都市玉泉幼儿园参观考察，玉泉幼儿园的朱园长在园内停电的状况下，仍给予了我们热情的接待。

成都市玉泉幼儿园是一所经历了战火洗礼，具有悠久历史、优秀传统的幼儿园，素有“马背上的摇篮”之称。承载着光辉历程，传承着红色血脉。时至今日，幼儿园仍保留着革命传统的文化内涵，并在此基础上与现代文化相结合，在结合中发展，在继承中创新。

工作室成员在朱园长的带领下，参观了园舍环境：富有野趣、军事训练特色的户外操场的打造，还有蒙特梭利工作室、儿童阅读室、多功能音乐厅、充满童趣与温馨的活动室、儿童画廊等丰富的室内活动环境创设，让幼儿园成了孩子们学习、生活、游戏的乐园。

参观结束后，朱园长就玉泉幼儿园“多元、创新、健康”为特色的快乐体育教育与工作室成员进行交流，主要针对如何有效利用室外空间，创设幼儿喜爱、满足幼儿发展需要的环境创设，以及户外体育游戏的创新与指导策略、课题研究等问题进行互动，使大家更加深入地了解了玉泉幼儿园对教育的思考。

通过对玉泉幼儿园的观摩考察，工作室成员们对以“勇敢、自信、友爱”

为特色的“马背摇篮”教育有了更深入的了解，并对如何创设室外游戏环境及体育游戏策略有了新的认识，收获满满！

文/陈兰芳　江锦华

（三）金苹果幼儿园考察记

让生活教育无处不在

——刘凌、杨梅室外学习环境工作室成都金苹果幼稚园考察学习之行

2015年1月15日，刘凌、杨梅室外学习环境工作室成员一行来到成都“金苹果新蒙特梭利幼稚园”参观学习，得到了园所领导的热情接待。

“金苹果新蒙特梭利幼稚园”是金苹果旗下成都30家园所之一，是金苹果第一家省级园所，其推崇：“智慧生活，健康生活，快乐生活”，让孩子们在探索中去感受生活中的美，在体验中收获生活中的乐，生活教育是其重要的研究课题。在园区里处处有体现孩子参与生活的痕迹：孩子们亲自制订的公共区域的工作规则与流程、自主参与全园劳动、“一亩菜地”中自己种菜、观察与收获……把生活教育有机地融合到日常教学中。在参观过程中园长向我们介绍了孩子们在参与过程中家长的配合、解决问题能力的提升、得到了生活中真正有用的经验的积累……让工作室成员体会了生活教育的形式多样、丰富多彩。只要用心就能在生活中捕捉到教育的契机。

园长带领工作室成员参观了幼儿园户外环境，并讲述其中的思考与实施，让大家对于室外学习环境的开发与利用有了新的思考。参观活动结束时，厨房工作的孩子们端来劳动成果——甜甜圈与大家分享，孩子们收获了劳动的喜悦。

生活即教育，教育即生活。孩子们在生活中学会了劳动，懂得了感恩，增强了责任心。通过此行学习观摩让我们深受启发：教育无处不在，在生活中收获着爱的教育！

文/赖方方　钟华珍

（四）乐山实验幼儿园考察记

学习进步共成长

——刘凌、杨梅室外学习环境工作室赴乐山实验幼儿园考察学习之行

2015年1月16日上午，刘凌、杨梅室外学习环境工作室的成员们在杨梅园长

的带领下，来到了乐山富有名望的实验幼儿园参观学习。宋园长及其领导团队热情地接待了我们，为我们介绍了幼儿园的特色及发展历程。

一进大门，迎面可见充满新年气氛的民间走廊，张贴了年画、对联，还有可以与幼儿互动的娃娃，楼梯墙面随处可见老师们利用废旧材料制作的装饰画，给予孩子美的感受；走廊里有幼儿可以与之互动的操作性墙面，让幼儿的教育无处不在；班级里老师们自制的玩教具更是让我们大开眼界，精致而富有童趣，兼顾操作性和教育性，专业且独特……听园长介绍，很多玩具都获得了全国大奖，一笔一画显专业、一针一线总关情，看到琳琅满目、品种多样的自制玩教具，让我们不禁对老师们的智慧与奉献精神敬佩不已！

通过观摩学习，我们也要把这种肯于钻研、乐于奉献的精神带到今后的工作中去，为孩子提供富有操作性、互动性、审美性的教育环境，让孩子潜移默化地在与环境的互动中获得发展。

文/秦贝宁　吕维翠

（五）华德福教育考察记

一草一木，返璞归真的世界

——刘凌、杨梅室外学习环境工作室成都华德福学校考察学习之行

2015年1月17日下午，刘凌、杨梅室外学习环境工作室成员一行来到了一直想了解和走近的成都华德福学校考察学习。当走进华德福学校，就如进入了原生态的生活环境，孩子在这里自由探索、发现，更注重心灵上的感受与收获。

华德福学校创始人之一刘莉老师热情接待了大家，一首轻声吟唱的晨曲拉开了学习的序幕。刘老师为大家介绍了华德福教育的理念：尊重每一个孩子所特有的天性，关注头、心、手的教育。华德福的课程特色是艺术化的教学：形式多样的四季桌、各种自制的羊绒娃娃、丰富多彩的蜂蜡画、流动变化的湿水彩画……促进孩子在动手中体验、感受、发现、提升。以学校为纽带使学校建设参与者、志愿者、教师、家长和孩子一起形成有着共同理念的生活文化社区，成为一个共同学习、开放交流、互相帮助和不断完善自我的平台。

在华德福学校的户外环境中多是木质玩具，自然中的树木、沙石等都是孩子们喜欢的玩具，在这里没有来自现代生活的干扰，没有电子产品的影响，一切都显得宁静与悠闲。华德福的教师注重自身示范作用，相信教师的行为会直

接影响到孩子的行为，教师就是孩子最好的榜样。

在观摩学习中：返璞归真的校园环境、深入孩子心灵深处的玩具、热情友善的教师们，给大家留下了深刻的印象，让我们看到了华德福对于真、善、美教育的理解，也带给我们新的思考和启迪，在生活中要多给孩子动手去做的机会，促进孩子头、心、手的发展。

文/杨梅　曾桂芬

附：

刘凌、杨梅室外学习环境特色教师工作室赴成都参观学习安排

<table>
<tr><td>1月14日</td><td colspan="2">中国国际航空公司CA4314：16：25深圳宝安3号航站楼—19：10成都双流2号航站楼
入住成都瑞熙城市酒店（西北桥店）</td></tr>
<tr><td rowspan="4">1月15日</td><td>8：30—10：00
成都市第十六幼儿园
成都市西体北路1号附8号</td><td>此园创办于1956年，以“养成教育”这一主线，坚持培养“身体健康、情绪愉快、爱动脑、会玩要、好交往的儿童”的教育目标</td></tr>
<tr><td>10：30—12：00
四川省直属机关玉泉幼儿园
成都市正通顺街81号</td><td>四川省直属机关玉泉幼儿园，将“红色元素”融入幼儿园日常教育教学，以勇敢、自信、友爱为特色的“马背摇篮”教育</td></tr>
<tr><td>14：30—17：00
成都市金苹果幼稚园
成都市高新区府城大道西段399号6号楼</td><td>一所高端园，融入浸入式的双语教育、体验式的生存磨难教育、特色鲜明的新蒙特梭利式活动课程、感悟式的“国学教育”等课程</td></tr>
<tr><td>17：00后
考察宽窄巷子的设计</td><td>成都唯一遗留下来的清朝古街道，由宽巷子、窄巷子和井巷子三条平行排列的城市老式街道及其之间的四合院群落组成</td></tr>
<tr><td>1月16日</td><td>乐山市实验幼儿园
8：30—12：00参观环境
14：30—17：00指导环境创设</td><td>一所全托幼稚园，全园占地10亩（6667平方米），花园别墅式的建筑，户外场地及绿化面积占70%，绿草如茵，拥有（2000平方米）草坪</td></tr>
<tr><td rowspan="2">1月17日</td><td colspan="2">中午13：00在酒店集合前往华德福幼儿园</td></tr>
<tr><td>14：30—17：00
参观华德福幼儿园</td><td>2004年9月成立，现已发展为幼儿园、小学、成人培训中心和活力农耕四部分，现幼儿园有5个混龄班，2个亲子班，共120名孩子</td></tr>
<tr><td>1月18日</td><td colspan="2">中国南方航空公司CZ3458：11：30成都双流2号航站楼—13：55深圳宝安3号航站楼</td></tr>
</table>

邀　请　函

深圳福田区室外学习环境工作室各位主持人：

你们好！为进一步提升我园的室外环境创设的设计和规划能力，诚邀贵工作室成员2015年1月14日前往我园予以指导！期待光临，深表感谢！

四川省乐山市实验幼儿园

2015年1月10日

工作室活动登记表

序号	活动时间	活动地点	活动主题
1	2011年11月10日	深圳市第四幼儿园	借深投幼教优质经验开放活动之机观摩了深圳市第四幼儿园
2	2011年12月20日	深圳实验幼儿园	举行了隆重的揭牌仪式
3	2011年12月9日	深圳实验幼儿园	工作室第一次正式会议
4	2011年12月6日	深圳市彩田幼儿园	在黄爱华主任的引导下，明确了工作室成立的意义以及工作室的研究方向，并展望了工作室将来的研究成果
5	2012年1月10日	深圳市银鹰第二幼儿园	在深圳市银鹰第二幼儿园进行了一次室外学习环境的观摩与诊断活动
6	2012年2月28日	深圳实验幼儿园	回顾上学期工作室工作，制订新学期的工作室工作计划
7	2012年3月7日	深圳实验幼儿园	特邀王明晖校长为工作室成员及教师解读《幼儿园教师专业标准》

续 表

序号	活动时间	活动地点	活动主题
8	2012年3月7日	深圳市福田区赛格幼儿园	对赛格幼儿园整体室外学习环境的实践观摩
9	2012年3月13日	珠海容闳幼儿园	到珠海容闳幼儿园实践观摩学习
10	2012年3月23日	深圳实验幼儿园	实验幼儿园的科技大观园活动
11	2012年4月24日	深圳市基建幼儿园	深圳市基建幼儿园实践观摩与诊断活动
12	2012年5月8日	深圳实验幼儿园	特邀深圳市教育科学院叶文梓副院长对《规划纲要》进行解读
13	2012年5月22日	福田区机关第二幼儿园	工作室第七次实践研究活动在福田区机关第二幼儿园展开
14	2012年5月22日	深圳市第十一幼儿园	工作室第六次实践研究活动在深圳市第十一幼儿园展开
15	2012年6月15日	深圳实验幼儿园； 深圳市银鹰第二幼儿园	室外环境特色教师工作室的学年总结活动
16	2012年9月21日	深圳实验幼儿园侨香新园	2012—2013年新学期的首次交流研究活动
17	2012年10月25日	深圳市第三幼儿园	工作室第九次实践研究活动在深圳市第三幼儿园开展
18	2012年10月31日	益强小学	工作室“幼儿园室外学习环境的开发与利用研究”课题项目之立项答辩活动
19	2012年11月16日	万科总部	与万科进行了零距离的接触
20	2012年12月27日	深圳市莲花二村幼儿园	工作室第十次实践研究活动在深圳市莲花二村幼儿园开展
21	2013年1月11日	深圳实验幼儿园侨香新园	幼儿园户外学习环境开发与利用研究开题仪式
22	2013年3月20日	深圳实验幼儿园侨香新园	共同理解和学习《3~6岁儿童学习与发展指南》
23	2013年4月10日	彩田幼儿园	如何将《3~6岁儿童学习与发展指南》精神与室外环境教育资源更好地结合
24	2013年5月16日	重庆江津的几江幼儿园	工作室赴重庆江津的几江幼儿园观摩学习
25	2013年5月17日	重庆渝中区实验幼儿园	工作室赴重庆渝中区实验幼儿园观摩学习

续 表

序号	活动时间	活动地点	活动主题
26	2013年5月17日	重庆渝中区巴蜀幼儿园	工作室赴重庆渝中区巴蜀幼儿园观摩学习
27	2013年5月18日	重庆广安市的牌坊村	感受伟人身世，接受革命传统教育
28	2013年6月3日	关山月美术馆	工作室团队来到关山月美术馆参观题为“质朴中行走，自然中捕捉”的幼儿创意美术作品展
29	2013年6月26日	深圳广电集团	工作室全体成员在深圳广电集团聆听了一场别开生面的合唱音乐会
30	2013年7月10日	深圳市基建幼儿园	工作室于2013年7月10日在深圳市基建幼儿园开展了工作室成员交流活动
31	2013年9月7日至14日	东莞大朗镇中心幼儿园	在东莞市大朗镇宣传教育文体局教育办的热情邀请下，我园文晓明、刘蓓、凌春媛、王宝兰一行四人，于2013年9月7日至14日，赴东莞大朗镇中心幼儿园进行为期7天的培训活动
32	2013年9月29日	华强职校附属幼儿园	深圳市福田区室外环境工作室成员在主持人杨梅园长的带领下，参观了华强职校附属幼儿园，并在此召开本学期第一次工作会议

三、研究反思

幼儿园室外学习环境的开发与利用研究之结题报告

深圳实验幼儿园

1. 课题研究的背景

在人的发展过程中，环境起着十分重要的作用，对幼儿尤其具有重要的意义。因为幼儿的大部分学习活动是通过环境产生潜移默化的作用和影响，而不是通过知识的直接传授进行的。有准备的教师会创设一个丰富刺激同时又井然有序的环境，使幼儿达到最佳的学习效果。基于对孩子天性以及幼儿园室外环境对幼儿发展重要性的思考，我园一直以来在幼儿园室外进行着体能锻炼、社会交往游戏、科学探究等方面的实践活动，成为我园教育教学的一大特色。

本课题以“幼儿园室外学习环境的开发与利用”为研究主题，从幼儿发展和教师发展两方面考虑。对于幼儿来说：一是基于对幼儿天性的思考。幼儿的年龄特征决定了他们喜欢用感官去认识事物，他们比成人更加需要运动、行动和活动。二是基于对幼儿园课程的思考。《幼儿园教育指导纲要》曾提出“环境是重要的教育资源，应通过环境的创设和利用，有效地促进幼儿的发展。”这里的环境包括了室内和户外两方面的环境。三是基于对幼儿发展的思考。研究表明，户外环境资源是幼儿阶段不可或缺的学习宝库，它为幼儿的身心发展做出了巨大贡献。对于教师来说：一方面使教师在研究中了解孩子、为孩子创设更加适宜的教育环境、提供更加丰富的教育资源；另一方面转变教师的教育观念，用更加科学的教育思想武装自己，转变幼儿园以“室内学习”为主要教育方式的局面，使更多幼儿园领会《幼儿园教育指导纲要》中所提倡的生活化、游戏化的教育方式，领会“一日生活皆课程”的教育思想。

为了更加深入地研究这一主题，特作为本次课题研究项目的选题。

2. 核心概念的界定

（1）幼儿园户外环境资源

幼儿园户外环境是指幼儿园户外空间和设施。包括场地、草坪、各种运动器械、花园、菜圃、动植物角、沙坑、水池等，都是幼儿园不可缺少的基本设施。

户外空间提供了幼儿与大自然最直接接触的空间，户外活动对于幼儿生理和心理的发展都起着至关重要的作用。在户外空间的设计中，用来界定户外空间边界的元素可以是树木等植物材料、建筑等所创造的阴影、场地的铺装，以及简单的构筑物等。幼儿的活动更接近地面，所以场地的铺装和简单的构筑物会在心理上给幼儿一个边界的暗示，充分利用这种心理暗示，可以有效地界定幼儿在户外的活动区域。

本研究中“幼儿园户外环境资源”主要是指幼儿园户外空间范围内，以各种设施、材料为媒介，通过有目的创设、开发而对幼儿身心发展产生影响的资源总和。

（2）室外学习环境的开发与利用

学习环境的开发主要是指开拓、发现新的环境资源，主要指向对硬件环境资源的一种创新与完善；而学习环境的利用主要意在“用”，发挥环境资源对儿童学习与发展的效用。户外环境资源的开发与利用各有其所指，而它们又是相互结合相互促进的整体。没有开发，利用就不能尽其效；没有利用，开发就失去了其实质性的意义。

因此在本研究中“幼儿园室外学习环境的开发与利用”就是在不断开拓、充实园所户外环境资源的基础上，充分发挥环境资源对儿童学习与发展的促进效用，并在研究其效用的基础上，对其进行更加深入的开发。

3. 国内外相关研究现状

（1）国内相关研究

国内关于幼儿园户外环境的研究多集中在对于环境设计上，也就是关于环境布局上的研究。如2000年刘建在本园户外空间环境设计中提出要根据幼儿的心理和行为创设幼儿园环境；2010年包智博分析了如何在户外环境设计中应用环境心理学的理论；2011年汪颖赫与李文又针对当前幼儿园户外环境设计中存在的问题提出了自己的看法和建议。这些研究环境与幼儿身心发展之间的关系多是从空间设计的角度出发。空间布局虽然很重要，但是空间布局一般容易受到地理以及其他周围环境的限制，如幼儿园的占地面积以及周围社区环境等。教师在幼儿园空间布局上所起的作用有限，而户外环境资源的开发与利用才是教师可以研究的主题。在环境资源开发与利用方面，2007年王欣从陈鹤琴教育思想的理解出发反思当前幼儿园的户外活动，认为没有充分满足幼儿与自然环境的互动需求，也没有重视开展家庭、社区之间的合作。而同年贾秀春提出用提供户外活动材料的方式开发户外环境资源。

（2）国外相关研究

国外从不同方面对户外环境进行了研究。

① 户外环境的作用。

早在1993年Henniger就指出户外活动与室内活动在激励儿童发展方面有着同样重要的作用；1996年Davies指出孩子在户外可以获得很多感官上的自由；2003年Perry指出孩子的发展需要有机运用多种感官去探索、参与活动；2005年DeBord、Hestenes、Moore、Cosco以及McGinnis等人的研究发现在高质量的户外环境中孩子会表现出更多的建设性游戏，随着户外环境质量的下降，孩子的消极行为增多。

② 户外环境与儿童身体发展、认知发展、社会性发展以及情感发展的关系。

2000年身体与运动教育国际联合会（NASPE）颁布了《儿童身体运动指南》（以下简称《指南》）。《指南》中提出孩子每天至少有1小时结构性身体运动，以及1小时非结构性身体运动时间。2001年，Frost等通过观察研究发现户外环境会引发儿童表现更多的象征性游戏。Shim等也通过观察研究发现幼儿在户外比在室内更倾向于参与更加复杂的同伴游戏。1996年，Hartle关于户外活动的研究表明户外环境比室内环境能激发幼儿发起更多的社会性游戏。Davies也通过研究表明户外环境可以缓解幼儿的不良情绪。

③ 教师在户外活动中的作用。

2001年，Frost等人的研究表明儿童最佳的游戏与学习空间在于室内与户外之间的流动，当然这项研究需要更多的研究证实。2005年DeBord等人的研究表明教师的互动行为也会受到户外环境质量的影响，在高质量的户外环境中教师更能够给予幼儿积极的支持，更能够促进儿童的发展。

总之，国内关于户外环境资源开发的研究很少，而且停留在理论分析上，缺少实践探索，以及系统的研究分析。国外在户外环境的价值及其与儿童发展的关系以及其与教师教育行为的关系等不同方面进行了研究。可以看出国内外都很重视户外环境，然而对于如何开发与利用户外环境，相关研究却很少。

4. 课题研究的主要方法

我们主要以行动研究法作为主要研究方式，综合采用观察、访谈与问卷等多种方法对课题开展研究，并在课题开展过程中进行团体研讨、专家指导、活动观摩等多种方式，促进课题的有效开展。

同时采用个案研究法，对在研究中遇到的典型问题进行个别追踪，利用多媒体手段对其进行详细的记录。

5. 课题研究的基本过程

第一阶段：（2011年12月—2012年12月）理论研究、了解现状。

主要目标：充分学习相关理论知识及对本园室外环境的分析研究。利用文献、调查等方法初步了解研究现状。

第二阶段：（2013年1月—2014年7月）实践操作、创造推进。

主要目标：具体实践行动，系统开展室外环境的开发与利用。

第一步：改变观念，诊断环境，针对性学习。

在开展室外环境的开发与利用之前，先要改变课题组成员的观念，思索如何从室内环境的利用到室外环境的开发？工作室组织课题组成员到各个幼儿园对每个园所的现有资源观摩诊断，评估，为进一步进行室外环境的开发与利用做好铺垫。

学习有针对性的专业书籍，为有效开展课题做好理论铺垫，如《学习环境评量》《发展适宜性实践》等。

第二步：充分利用现有室外环境开发课程资源。每个园所现有的室外环境条件不同，开展课程需因时因地因人而定，有效利用资源创造性地开展课程是开启室外环境开发与利用的重中之重。

第三步：使环境为我所用，创造性地进行室外环境课程。在经历了一段时间的室外环境开发与利用的基础上，积累了室外环境开发与利用的经验，引发了新的碰撞与新的思考，创造性地利用资源开展各种活动，促进室外环境的开发与利用更进一步。

第三阶段：（2014年8月—2014年12月）分析整理，反思提升。

主要目标：分析研究资料，形成研究报告。

（1）确定成果展示的形式。

（2）收集、整理研究成果，编写教师论文集、课例集及视频DV集。

（3）撰写结题报告，反思所取得的成果及尚需进一步改进之处。

6. 课题研究的主要成果

（1）探索了行之有效的室外环境的开发与利用课程资源模式

①利用现有室外环境资源，营造主题氛围，丰富课程资源。

《幼儿园教育指导纲要》明确提出：“环境是重要的教育资源和儿童发展的条件，儿童在与环境的相互作用中成长、变化”。教师不仅应对儿童环境予以足够的关注和重视，而且应该通过环境创设和利用，有效地促进儿童的发展。以深圳实验幼儿园为例，活动课程是我园的一大特色，其中节庆类的活动充分利用室外环境，营造主题氛围，开展形式多样的活动，丰富课程资源。如圣诞节利用圣诞树、雪花、彩球等装饰品营造喜庆、热闹氛围，让幼儿体会异国风情；新年通过中国传统的剪纸、中国结、灯笼等主题环境的营造，让幼儿感受浓浓的中国传统节日；元宵节在幼儿园的户外走廊中挂上灯笼和灯谜，在传统的环境中幼儿参与猜灯谜，体会中国传统游戏的快乐；国庆节利用户外的栏杆进行中国知识互动答题布置，幼儿在老师的带领下参与互动，或在来离园的路途中参与互动，深受幼儿喜欢……儿童心理学家皮亚杰提出：“发展是人与周围环境相互作用的结果”，幼儿发展的关键也在于他与周围环境的互动作用，因此环境在幼儿的成长发展中具有极其重要的意义。

在室外环境工作室的课题研究中收集了关于春节、元宵节、亲子运动会、科技节、艺术节、国庆节、圣诞节、读书月等利用室外环境开展主题活动的方案，整理出了各类活动开展的照片锦集。这些方案及照片锦集为幼儿园内利用室外环境开展节庆活动积累了丰富的课程资源，也为教师们在策划和组织各类活动提供了参考和依据。

② 挖掘现有室外环境资源，最大化地发挥环境的教育价值。

物质环境是不说话的老师，能对儿童的情感起到激发和鼓励的作用，使幼儿形成积极主动的行为。挖掘现有室外环境资源中树木、沙石、花草、自然现象作为我们的课程资源，变以往在室外环境中仅限开展以户外活动为主的单一活动为多元的探索活动，把室外环境作为重要的课程资源，发掘其教育价值。

第一，挖掘自然环境的教育价值。

陈鹤琴先生曾说："大自然、大社会是我们的活教材。"在大自然中花、草、树、木都是幼儿探索的乐园。如在大自然中听听风的声音，感受花的清香；幼儿园的大树可以进行观察、测量、比较高矮、写生等；草地上除了可以进行绕跑、平衡练习等动作练习，还可以作为教师讲故事的场所；利用园所内天然的小山坡，组织幼儿参与走、跑、爬等活动，在过程中引导幼儿自主探索，总结不同的游戏玩法。在探索的过程中使幼儿学会基本的自我保护方法，进行引导—表述—提升，形成了来自于幼儿的活动形式和活动规则。充分利用大自然一花一草，一树一木作为课程资源，开展丰富多彩的活动。

第二，挖掘现有户外场地的教育价值。

室外环境的开发与利用，最重要的是基于现有环境资源，充分利用现有环境开展五大领域课程。如在大班数学活动"找房子"中，教师利用园所大操场现有的格子，引导幼儿感知、发现格子的排列规律，进行实际的自然测量，进而通过纵横坐标的方式学会了正确找到小动物的房子，提升了幼儿的观察比较、推理、解决问题的能力，有效地利用了室外环境资源开展数学领域活动。

沙池一向是小朋友们喜欢游戏和探索的场所，是孩子们百玩不厌的乐园，从简单的自由探索——挖沙、观察沙子的流动、变化等，到有目的的活动——利用沙池寻宝、沙池造型……从单领域的探索活动向融合五大领域的计划性、目的性的探索迈进一步。如小班综合活动"沙中寻宝"，通过探索在沙中藏蛋和找蛋的方法，理解和表述"里外""上下"等方位，发展幼儿的空间知觉。在游戏的过程中幼儿学习表达方位，推理、思考藏蛋的方法，探索解决问题的能力，初步学习合作解决问题，为幼儿搭建合适的平台，提升了幼儿综合能力的发展。

游戏生活化，生活游戏化，尝试利用现有室外环境，融合不同领域，为孩子们创造自由探索的空间，从而使幼儿构建经验，提升能力，培养幼儿良好的品质，促进幼儿身心和谐地发展。

第三，与社区、家庭有效结合，挖掘室外社会综合实践活动。

社区、家庭资源是幼儿园资源的有效补充，充分利用社区、家庭资源开展室外环境下的各类活动，形式更为丰富多样，在与不同的幼儿、家长、成人之间的交往中进一步提升幼儿的社会交往能力、沟通能力等综合性能力。如“六一跳蚤市场活动”发动幼儿和家长把闲置的二手玩具、书籍或其他物品进行拍卖，通过“跳蚤市场”的活动，让幼儿在买卖互动交流的过程中重新认识身边这些闲置资源的价值，认识、了解钱币，懂得珍惜与感恩，度过一个不一样的儿童节。“大型集市活动”利用幼儿园现有的操场资源，发动家长的力量进行综合集市活动，模拟真实的集市场景，进行真实的交易活动，促进幼儿与人沟通，提升与人交往，解决问题等综合能力。市内外的各大公园、共同资源都是室外社会综合实践课程资源的重要补充。利用社区、家长资源，是室外环境开发与利用又一探索，真正实现“幼儿、老师、家庭、社会”同行的幼儿教育。

在室外环境工作室的课题研究中挖掘现有室外环境资源设计活动教案30篇，场地改造方案多篇，拍摄相关视频多个，这些教案、方案、视频成为工作室成员相互学习、交流、借鉴的资料。

③ 融合户外大型空间，搭建大型户外社交平台。

户外大型空间是室外环境开发与利用的重要课程资源，传统的户外活动只是将户外大型空间简单地割裂开来，进行单一的活动。在课题的研究中，尝试将户外大型空间进行融合，更好地发挥每个不同户外大型空间的价值。如搭建大型户外平台——自主性循环户外活动的开展，利用现有户外活动的不同区域，将每个区域开展的活动进行规划，并逐一细化和安排好每个区域不同时间的活动内容、教师的分工等事宜。不同年龄段的幼儿可根据自己的兴趣自主选择户外活动的场地进行活动，促进了不同年龄段幼儿的互动交往，使单一的户外活动在保证安全的情况下，变得更加形式多样，更有趣味性、挑战性。又如搭建大型社会交往平台——社会交往一条街。为了扩大幼儿的交往范围，针对大班幼儿社会经验丰富，善于模仿、富于创造、主观能动性强的年龄特点，在大班开展了大型自主性角色游戏的探索与尝试。在户外一条长廊开展“角色游戏一条街”活动，开设了美味比萨店、金色童年影楼、天天剧场、美羊羊理发店、爱心医院、爱国银行、服装店等十二个区，幼儿打破班级界限，自主选择承担角色任务，在角色扮演、社会交往中建构自我经验。

大型自主性户外活动、大型社会交往活动也多次对外展示，拍摄并制碟，作为经验保存及日后学习的依据。

④开发新的室外环境，促进新的课程开展。

不同的园所在室外环境的设计上存在不同的思考，每个园所不同特色的室外环境场所，起到的显性和隐性的作用也各不相同。为了创设更适宜幼儿园发展的室外环境，开发新的室外环境场所，在场所设计上以满足幼儿发展与需求为主，从前期的设计、实施到后期幼儿的参与性上达到所预想的效果，从而促进各种活动的开展。

以深圳实验幼儿园为例，为改变原本操场使用的有效性，将平面的操场改造成立体式的七巧板式活动场地。欢乐七巧板是集运动、探索、游戏为一体的综合性户外活动场所，包括探宝沙地、丛林探索、欢乐隧道、休闲草地、勇敢攀登、欢乐蹦床、欢乐跑道七个功能区。通过玩沙寻宝、走独木桥、丛林穿梭、跨树桩、爬树干、钻隧道、攀山峰、过断桥等一系列活动，发展了幼儿的走、跑、跳、钻、攀、爬、平衡等基本动作和身体素质，其功能的多样性使孩子们愿意玩、喜欢玩，大大提高了孩子们运动的乐趣。欢乐七巧板有效利用室外活动空间，丰富了孩子们的多感官体验，多方面提升了孩子们的能力。

再如，在深圳实验幼儿园新园空三角地建立了生态养耕系统，是集种植、环保、生态为一体的幼儿体验场所，让幼儿在真实的生活环境中快乐学习成长，透过观察、探索、操作，让幼儿主动去发现问题，培养幼儿解决问题的能力；从栽种、饲养中，让幼儿了解生命的意义，并能尊重生命；由亲身体验的过程，拓展学习经验，进而发展带得走的能力；引导幼儿勇于创造梦想，培养幼儿创造思维能力，发展幼儿多元智能。

在新的户外环境的开发和使用过程中，拍摄了相关视频和做了PPT介绍，作为资料保存，以便学习教研需要。

（2）课程资源建立及应用实效

①拓展了园本课程资源。

室外环境的开发与利用课程资源是幼儿园课程资源的重要部分，室外环境的开发与利用拓展与丰富了园本课程资源。室外环境课程资源的开发与利用重在培养幼儿的实践能力、动手能力、求知欲、学习兴趣、情感与态度、关注与了解自然等。

从广义上来讲，凡是有助于学生成长与发展的活动所能开发与利用的物质的、精神的素材与信息都是课程资源。有效地开发和利用这些资源，使资源具有更多的教育附加值，进而开阔课程研究者及教师的视野，拓宽课程研究的领域，从而促进课程理论的研究与发展。

②促进了教师的专业成长。

第一，观念上的转变。

工作室以“幼儿园室外学习环境的开发与利用”研究为契机，一方面使教师在研究中了解孩子、为孩子创设更加适宜的教育环境、提供更加丰富的教育资源，另一方面转变了教师的教育观念，用更加科学的教育思想武装自己，转变幼儿园以“上课”为主要教育方式的局面，使更多幼儿园领会《幼儿园教育指导纲要》中所提倡的生活化、游戏化的教育方式，领会“一日生活皆课程”的教育思想。

第二，行为上的实践。

教师的成长离不开教学实践，有了观念上的转变，工作室课题组成员通过系列的学习、观摩、培训、研讨等多种形式真正在实践中摸索，在摸索中总结经验，“基于幼儿”“基于环境”“基于材料”，创造性地开展室外学习环境的开发与利用。工作室坚持每个月举行一次甚至是三次以上研修活动，活动次数共计40次。

第三，荣誉上的收获。

a.工作室的开放展示获得好评：每学期会开展一次区级以上的研修成果展示活动。先后三次面向福田区幼教同行开展室外学习环境工作室的阶段性总结及实践展示活动并面向全国幼教同行开展了一次户外科技展示活动，均获好评。

b.工作室的成员荣誉满满。

姓名	所获荣誉
刘凌	1. 2011年被中国教育学会评为“第七届全国优秀园长”； 2. 2012年获批为“广东省中小学新一轮百千万人才培养工程”“名校长”培养对象； 3. 2012年获“深圳市十佳校长”荣誉称号； 4. 被中央教科所评为“2010年度全国教育科研先进个人”
杨梅	1. 获第五届全国教育教学创意设计大赛二等奖； 2. 获第七届全国教育教学创意设计大赛一等奖
秦贝宁	1. 2013年9月，被深投幼教评选为“优秀班主任”； 2. 2013年11月，在深圳市学前教育委员会首届鹏城幼教蒲公英评选活动中荣获“十佳教师”称号； 3. 2014年9月，被福田区委教育工作委员会评选为“感动福田最美教师”
范朝霞	2014年10月被聘为福田区督学

第四，专业上的提升。

自工作室成立至今刘凌园长举办过10次以上的讲座，杨梅园长也举办过10次以上的讲座活动。她们还积极参与继续教育课程建设。比如，刘凌园长成为

“国培计划”的专家，参与幼儿园园长培训活动；杨梅也多次到江门等地担任培训讲师。工作室成员每人都撰写了一篇至多篇关于室外环境开发与利用的专题论文，将工作中的实践整理上升到理论的高度。工作室成员陈兰芳、赖方方、秦贝宁等作为园内、园外的培训讲师，多次承担讲座活动，传播了优秀的教育理念，起到了很好的辐射作用，提升了专业能力。

第五，建立了完善的档案体系。

教师档案——每位工作室成员人手一本成长档案，将自己的学习心得、研究成果、获得荣誉放入成长档案中。

工作室档案——分为六个部分：团队建设、常规建设、研修活动、辐射带动、课题研究、成果集。这些档案详细记载了工作室的各项工作，是工作室发展中的资料库。

工作室网页——共有四个板块：工作室简介、成员简介、活动掠影与经验分享。其中工作室简介板块主要是介绍工作室的成立背景、选题思考与开展研究活动的意义；成员简介板块中详细介绍了工作室的专家团队、主持人以及成员的基本情况；活动掠影板块记录下开展的各项实践研究活动以及理论学习活动；经验分享板块是汇总研究成果，传播优质经验的平台。通对室外学习环境的深入研究，为幼教同行展示了更多有价值的研究成果，发挥了辐射作用，为教师专业成长提供经验。

（3）汇编优质实用的系列文本/DV集

在研究过程中，全体课题组成员积极积累，勤于反思，拟定共同出版课例及活动DV集各一册，作为课程资源推广展示；同时整理《幼儿园室外学习环境开发与利用》论文、书籍各一册，作为室外环境的开发与利用的理论成果集，以便更好地将课题研究成果推广，为更多幼儿园的室外环境的开发与利用提供参照及引发启示。

7. 本研究存在的问题及今后努力的方向

总之，通过本课题的研究，组织参加本课题研究的实验教师、课题主持人了解了所有相关“室外环境开发与利用”的已有研究；通过集体学习、个人自学、参观学习等方式，收集、学习与本课题研究有关的理论知识和实践经验，做好相应学习记录；制订好本课题的研究方案。充分发挥深圳实验幼儿园的引领作用，定期进行参与园所的环境观摩及创造性地开展相关课程的观摩，不断探索室外环境的开发与利用，寻求适合在室外环境中进行教育的方式方法、内容，逐步形成具有特色、实操性的室外环境利用课程实施模式。课题小组成员不断总结、反思、再实践，定期进行课题研究的经验交流。

存在的问题：因缺乏相应专家的及时指导，研究过程中大多数是课题组教师自行探索，难免存在一己之见。室外环境的开发更多的是指室外硬件的投入与改进，某些方面需要大量的资金支持，参与课题的园所存在差异，难免会存在一定的局限性。

今后努力的方向：我们将努力在今后的研究中进一步细化室外环境的开发与利用模式，并在实践中不断反思其开发与利用的有效性及可实施性，做到环境开发与利用环保、生态、高效。

第二节　写与思

——论文锦集

幼儿园室外环境资源开发与利用之我见

深圳实验幼儿园　刘 凌

《幼儿园教育指导新纲要（试行）》提出“环境是重要的教育资源，应通过环境的创设和利用，有效地促进幼儿的发展。”著名教育家蒙特梭利认为教育的基本任务是让幼儿在适宜的环境中得到自然的发展，教师的职责在于为幼儿提供适宜的环境，为幼儿提供活动和表现能力的机会和条件。由于幼儿的年龄特征，他们需要用感官去认识事物，他们比成人更加需要运动、行动和活动。伟大的自然界向人类提供了一个无穷的、永不停息的、带有韵律的感观游戏（地壳的运动、大气的运动）基地，即为孩子们成功度过童年而准备的幼儿园室外空间环境。

室外环境资源是幼儿阶段不可或缺的学习宝库，它为幼儿的身心发展做出了巨大贡献。如它可以促进幼儿的健康成长。充分进行日光浴、空气浴的洗礼，开展全身运动时可以有效地促进骨骼和运动机能的增长。它也是幼儿获取知识的重要途径。通过和自然界水、沙、石、树、泥、草木、虫和鸟的接触和了解，孩子们接受了所有必要的运动神经刺激。它还可以使幼儿以自我为中心的意识被驱散，为幼儿加入集体游戏进而相互交往提供条件。

深圳市福田区室外学习环境特色教师工作室通过对幼儿园室外学习环境的研究与诊断发现当前幼儿园在开发与利用室外环境资源方面尚存在一些问题与不足。我们结合社会和时代发展特点，从满足幼儿自主学习的室外环境需要、促进其身心各方面健康发展的角度出发，提出了开发和利用幼儿室外环境资源的几点设想。

一、注重幼儿与自然环境互动

1. 室外环境的创设层面

（1）重视室外环境创设的生态完整性

室外环境创设在突出美观的同时，要充分考虑环境的生态完整性，从城市生态学角度进行的整体规划，将生物之间的共生性考虑其中，充分体现生态价值，保证生物共生、共享的小生态环境，从而增加幼儿与多种自然物接触、交往的机会。仅仅将大量资金投入到草皮、移栽树木、购买盆栽花卉等方面，这样的室外环境创设做起来简单，看起来漂亮，但是不能让幼儿真正体会到大自然的魅力，深刻体会到大自然的重要性。

（2）重视自然材料的使用，提高幼儿参与性

随着现代社会工业化的发展，各种人造材料的使用在人们生活中所占的比例越来越大，这种情况也反映在幼儿园室外环境的创设上：泥土地、沙土地正从越来越多的幼儿园室外主要活动场地上缩小、消失，取而代之的除了水泥地外，是大面积的塑胶地面、软质地砖；一些以木质材料为主的活动设施因外观陈旧也被抛弃了，新增的是色彩艳丽、以塑料材质为主的组合设施。这样幼儿在室外环境中，通过与设施、环境中自然材质的接触而可以自然而然获得的对自然的亲近感，也随之逐渐减少。

（3）重视自然环境的保护，提高幼儿爱护环境的意识

城市是按照人类的意志和愿望，在对自然环境进行强烈改造基础上建立起来的人工环境系统。它一方面具有推动社会进步的积极意义；另一方面，由于人类对城市自然环境的强烈干预和影响，也给人类自身带来了严重危害。今天很多城市强调“野生生物和生态环境对当地居民的价值和益处”，说明自然保护已成为人们的迫切要求。而校园中的自然区域也是整个城市生态系统的一个有机组成部分，因此我们应以人与自然共存共荣的和谐观点以及可持续发展的城市生态理念为依据，因地制宜地对幼儿园室外环境进行长期、整体的自然规划，以恢复其已退化的生态系统功能。这不仅有利于在园幼儿及周边居民生活质量的提高，而且随着生态多样性、景观多样性的增加，也将为儿童的室外活动带来更为丰富的教育资源。

2. 室外活动的开展层面

（1）适度器械类活动，提高与自然事物互动的活动

目前多数幼儿园在器械的设置方面已经有了很大的提高，甚至有些幼儿

园的室外环境设置以大型器械为主，幼儿活动就是教师组织幼儿的器械活动。器械类活动是幼儿户外活动的重要方面，但是要更加注重幼儿与室外自然的互动活动，要充分利用幼儿园室外的一些自然事物如沙池、种植园、动物饲养园等，为幼儿提供机会去亲近自然。

（2）组织参与体验式活动，激发幼儿参与积极性

生活在城市的幼儿与自然接触的机会较少，孩子在原野空地上自由自在尽情玩耍的机会更少，幼儿接触更多的是成人社会规范限制的公园、游乐园等。然而各种对成人的约束也渐渐成为幼儿的行为规范，比如，树木是不能够攀爬的，花花草草也是不允许采摘用来玩办家家、捣汁水染色、编花环等的。让幼儿在心里留下了大自然只能用来观赏，而不能尽情地去参与的认知。因此，幼儿园的户外活动安排，应该多组织体验式活动，激发幼儿参与的积极性。

（3）从主动学习的角度出发允许幼儿利用各种自然物开展活动。

认知发展理论认为："所有学前儿童的学习活动都必须建立在物体操作的主动性经验的基础上"；"言语和非言语表征对具体的、生动的经验能起到一种检查和说明的作用，但并不是用象征性模式来替代具体的经验。"主动学习的关键经验包括：运用所有的感官主动地探究，通过直接经验发现事物之间的关系，如操作、转换和组合各种材料，选择材料、活动和目的，进行大肌肉活动等。由此可见，室外环境中的各种自然事物对儿童来说所具有的意义不仅在于"有"，更在于"用"。尤其在我们无力阻止都市化的迅猛发展，无法去除社会生活中随处可见的成人规则约束的情况下，更有必要在幼儿园中特地为孩子们保留一块属于他们自己的室外活动天地，引导、鼓励并支持他们将各种自然物自发、自由地纳入到自己的活动中去，满足其与自然环境充分、自主交往的需要。也只有在增进幼儿与自然事物接触经验的基础上，才有可能拉近幼儿与自然的距离，使其真正建立起亲近自然、热爱自然的情感。

二、注重幼儿园与家庭社区的合作

1. 幼儿园教育的实施层面

（1）整合家庭资源，提高户外活动的多样性

在很多幼儿园中，作为一日生活的一部分开展的户外活动基本上都是依靠教师及幼儿园单方面的力量来计划、组织和实施的。虽然也有少数教师策划的活动（包括在幼儿园庭院范围内进行的和在幼儿园庭院范围以外开展的）邀请了家长参加，比如园中的亲子运动会，外出参观、郊游等，但大多仅限于形式

上的参与，而没有充分发挥家长的主观能动性，更没有充分挖掘和利用家长及社区中其他人员的各种资源优势（如职业背景优势、兴趣特长优势、成长经历优势、空闲时间优势、性别特征优势等），通过多方面力量的合作与努力使户外活动得到丰富、拓展和深化。

（2）将幼儿园的资源“融入”家庭教育

儿童的家庭教育需要得到专业的指导。幼儿园可以联合一些有职业特长的家长、社区人员或特聘专家等相关人员，发挥自身专业优势，以举办讲座、主办宣传栏、发放宣传资料、进行网上交流等形式，从教育观念、教育意识、活动内容和方式、指导策略、卫生保健知识、安全保护措施等方面对家庭生活中儿童的室外活动的开展给予一定的援助和指导；也可以配合社区组织，以节日庆祝会、联谊会等形式在室外开展一些由社区居民参加的大型活动，引导儿童更好地融入地域社会中。

2. 家庭教育的指导层面

（1）转变家长观念，提高户外活动的频率

当前家庭多是独生子女，家长会把幼儿的安全问题放在首位，这是无可厚非的。虽然从道理上都懂得应给予幼儿充分、自主展开户外活动的权利与和自由，但实际上出于对活动中事故的担忧和畏惧，不少教师更倾向于用限制、约束和统一活动方式等消极的手段来回避户外活动中的危险。由于缺乏相应的指导，因而使得家庭生活中儿童的户外活动也不可避免地存在着一些问题，比如，有的家长不理解户外活动对儿童成长所具有的重要意义，更喜欢把孩子关在家中玩耍；有的家长缺乏正确的卫生保健知识，天气稍有变化就限制孩子外出活动；还有的家长自己也是在父母过度保护下成长起来的独生子女，不仅缺乏一定的安全意识而且更不懂得如何培养孩子的自我保护能力，孩子在活动中的事故时有发生。因此家长应该转变观念，加强学习，提高幼儿户外活动的频率。

（2）将家庭教育资源“融入”幼儿园教学

将家庭教育资源“融入”幼儿园教学，除了可以借助有相关知识技术背景的家长或社区人员等的力量，对幼儿园户外环境进行生态化构建外，还可以通过调查社区各种室外环境资源、绘制资源分布图，有针对性地设计相应的室外活动方案等方式，拓展幼儿的室外活动空间。同时，在调查、分析家长、社区志愿者的成长经历、个人特长、兴趣爱好、空闲时间等优势的基础上，还可以积极利用家庭、社区的人力资源，丰富幼儿室外活动形式。

幼儿园室外学习环境开发与利用的实践研究

——大班户外角色游戏“东北餐厅”个案研究

深圳实验幼儿园　杨　梅[1]

一、问题提出

环境是一种“隐形课程”，是幼儿的第三位老师，《幼儿园教育指导纲要》指出“环境是重要的教育资源，应通过环境的创设和利用，有效地促进幼儿的发展。”幼儿园学习环境有室内、室外之分，“幼儿园室外环境资源”主要是指幼儿园室外空间范围内，以各种设施、材料为媒介，通过有目的创设、开发而对幼儿身心发展产生影响的资源总和。幼儿园的室外环境包括室外游戏场地、植物绿化、室外小品、铺装等。这些室外环境的构成要素都会直接影响到幼儿园功能的完善和环境质量的提高。因此，必须给予足够的重视，并精心设计，使幼儿能生活在一个健康、优美、富有教育意义的环境里。

国内关于幼儿园室外环境研究的成果繁多，如刘宝仲1989年主编《托儿所、幼儿园建筑设计》、建筑设计师黎志涛2006出版的《幼儿园建筑设计》、付瑶2007年出版的《幼儿园建筑设计》等。北京林业大学的高小晗（2007年）在《北京幼儿园户外环境研究》中系统地分析了幼儿园室外环境的构成要素及设计方法。重庆大学的潘例（2005年）在《心理·环境·行为——幼儿园交往空间构成模式分析》中以儿童所处的社区、家庭和幼儿园为研究背景，把儿童与社会、自然、他人的互动行为关系相对应的幼儿园交往空间构成关系寻找出来，并予以简化、概括为幼儿园交往空间模式。山东农业大学的刘敏（2009年）在《儿童游戏活动影响因素及其空间景观营造的研究》中探讨了合理布置儿童游戏空间景观营造的原则，总结了儿童游戏活动空间的景观营造方法。南京工业大学的袁恒华（2006年）在《素质教育背景下的幼儿园建筑环境研究》中分别对我国幼儿教育的起源和发展历史、素质教育在当今社会的重要性、幼

---

[1] 杨梅，女，深圳实验幼儿园执行园长，小教高级，研究专长为教育教学.

儿园的室内外关系和幼儿的游戏活动场所进行了研究探讨。刘建（2000年）在本园室外空间环境设计中提出要根据幼儿的心理和行为创设幼儿园环境。包智博（2010年）分析了如何在室外环境设计中应用环境心理学的理论。汪颖赫与李文（2011年）又针对当前幼儿园户外环境设计中存在的问题提出了自己的看法和建议。

国外则从不同方面对室外环境进行了研究，如在室外环境的价值及其与儿童发展的关系，以及其与教师教育行为的关系等方面进行了研究。已有出版物有美国的琳达·凯恩·鲁思（Linda Cain Ruth）2003年出版的《简捷图示儿童建筑环境设计手册》、美国著名儿童保育专家安妮塔·鲁伊·奥尔兹（Anita Rul OldS）博士与其同事于2008年出版的《儿童保育中心设计指南》、西班牙建筑师帕科·阿森西奥（Asensio P.）2003年出版了《世界幼儿园设计典例》及德国的马克·杜德克（Mark Dudek）于2008年出版的《学校与幼儿园建筑设计手册》是学校与幼儿园建筑师的必备指南。国外研究主要有以下几个方面：关于室外环境作用的研究，如2005年国外学者就研究发现在高质量的室外环境中孩子会表现出更多的建设性游戏，随着室外环境质量的下降，孩子的消极行为增多。关于室外环境与儿童身体发展、认知发展、社会性发展以及情感发展关系的研究，如2001年，有学者通过观察研究发现户外环境会引发儿童表现更多的象征性游戏。也有人通过观察研究发现幼儿在室外比在室内更倾向于参与更加复杂的同伴游戏。关于教师在室外活动中的作用的研究，如2005年国外学者研究表明教师的互动行为也会受到室外环境质量的影响，在高质量的室外环境中教师更能够给予幼儿积极的支持，更能够促进儿童的发展。国外在室外环境的价值及其与儿童发展的关系，以及其与教师教育行为的关系等方面进行了研究。

纵观国内外已有文献，幼儿园室外环境领域的专项研究少之又少，可以查证的相关文献资料非常有限，研究多集中在对环境设计的研究上，且停留在理论分析层面，缺少实践探索以及系统的研究分析。究其原因可能是因为幼儿园本身的面积就比较有限，大部分的室外面积都用于满足活动场地，对于室外环境尤其是园林景观来讲，可利用的空间极其有限，另一方面则是大多数的幼儿园都把幼儿活动的舒适性和安全性放在第一位，很大程度上忽视了幼儿园室外环境对于幼儿的影响作用，在室外环境的建设上缺乏资金投入和专业人员的参与，很多幼儿园的室外园林景观都是自己进行设计和施工的。

基于此，本论文参考已有国内外研究现状，结合我园特色进行“幼儿园室外环境的开发与利用”研究，开发幼儿园室外环境中的潜在资源，充分利用室外环境，进行五大领域的各类活动，创设混龄交往平台，促进幼儿社会交往能力的均衡发展。本文的重点放在让幼儿在户外进行象征性的角色游戏。

二、室外学习环境开发与利用的活动组织及实施

（一）组织形式

每周五上午时间（确保两小时），每班三个大区，一个混班交往的戏剧表演区。混班戏剧表演区设在户外一条长廊内，全面开展“角色游戏一条街”的活动，开设了美味比萨店、金色童年影楼、天天剧场、百花园小区、美羊羊理发店、休闲吧、爱心医院、风味餐厅、爱国银行、无敌赛车场、服装店等十二个区，教师及家长助教，每人重点负责一个区域的创建、开展、推进工作，幼儿打破班级界限，自主选择承担角色任务，在角色扮演、社会交往中建构自我经验。

（二）活动实施

时间：2012年5月4日上午10：05—10：10

地点：混班交往的戏剧表演区，大班户外角色游戏——东北餐厅

对象：小汪（食客）、杨杨（服务员A）、小曾（服务员B）、元元（大厨），芳芳（收银）

活动记录：

小汪手里拿着一把“钱”走进东北餐厅，一边走一边说：“该我了，该我了……”服务员A一路陪同过来，小汪来到长春厅的桌子前坐下，举手大叫：“我要点菜了。”服务员B将菜谱递给小汪，小汪放下手上的钱，接过菜谱翻看。服务员A拿来一把筷子对着B说：“这里没有筷子了。”然后把手里的筷子放在桌上。小汪翻着菜谱，对服务员说：“我要番茄！”服务员：“这不是，是茄子！”小汪继续翻，指着图片：“还要一碗面条……”B接过菜谱，边走边翻，对大厨说：“来一份茄子。”厨师说：“有。”走到菜台前拿起盘子，放上一根茄子，走到窗口，扭动着跨，有节奏地吆喝：“走你，走你。”传了几道菜。之后问：“茄子谁的？”A接过茄子，绕到长春厅，送给小汪。小汪接过茄子，放在桌上，用筷子夹起茄子，说：“这个太大了吧。”收银员回应：“你可以用手拿着吃。”小汪左右手齐上，用筷子将一整条茄子夹起了：“这也太大了吧，啊呜，啊呜……吃完了。”小汪抽出一张五块钱的纸币，看着收银员：“五块？”收银员对着小汪说：“一份五块钱，两份十块钱，三份十五块钱。”小汪拿出十五块钱交给收银员，然后捡起掉在地上的钱，离开了餐厅。

（三）活动分析及反思

从活动中可见，环境准备比较充分，餐厅有大门、餐桌，还有专门的厨房，材料有点菜单、各种仿真菜肴，还有不同的角色服装供幼儿装扮用来强化角色意识。幼儿能够进行分工合作，门口迎宾吆喝，服务员会陪同客人上座、为客人拿菜牌，到厨房下订单，再传菜，厨师、收银员都能在各司其职的基础上遵守游戏规则，相互配合。室外活动中，幼儿人际交往能力强，厨师按菜单出菜，时而巡视，当顾客提出“我还有一碗面”时，及时救场，满足顾客的需求；收银员面对顾客提出的“茄子太大了”以玩笑的方式“你可以用手拿着吃”解决了即将发生的矛盾。活动中，幼儿能充分表达自己的情绪情感，幼儿都沉浸在角色之中，体验扮演的快乐、游戏的快乐。孩子们投入到自己的角色中，用自己的生活经验演绎着一个属于自己的“成人世界”。整个游戏过程中幼儿都有丰富的语言交流，而且言出必行。收银员在游戏中表现出较强的心算能力。幼儿置身于属于自己的社会生活，他们随时使用自己的知识与经验来解决问题，从而促进了自身认知水平的发展。

但是，反思此次活动，教师需要丰富并改进材料，提供语言支持，如餐厅人员可以学会用一些形容词“香喷喷或热腾腾的面来了”等。教师可以减少钱币投放的数量，还可以提供腰包让幼儿装钱或建议放在裤兜里或是提供刷卡机，给“顾客”使用银行卡的机会，并丰富孩子的角色体验。幼儿在游戏中表现出较强的心算能力，教师要顾及幼儿在不同层次中的学习需求，例如推出1元菜式，使幼儿在游戏中能接触到10以内的加减法。

三、幼儿园室外活动开展的指导策略

（一）活动前的指导

教师应丰富幼儿的生活经验，拓宽室外游戏内容来源。角色游戏是幼儿对现实生活的反映，幼儿的生活经验越丰富，游戏的内容就越充实、越新颖；鼓励幼儿提出主题，与幼儿协商确定主题，角色游戏是幼儿自主自愿的游戏，其主题应来自于幼儿的兴趣点和需要，教师要善于发现幼儿游戏的需要，启发幼儿游戏的动机，帮助幼儿学会确定主题；通过自荐和竞选的方式，指导幼儿选择和分配角色，在模仿真实社会的情节中，孩子很认真地面对，自荐的勇气，民主的推选，观点的发表，竞争成败的成功感、挫折感，这些都是幼儿社会性发展不可忽视的一面；创设游戏场地，教师和幼儿一起准备丰富的玩具和游戏材料，老师要摆脱过去环境和材料由老师“包干”的做法，要发挥幼儿的主人翁意识，让幼儿一起参与环境创设和材料准备过程。

（二）活动中的指导

指导幼儿丰富游戏内容和情节，提高游戏水平，老师要做一个有心人，有一双慧眼和灵动的心，善于发现游戏推进的契机；在问题解决中推进游戏的开展，由于幼儿经验有限，教师也要适时参与或指导经理处理问题的方式方法，引导经理学习民主协商，与员工和谐相处；引导幼儿遵守必要的游戏规则。作为集体活动，必要的规则是确保活动正常开展的前提。在指导时，教师要引导幼儿按角色间应有的关系行动，可以模仿现有社会规则。

（三）活动后的指导

让游戏在愉快自然的状态下结束。教师要把握好结束游戏的时机和结束游戏的方法，应在幼儿情绪尚未低落时结束游戏，这样可以让孩子意犹未尽，对下次游戏充满期盼。做好游戏后的整理工作。游戏结束后整理场地，收拾玩具既是方便下次开展的必要条件，又是培养幼儿良好生活习惯的重要时机。幼儿可以有条理地收整材料、分类打包，还要学会分工合作、做事有始有终。评价、总结游戏，成功的讲评对提高游戏质量、发展游戏情节和巩固游戏中所获得的情绪体验等有着直接的导向作用。

四、小 结

我园“幼儿园室外环境的开发与利用”重在开发幼儿园室外环境中的潜在资源，充分利用室外环境，进行五大领域的各类活动，创设混龄交往平台，促进幼儿社会交往能力的均衡发展。混班戏剧表演区就是一个很好的形式，区域设在户外一条长廊里，组建“角色游戏一条街”，这无疑是室外学习环境开发和利用的最好形式之一，这种象征性的角色游戏对幼儿学习的作用更是显而易见的。

参考文献

［1］潘例.心理·环境·行为——幼儿园交往空间构成模式分析［D］.重庆：重庆大学，2005.

［2］刘敏.儿童游戏活动影响因素及其空间景观营造的研究［D］.泰安：山东农业大学，2009.

［3］袁恒华.素质教育背景下的幼儿园建筑环境研究［D］.南京：南京工业大学，2006.

［4］包智博.浅析环境心理学在幼儿园室外环境中的应用［J］.建筑论坛与

建筑设计，2010，（30）.

［5］查华，刘环.对幼儿园室外环境的思考［J］.环境布置，2012.

［6］徐丹丹.遵循自然——德国多特蒙德市市立幼儿园的室外环境［J］.早期教育（教师版），1995，（6）.

［7］师卫华.以北京市海淀区为例的当前我国幼儿园室外环境设计研究［D］.北京：北京林业大学，2011.

［8］江宁.幼儿特征影响下的幼儿园室外环境安全设计研究［D］.北京：北京林业大学，2012.

园本自主性角色游戏的组织与实施

深圳实验幼儿园　秦贝宁

一、问题的提出

《幼儿园教育指导纲要》中明确指出："游戏是幼儿最基本的活动方式，幼儿园应为幼儿提供健康、丰富的生活和活动环境，满足他们多方面发展的需要，使他们在快乐的童年生活中获得有益于身心发展的经验。"角色游戏是幼儿最为喜欢、最容易接受并主动获得发展的一种活动。但是，透视目前大部分幼儿园角色游戏开展的情况，我们会发现其存在形式单一、幼儿互动少等问题。为了扩大幼儿的交往范围，针对大班幼儿社会经验丰富，善于模仿、富于创造、主观能动性强的年龄特点，我园在大班开展了大型自主性角色游戏的探索与尝试。

二、园本自主性角色游戏的组织形式

园本自主性角色游戏是指在同一时间、同一地点，各班同时开设若干个角色游戏主题，幼儿根据自己的兴趣爱好自主选择游戏区域、自主分配角色、自主推动游戏进程，自我建构社会交往经验。

在实施过程中，我园选择每周五上午，在户外一条长廊里全面开展"角色游戏一条街"活动，开设了美味比萨店、金色童年影楼、天天剧场、美羊羊理发店、爱心医院、爱国银行、服装店等十二个区。幼儿打破班级界限，自主选择承担角色任务，在角色扮演、社会交往中建构自我经验。

三、园本自主性角色游戏的实施策略

（一）游戏前的指导

1. 丰富幼儿生活经验，拓宽内容来源

角色游戏是幼儿对现实生活的反映，幼儿的生活经验越丰富，游戏的内容就越充实。游戏开始之前，我们让家长带领孩子随机参观小区及社会上的一些场所：医院、银行、剧院等，让孩子观察、了解工作人员的工作，在班级运用谈话的形式分享孩子们的见闻，拓展经验。

2. 鼓励幼儿提出主题，与幼儿协商确定主题

角色游戏是幼儿自主自愿的游戏，其主题应来自于幼儿的兴趣点和需要，教师在此基础上帮助幼儿确定主题。我们展开“你想开什么店”的讨论，孩子们各抒己见，然后，通过举手表决、少数服从多数的方式确定主题。

3. 通过自荐和竞选的方式，指导幼儿选择和分配角色

游戏主题确定了，我们继续与孩子讨论：你想去哪个区？做什么工作？如果你是经理，你打算怎么开店？小朋友们毛遂自荐，发表“竞聘演说”，由小组举手表决，产生经理，再由经理带领小组成员分配角色。

4. 创设游戏场地，准备丰富的玩具和游戏材料

游戏场地、游戏材料是开展角色游戏的物质条件，同时又是激发幼儿游戏愿望、发展想象力的重要工具。教师要发挥幼儿的主人翁意识，让幼儿一起参与环境创设和材料准备过程。

（二）游戏中的指导

1. 指导幼儿丰富游戏内容和情节，提高游戏水平

教师通过角色的身份来参与指导游戏可使游戏内容和情节得到自然地丰富地展开。老师要做一个有心人，有一双慧眼和灵动的心，善于发现游戏推进的契机。

影楼的发展也是由小型的照相馆发展而成的，孩子们起初只开设了照相馆，业务也比较单一，只拍证件照和博士照，女孩子喜欢婚纱，自己带来了婚纱裙，我们就拓展了思路，提供少数民族服装、演出服等，孩子还设计了伞、花等道具，角色还研发出了形象设计师，区域设置增加了接待处、装扮区、摄影区，流程也越来越清晰：服务员介绍服务种类—找形象设计师装扮—摄影师拍照—交费—取照片，随着业务的扩大，顾客越来越多，生意也越来越好。

2. 在解决问题中推进游戏的开展

在孩子游戏的过程中，出现各种纠纷问题是再正常不过的了：争抢材料、员工不做事、擅自离岗，面对告状，教师要平和对待，尽量让“经理”调节、处理，培养孩子解决问题、自我调节的能力，但由于幼儿经验有限，教师也要适时参与或指导“经理”处理问题的方式方法，引导“经理”学习民主协商，与员工和谐相处。

3. 引导幼儿遵守必要的游戏规则

虽然游戏是幼儿自发自主、自娱自乐的活动，但是作为集体活动，必要的规则是确保活动正常开展的前提。如何让孩子坚守岗位，听从“经理”安排，可以模仿现有社会规则，比如，对于离岗幼儿，“经理”提醒三次，如果还不能坚守岗位，就变为试用工或者辞退，这种虚拟社会的场景让孩子学会负责、学会付出、学会控制，责任感就自然培养起来了。

（三）游戏后的指导

1. 让游戏在愉快自然的状态下结束

在愉快自然的状态下结束游戏能保持幼儿下次继续游戏的积极性，所以，教师要把握好结束游戏的时机，在幼儿情绪尚未低落时结束游戏，这样可以让孩子意犹未尽，对下次游戏充满期盼。

2. 做好游戏后的整理工作

游戏结束后整理场地，收拾玩具既是方便下次开展活动的必要条件，又是培养幼儿良好生活习惯的重要时机，教师千万不可包办代替，大班孩子完全具有这个能力，但是我们要引导孩子有条理地收整材料、分类打包，还要学会分工合作、做事有始有终。

3. 评价、总结游戏

角色游戏的讲评非常重要，成功的讲评对提高游戏质量、发展游戏情节和巩固游戏中所获得的情绪体验等有着直接的导向作用，我们采用了分组、集体、幼儿自评、互评和教师评价的不同方式来培养幼儿的反思评价能力。

在实践过程中，我们感受到我园大型自主性角色游戏的开展不仅满足了幼儿身心发展的需要，而且扩大了幼儿的交往范围，为孩子提供了更多挑战和交往的机会。作为教师，我们要有一颗灵动的心，追随游戏的进展和幼儿的发展，不断挖掘大班孩子的发展潜能和角色游戏的多重价值，让游戏实现一个活动多个目标，双赢甚至多赢的局面。

参考文献

[1] 杨枫.学前儿童游戏[M].北京：高等教育出版社，2014.

各领域教学是否适宜在室外进行

深圳市第三幼儿园　钟华珍

一、专家引领，反思室外学习环境的适宜性

自从参加了室外学习环境工作室后，我一直在思考：幼儿园各领域教学活动是否适宜在室外进行？

著名教育家蒙特梭利认为教育的基本任务是让幼儿在适宜的环境中得到自然的发展，教师的职责在于为幼儿提供适宜的环境，为幼儿提供活动和表现能力的机会和条件。因此，幼儿园室外环境的塑造是现代幼儿园设计中的重要组成部分。通过如何利用室外环境促进幼儿的发展等方面的分析，逐步深入地探讨创造健康、符合儿童身心发展的幼儿园室外环境的活动设计之路。

早教专家认为户外是作为课堂的延伸，也是作为促进儿童发展的机会。户外空间不仅被用于增强身体素质也被用于发展儿童的社交、情感、创造力和认知能力。因此，我们室外工作室尝试把各领域活动在室外进行。

二、理论依据，通过实践论证室外学习环境的适宜性

幼儿园室外学习环境创设是以《幼儿园教育指导纲要》《广东省幼儿园教育指南（试行）》《3～6岁儿童学习与发展指南》中关于对环境、户外场地要求为理论依据的。环境是重要的教育资源，应通过环境的创设和利用，有效地促进幼儿的发展。

现在将用幼儿园活动事例来说明我们是如何利用室外学习环境进行领域活动的。例如，小班数学活动“点数1～5”，我们选择了空间大，视野开阔的室外操场跑道作为活动的场地，材料都是孩子喜爱和感兴趣的室外活动器械，如小汽车、扭扭车等，营造一个快乐、安全的学习氛围，充分发挥幼儿学习的主动性，在游戏中学习，在学习中游戏。再如，小班语言活动“小羊过桥”，在户外的独木桥前进行情景表演，让幼儿身临其境，更能激发他们学习的主动

性。还如，大班科学活动“有趣的树叶”，地点在公园，就地取材，方便观察，整个活动贴近自然，充分利用了室外环境，更说明了科学活动同样适合在户外教学。

三、实践研讨，开阔视野展示室外学习环境的可行性

室外环境是构成幼儿园课程发展体系所必需的组成部分，是一个扩大了的活动中心，是一种教育的、发展的以及身心放松的环境。将良好的室外环境引入到幼儿的教育活动中，具有非常重要的意义。

（一）促进幼儿多方面的发展

幼儿的发展是与周围环境主动、积极地相互作用的结果。室外环境向幼儿展示了丰富、具体、形象、生动的认识内容，大大激发了幼儿的探索和认识兴趣。如小班语言阅读活动“美丽的颜色”，地点在幼儿园后花园。通过绘本与环境的结合，让幼儿从书本和生活中认识各种颜色，学习完整表述一句话，并感知世界因五彩颜色而美丽。教师选材的巧妙，语言的亲切，活动的贴近生活，充分使用各种自然资源和人造资源，使幼儿主动获取有益于身心健康发展的丰富经验。

（二）提供幼儿与大自然亲密接触的机会

幼儿与大自然有一种天生的亲近感，没有人能够像幼儿那样会对自然界的一草一木都感到新奇，也没有人能够像幼儿那样怀着真实的情感和大自然对话。室外环境能满足幼儿对大自然的向往，使幼儿完全感受到大自然的美景，获得一种全新的感觉。例如，大班音乐活动“猫和老鼠”，地点在幼儿园后花园。通过感受音乐并随着音乐创编动作，利用户外场地玩游戏，幼儿在室外较少受到限制约束，能够自由地进行活动，以自己独特的方式接触自然、认识世界，独立自主地去解决问题。这不仅增强了幼儿熟悉和控制环境的自信心，同时陶冶了情操，培养了美感，加深了对大自然、对生活的热爱之情。可见，室外环境大大拓展了幼儿的视野，为幼儿的发展提供了更广阔的空间。

（三）促进教师与幼儿间的有效互动

室外活动对于教师来说，是一个在无组织的社会互动中观察幼儿的时间，是一个分享幼儿对自然界的认识与体验的时间，是一个鼓励幼儿深入探索、支持幼儿大胆表达的时间……室外环境为教师真正成为幼儿学习与发展的支持者、合作者和促进者提供了条件。

（四）促进幼儿间的积极互动与交往

室外环境鼓励并支持着幼儿的合作游戏，它提供的开放空间，吸引着幼

儿互相观察、互相模仿、彼此交流经验、分享情感。在这样一个合作性的氛围中，幼儿学习和锻炼了各种社交技能和社会行为，发展了适宜的情感、态度、自制力和问题解决能力。室外环境充分地为幼儿的各种互动提供了便利条件，成为了互动的保障而不是障碍。

通过以上事例说明各领域教学在室外进行是适宜的、可行的，这些活动使幼儿发挥出最大的学习积极性，对于幼儿的好奇心、发散思维、想象力和创造力的培养，对于幼儿的认知、语言、情感态度等方面的发展，都具有很大的影响力。

参考文献

[1] 朱家雄.幼儿园环境与幼儿行为和发展[M].北京：世界图书出版公司，1996.

[2] 包智博.浅析环境心理学理论在幼儿园室外环境设计中的应用[D].成都：西南交通大学建筑学院，2011.